LE GRAND COMPLOT

DU MÊME AUTEUR

La Gauche en voie de disparition, Le Seuil, 1984
Un coup de jeune, Arléa, 1987
Mai 68, une histoire du mouvement, Le Seuil, 1988 ; réédition Points Histoire, série « Documents », 2008
Cabu en Amérique, avec Jean-Claude Guillebaud, Le Seuil, 1990
La Régression française, Le Seuil, 1992
La Gauche retrouvée, Le Seuil, 1994
Kosovo, la guerre du droit, Mille et Une Nuits, 1999
Yougoslavie, suicide d'une nation, Mille et Une Nuits, 1999
Où est passée l'autorité ?, avec Philippe Tesson, NiL éditions, 2000
Les Batailles de Napoléon, Le Seuil, 2000
Le Gouvernement invisible, Arléa, 2001
La Princesse oubliée, Robert Laffont, 2002
C'était nous, Robert Laffont, 2004
Histoire de la gauche caviar, Robert Laffont, 2006
La Gauche bécassine, Robert Laffont, 2007
De l'audace !, avec Bertrand Delanoë, Robert Laffont, 2008
Le roi est nu, Robert Laffont, 2008
Média-paranoïa, Le Seuil, 2009
La Grande Histoire des codes secrets, Privé, 2009
L'Énigme de la rue Saint-Nicaise, Robert Laffont, 2010

LAURENT JOFFRIN

LE GRAND COMPLOT

ROBERT LAFFONT

ISBN 978-2-221-13070-4

1.

Terré dans la pénombre, Bonaparte avait peur. Dans son regard dur comme un sabre Donatien avait vu un éclair de désarroi, presque une imploration. Il l'avait côtoyé à Toulon, à Montenotte, au pont de Lodi, intrépide, immobile sous le feu, souriant aux boulets, calme au milieu des batailles comme s'il jouait une partie d'échecs. Il l'avait observé dans les crises politiques les plus dangereuses, toujours actif et joyeux, calculant, combinant, agissant, allant vers son but sans hésiter, au milieu des intrigues les plus dangereuses. Mais cette fois le Premier consul, lisant à la lueur des bougies les rapports d'une police aveugle, flairait une menace qu'il ne pouvait définir. Dans la bibliothèque obscure de la Malmaison, le maître de la France semblait un animal traqué.

— Fouché m'a prévenu, dit-il, l'air est rempli de poignards. Ces hommes sont de fiers brigands, ils ne connaissent que l'intrigue et le crime. L'Angleterre les solde pour me tuer. Ils peuvent gagner cette guerre par un coup de traîtrise. Il faut les arrêter, Lachance. Par tous les moyens.

— Oui, citoyen consul, répondit Donatien. Mais qui conspire ?

— Je ne sais. Des assassins, des sicaires, prêts à toutes les violences. La paix les avait annulés, la guerre les ressuscite. Nous revenons au temps de la machine infernale. Le crime est leur obsession. Ils veulent me tuer pour jeter de nouveau la

France dans les convulsions, qui sont leur seul espoir de retour. Je suis aise de vous voir. Vous saurez démêler cet écheveau.

Tout au long de son enquête, Donatien se souviendrait de cet instant unique, quand le maître des batailles sembla soudain un gibier qu'on force dans son terrier. Bonaparte était l'homme de l'audace, le général du risque. Aujourd'hui il avait peur : la menace était donc mortelle. Et c'est à lui, Donatien Lachance, policier de l'ombre, que le Premier consul en détresse faisait appel. Il éprouvait un sentiment de revanche, après une longue pénitence, négligé par Bonaparte et mis à l'écart de son propre destin. De nouveau, ses talents de policier étaient sollicités. De nouveau, il enquêterait dans une affaire d'État. De nouveau, il conjuguerait haute police et grande politique. Après ces années de routine, il était saisi d'un vertige.

Ce dimanche de nivôse an XIII, quittant Olympe et son appartement sous les toits de la place de Thionville, ci-devant place Dauphine, il avait pris un fiacre sur le Pont-Neuf encombré de badauds. Un soleil maussade éclairait la Seine qui charriait des glaces dans son eau brune. Comme il montait dans la voiture, deux jeunes femmes emmitouflées, passant sur le trottoir et se tenant par le bras, s'étaient retournées en pouffant sur le jeune homme. Sa figure de séraphin qu'une fine moustache blonde rendait virile attirait les regards ; les plis autour des yeux montraient qu'il avait vécu plus que son âge.

Il avait dû négocier un forfait pour la soirée avec le cocher qui répugnait à passer les barrières de Paris ; un cheval maigre avait tiré la voiture brinquebalante dont la peinture écaillée portait un numéro jaune, se faufilant dans la rue Saint-Honoré boueuse qui sentait toujours le purin et la pourriture malgré l'hiver. Le long des Champs-Élysées blancs de neige, la bête efflanquée, avait peiné jusqu'à la barrière de l'Étoile gardée par trois gendarmes recroquevillés pour s'élancer d'un trot hésitant sur la route de Rueil défoncée par les fondrières. À travers la forêt de Neuilly, le fiacre qui cahotait sur ses ressorts était ralenti par la boue glacée ; les arbres enneigés formaient au-dessus de lui une voûte de branches alourdies ; ils s'écartaient de loin en loin autour du fiacre pour laisser voir une ferme endormie tandis que les paysans revenant de leur labeur figuraient des sentinelles au bord de la chaussée.

Le long des quatre lieues du voyage, à travers les bourgades de Puteaux, Nanterre et Courbevoie dispersées dans la forêt, Donatien avait songé à la signification du message qu'un hussard lui avait porté au ministère. « Venez me voir demain à la Malmaison, à cinq heures. Je vous entretiendrai d'une affaire qui me soucie. Vous m'avez bien servi autrefois. Vous trouverez l'occasion de vous illustrer encore. » Signé : « Bonaparte. »

Un retour en grâce ? Depuis la mise à l'écart de Fouché en 1802 et le transfert du ministère de la Police sous la direction du grand juge Régnier, Donatien n'avait pas revu le Consul. Sa carrière policière avait marqué le pas, malgré les succès éclatants remportés dans l'affaire de la rue Saint-Nicaise, quand il avait débusqué les assassins en deux semaines, sauvé Bonaparte d'un autre attentat et pris à l'abordage un vaisseau anglais. Sa réussite dans l'aventure vécue à Saint-Domingue, aux côtés du général Leclerc et de son épouse, la sulfureuse Pauline Bonaparte, n'avait pas suffi à le tirer de sa stagnation.

Une mélancolie résignée avait amolli son caractère. Toujours il avait cet instinct du chasseur, ce goût de l'énigme et de la traque. Toujours il résolvait ses affaires avec ce talent inné du dénicheur de détails, du chien qui déterrait les os les mieux enfouis, du savant qui applique à la police la méthode de la science. Mais le cœur n'y était plus. Il faisait encore son métier, mais selon une marche éprouvée, qui ne lui procurait plus de surprise ni d'excitation. La Révolution rentrée dans son lit, le calme revenu, la concorde rétablie par le génie d'un chef de guerre changé en chef d'État, tout cela ralentissait les destins. Lachance était l'homme des orages ; dans le beau temps il s'étiolait.

Dans Rueil, village triste posté derrière la forêt, le fiacre descendit vers la vallée. Donatien arriva à la grille de fer où deux gardes faisaient le pied de grue en soufflant un panache de buée. Le petit château de pierre ocre et d'ardoise grise aux ailes symétriques lui était apparu au bout d'une allée bordée d'ifs taillés en cônes, posé au milieu d'un parc touffu blanchi par la neige, comme un petit temple rectangulaire au cœur d'une nature fantasque, tel Bonaparte, cet homme de raison qui dominait une époque de tourmente.

Un valet en bas blancs et perruque l'accueillit à l'entrée de la véranda en bois et en verre qui s'avançait de plain-pied dans l'allée. Il donna son manteau dans le vestibule et il suivit le domestique dans la salle à manger ornée de fresques pompéiennes, puis à travers la salle du Conseil surmontée d'un plafond de tissu qui la faisait ressembler à une tente militaire, et enfin jusqu'à la bibliothèque où Bonaparte travaillait.

Le Consul se leva à son approche, prit un dossier et repoussa d'un geste sec le mécanisme de son bureau, qui se refermait avec un claquement comme un coffre-fort, dissimulant à la vue du visiteur les papiers qui s'étalaient sur le plateau recouvert de velours vert.

— Je suis heureux de vous voir, Lachance et, décidément, votre nom me plaît.

— Je suis honoré, citoyen consul, et ravi de vous servir à nouveau.

— Vos mérites sont grands et dans l'affaire de la machine infernale vous fûtes brillant. J'ai toujours plaisir à vous employer.

— C'est un plaisir dont vous profitez modérément...

Bonaparte lui jeta un regard aigu. Il prit un temps pour la réponse.

— Allons, Lachance, je vous trouve bien irrité pour me faire des reproches jusque chez moi !

— Je suis toujours votre humble serviteur, citoyen consul.

— Je le sais, Lachance. Vous aussi avez du caractère, je m'en souviens. Cela me sied. Mais vous et Fouché deviez comprendre mon choix...

Donatien avait résolu de ne pas déguiser sa pensée. Il avait ressenti comme une injustice le sort fait à Fouché et au ministère de la Police placé sous tutelle.

— Ce choix désavouait de bons serviteurs.

— Laissez-moi finir mon idée. Nous étions en paix après le traité d'Amiens. Il fallait un geste pour rassurer la France. Fouché avait pris trop d'importance. Nous n'avions plus besoin de ce ministère de la Police qui était un État dans l'État, qui inquiétait les bons citoyens autant que les fripons. Je l'ai mis sous la tutelle de la Justice, ce qui me semblait sage et républicain. J'ai fait de Fouché un grand seigneur, qui vit sur ses terres et vaque à sa fortune. Il n'est pas à plaindre, dégagé des affaires et plus riche que moi... Tenez, asseyez-vous dans ce fauteuil, nous serons mieux pour causer. Cette bibliothèque est noire comme un caveau ! Après Brumaire, j'ai arrangé trop rapidement mon cabinet de travail. Mais enfin, les militaires se contentent de peu...

Étroite, lambrissée, encadrée par deux longues vitrines de livres, coupée en son milieu par un petit salon fait de trois fauteuils et d'un guéridon, la pièce était mal éclairée par deux fenêtres en vis-à-vis qui projetaient la lumière de l'hiver. Mais les yeux gris de Bonaparte perçaient l'obscurité du soir.

— La Justice a énervé la police, citoyen consul, le ministère est devenu inerte.

— Je sais tout cela, mon cher. Pourquoi croyez-vous que je vous ai mandé, si ce n'est pour redresser l'action policière ? Rassurez-vous, votre talent m'est nécessaire. Il s'agit d'une affaire ténébreuse, de celles que vous savez débrouiller.

Bonaparte fit une pause pour rassembler ses idées. Le silence de l'hiver avait envahi la pièce obscure. Le Consul avait le regard fixe. Il poursuivit.

— En peu de mots, mon cher, voici ma situation. L'Angleterre a repris les armes mais elle n'a pas d'alliés et ne peut rien contre nous, sinon bloquer nos ports avec sa marine. La flottille que j'ai rassemblée à Boulogne la met au désespoir. Si je tiens la Manche deux jours, je franchis le détroit avec mon armée. Elle n'aura rien à m'opposer. Je me retrouverai en trois marches à Londres pour imposer une paix digne de moi et de mon peuple.

— La Navy ne peut pas l'empêcher ? Sommes-nous si forts sur mer ?

— Il me suffit de deux jours. Deux jours de brouillard qui rendront les vaisseaux aveugles, ou bien deux jours sans vent qui les laisseront immobiles et impuissants, ou encore deux jours sous la protection de la flotte française rassemblée dans la Manche. Deux jours et je passe. Des centaines de bateaux porteront à l'aviron mes fantassins, mes cavaliers et mes canons sur les côtes anglaises. Une fois débarqués, ils seront irrésistibles. Pitt le sait. Il est prêt à toutes les traîtrises pour parer cette menace, y compris l'assassinat. Il a dans sa main les brigands de Cadoudal et les ci-devant du comte d'Artois, qu'il paie à prix d'or et qui s'ameuteront une nouvelle fois pour m'occire. Ce sont des coquins que rien n'arrête, ce sont les chouans de la machine infernale, les assassins de nivôse. Ils ont repris leur sinistre besogne, Fouché en est sûr, moi aussi.

— Ces moyens ne sont pas honorables.

— Fi ! Quel honneur ont-ils donc ? Ils devaient rendre Malte aux termes du traité d'Amiens. Ils y sont toujours. Ils répandent leur or pour exciter les ennemis de la France. Ils paient des millions pour chaque régiment levé contre nous. Ils ont saisi nos navires sans même déclarer la guerre. Ils sont menteurs, faux et méchants.

— La France est unie et pacifiée. L'administration enserre la société. Que peuvent-ils faire ?

— Tout. Reprendre l'expédient de la machine infernale, me coucher en joue pendant une revue, introduire un assassin aux Tuileries, m'assaillir sur la route de la Malmaison ou sur celle de Saint-Cloud.

— Ce sont là des pressentiments, citoyen consul. Avez-vous des indices, des éléments matériels, des aveux, des témoignages ?

— Ils sont là.

Bonaparte tendit à Donatien le dossier qu'il avait pris sur son bureau. Il continua.

— J'ai relu ces papiers. Il y a là quelque chose que la police a manqué, quelque chose dont elle n'a pas idée. On a arrêté depuis octobre cinq chouans, à Paris et dans un département de l'Ouest. Ils n'ont rien dit. Mais leur situation montre qu'ils sont venus de l'étranger. Lachance, je veux que vous repreniez l'affaire à son début. Étudiez ce dossier, interrogez vous-même les prisonniers. Au besoin, bousculez-les un peu, comme on le fait des espions. La vilenie d'Albion nous force à ces procédés. Et rendez-moi compte. Vous êtes chargé de l'enquête. Vous avez tout pouvoir. La police et la gendarmerie vous seconderont. J'écris tout à l'heure à Régnier. Vous pouvez demander son aide à Savary, qui commande les gendarmes d'élite. Il sera plein de zèle. Je vous fais confiance. Activité, activité, vitesse !

— Que savons-nous des menées de l'émigration ?

— Nous avons des agents doubles, dont Fauche-Borel, que vous connaissez et que Fouché employait. Ils décrivent tous une exaltation autour du comte d'Artois. Le frère du roi n'est qu'un couard. Il aurait dû dix fois se mettre à la tête des troupes royalistes pendant les guerres de Vendée. Il a ruiné les chances de son parti par sa lâcheté. Mais enfin, il est courageux à distance, intraitable par procuration. C'est un fanatique mondain. Il vit largement sur les subsides anglais et envoie ses exagérés se faire tuer à sa place. Depuis que la guerre est déclarée, ce nid de vipères grouille de nouveau. Mon élévation a produit leur abaissement. Ils vivent dans un rêve de vengeance. Le comte de Provence, celui qui se fait appeler Louis XVIII, est plus habile, il récuse les intrigues et les assassinats. Mais il vit en Prusse, loin de son frère, qui usurpe sa cause. Tous ces gens sèchent sur pied depuis que j'ai réconcilié les deux France et ramené la paix religieuse. Le crime est leur seul espoir.

Donatien posa encore quelques questions et Bonaparte s'expliqua sans détour, avec la concision et la clarté dont il était coutumier. Donatien était satisfait.

— Allons, dit le Consul en se levant, nous voici de nouveau en campagne, vous et moi. Sus à l'Anglais !

Donatien s'était levé à son tour.

— Et sus à Cadoudal, dit-il. S'il y a machination, il sera derrière, comme il y a quatre ans.

— Je m'en remets à vous.

— Je ferai ce qu'il faut faire et je rentrerai dans l'ombre, ajouta Donatien.

Bonaparte s'approcha et lui tira l'oreille.

— Alors vous aussi vous grognez, Lachance ! Vous grognez mais vous marchez. Vous êtes un grognard de la police. Sachez que je ne serai pas ingrat.

Ils sortirent ensemble de la bibliothèque. Bonaparte posa sa main sur l'épaule du commissaire, comme avec un vieil ami.

— Vous êtes venu de loin, dit-il, restez parmi nous ce soir. Joséphine a convié une société agréable. Il y aura des dames de grand nom. Le genre de celles à qui vous plaisez, ajouta-t-il en clignant de l'œil. Hortense doit nous donner une petite pièce. Vous êtes le bienvenu.

— Citoyen consul, vous me prêtez trop d'attraits. Je suis honoré de cette offre qui me distingue. Mais un policier sera-t-il à sa place dans cette brillante compagnie ?

— Ne vous faites pas prier, dit-il en l'entraînant vers l'autre aile du château, qu'on apercevait au bout d'une longue enfilade de pièces. Ceux qui servent l'État méritent les honneurs. Quant à votre pouvoir, je le connais, c'est celui d'un Adonis en bicorne. Vous êtes en amour ce que je suis à la guerre.

Devant cette image forte, Donatien resta muet. À ses côtés, Bonaparte marchait courbé en avant, les mains croisées derrière le dos, parcourant les pièces qui se succédaient sur tout le rez-de-chaussée, la salle du Conseil, la salle à manger, l'entrée, le billard, le salon et, à l'opposé de la bibliothèque, la salle de musique où les premiers invités étaient déjà arrivés. C'était une pièce haute ouverte sur trois côtés par de grandes fenêtres donnant sur le parc, éclairée par d'innombrables chandeliers et par les feux qui brûlaient dans deux cheminées alignées le long du quatrième mur. Au-dessus des manteaux de marbre, on voyait des tableaux de toutes tailles serrés les uns contre les autres, dans le style troubadour affectionné par Joséphine, avec des chevaliers et des princesses. Une petite estrade avait été dressée au fond de la salle, entourée d'une harpe dorée, d'un violoncelle et d'un pianoforte d'acajou noir. Vêtue d'une longue robe à la grecque, parée de perles et de diamants aux doigts, fardée de blanc comme au théâtre, Joséphine vint au-devant du Consul et de Donatien.

— Ma chère, dit Bonaparte, voici le commissaire Lachance dont je t'ai parlé. Il a accepté la mission que je lui destinais, je suis en sécurité.

— Dieu soit loué, dit Joséphine, je dormirai plus tranquille. Vous avez éclairci cette affreuse affaire de la rue Saint-Nicaise, citoyen commissaire, vous saurez prévenir ces nouvelles intrigues.

— Je m'y emploierai, madame, dit Donatien, de toute mon âme.

Joséphine souriait en fermant la bouche, avec un air réservé et mutin qui accentuait son charme. Plus tard, Donatien remarquerait que toutes les femmes de l'assistance, s'alignant sur l'hôtesse, souriaient de cette manière contrainte. Ainsi les dents noires de la femme du Consul, qu'elle dissimulait en restant la bouche close, avaient-elles lancé une mode nouvelle, celle du demi-sourire énigmatique, changeant en autant de Joconde les jolies femmes du régime. Bonaparte laissa sa femme et, prenant Donatien par le bras pour marquer sa faveur, se dirigea vers un couple peu assorti qui attendait près d'une des cheminées. C'était Talleyrand, le ministre des Relations extérieures, appuyé sur sa canne et sur sa jambe valide, laissant reposer son pied-bot couvert d'une grosse chaussure de cuir noir, accompagné de sa nouvelle femme, une ancienne Mme Grand, belle comme une nymphe de Botticelli, qui avait épousé l'infirme le plus retors de la République.

— Taillerand, dit Bonaparte – il écorchait toujours le nom de son ministre – vous êtes le seul évêque qui soit marié à une jolie femme !

— Le pape a dit oui, citoyen consul, je ne pouvais pas refuser...

— Cette clause a failli rompre les négociations du Concordat ! Il faut que je vous tienne en grande estime pour avoir ainsi laissé une affaire privée menacer un traité si bénéfique au repos public.

— C'est la force de l'amour, dit Talleyrand en souriant.

— Hum, fit Bonaparte, qui manquait parfois de repartie. Et vous, madame, votre état vous plaît-il ? Et d'où venez-vous pour avoir ce teint qui doit rendre toutes les femmes jalouses ?

— Citoyen consul, dit Mme Grand, renommée pour sa grande beauté et son petit esprit, je suis d'Inde.

— Vous êtes dinde ? s'exclama Bonaparte qui n'avait pas saisi le vrai sens de la réponse.

Donatien réprima un sourire, pendant que Talleyrand, habitué aux saillies involontaires de sa femme, regardait le plafond.

— Ma femme veut dire qu'elle a vécu aux Indes, citoyen consul, où le citoyen Grand était établi.

— Ah ! dit Bonaparte, vous venez des Indes ! Comme c'est drôle.

— Mais non, coupa la jeune femme d'un air buté, on dit d'Inde. Je suis d'Inde, voilà tout.

Bonaparte s'éloigna en riant à gorge déployée, enchanté par le quiproquo. Il s'arrêta devant un personnage à la mine sévère qui portait un uniforme de préfet.

— Frochot, je vous vois bien triste figure. Qu'avez-vous donc ? Est-ce la politique anglaise qui vous afflige ainsi ?

— Non, citoyen consul, j'ai perdu ma femme il y a deux semaines. Je ne me console pas.

— Bah ! dit Bonaparte qui n'aimait pas être déconcerté, prenez-en une autre ! Je vais m'en occuper, je suis habile aux mariages. Vous verrez, au bout de deux mois, vous ne ferez plus la différence. Mes fonctionnaires doivent vivre en ménage, c'est la condition d'un travail zélé.

Donatien fut heurté par la muflerie du Consul, qu'il mit sur le compte de la rudesse militaire et aussi sur cette manie qu'avait Bonaparte de jouer les marieurs avec ses proches. Il avait déjà trouvé femme à plusieurs de ses ministres. Seul Lucien Bonaparte résistait à cette obsession matrimoniale. Il avait choisi une fiancée contre l'avis de son impérieux frère, qui mettait tout en œuvre pour empêcher le mariage.

Joséphine avait entendu l'échange. Elle s'empressa auprès de Frochot, lui proposant d'aller le visiter à Paris et l'engageant à venir plus souvent à la Malmaison pour tromper sa solitude.

— Vous êtes bien bonne, citoyenne, mais le travail me tient debout. C'est la meilleure des médications.

Bonaparte s'était encore éloigné. Les invités arrivaient maintenant en nombre, conduits par les valets aux bas blancs. Joséphine les saluait avec grâce, compensant par sa délicatesse la raideur du Consul, qui n'avait pas encore, en dépit de sa position si élevée, adopté les usages du monde. D'autres valets distribuaient les coupes de champagne, les orangeades et les verres de sirop d'orgeat. Les femmes portaient ces robes serrées sous une poitrine pigeonnante qui étaient le délicat uniforme du Consulat. Les unes étaient en soie ou velours, épousant les formes charnues que voulait le canon du temps. Les autres étaient faites de mousseline et laissaient paraître sous un voile translucide la peau blanche des jeunes femmes. Les hommes portaient presque tous un uniforme, de ministre, de préfet ou de général, selon l'étiquette de cette époque militaire qui commandait que les professions se signalent, comme les régiments, par leur couleur, leur chapeau et leurs galons. Trois musiciens s'étaient installés autour de la scène et jouaient en sourdine des airs de Méhul et des chansons populaires qui plaisaient à Bonaparte. Le parfum des dames se mêlait à l'odeur de la fumée des cheminées et aux effluves de la cuisine qui arrivaient à travers les pièces ouvertes l'une sur l'autre.

Soudain, Donatien rougit. Il avait vu arriver une nouvelle invitée, dont le visage et la silhouette firent battre son cœur plus vite. C'était Juliette Récamier, qu'il connaissait bien, et dont le sourire d'écureuil et le visage de madone étaient célèbres dans Paris. Elle portait une robe blanche de mousseline fermée dans le dos dont le petit corsage moulait étroitement sa poitrine ; son décolleté ne laissait à l'épaule qu'une étroite bande d'étoffe sur laquelle venaient se monter les manches ballonnées qui découvraient des bras blancs et délicats. La mousseline tombait droit à ses pieds, transparente, laissant voir la pointe de ses seins et la ligne de son corps. Bonaparte fronça le sourcil. Il n'aimait pas ces tenues audacieuses héritées du Directoire, dont il réprouvait la licence et les modes extravagantes. Juliette Récamier embrassa Joséphine et fit une révérence au Consul, qui l'apostropha.

— Citoyenne Récamier, votre élégance est décidément celle d'une amazone. Je suis bien aise de vous voir. Je voulais vous parler de votre salon, qui devient trop le centre de l'opposition.

— Mon salon est un endroit où l'on parle librement, mais toujours respectueusement de votre personne et de votre politique.

— Ce n'est point ce que m'ont dit certains de mes amis.

— Vos amis sont peut-être trop zélés ou jaloux, répondit Juliette, qui ne s'en laissait pas conter, de plus en plus engagée auprès des libéraux et des monarchistes qui redoutaient l'impérieuse politique consulaire.

— Nous verrons, madame.

— Citoyen consul, je voulais surtout vous présenter une supplique en faveur de mon amie Germaine de Staël, que vous avez exilée près de la Suisse et qui se languit de Paris.

— La citoyenne de Staël a attiré l'attention de la police par ses diatribes inconvenantes et déplaisantes pour le gouvernement. Je ne pouvais la conserver près de nous. Elle sera fort bien à Coppet, où elle jouit de toute la liberté du monde.

— L'absence la mine et elle s'est amendée, citoyen consul. Je viens plaider l'indulgence. Je me suis concertée dans ce but avec M. de Chateaubriand, que vous venez de nommer ministre diplomatique dans le Valais.

— M. de Chateaubriand a un grand talent et un grand sens

politique. Son *Génie du catholicisme* sert ma politique concordataire.

— Son *Génie du christianisme...*, corrigea Juliette.

— Si vous voulez, citoyenne, rétorqua Bonaparte, qui avait aboli l'appellation « citoyenne » au profit de « madame », mais qui y revenait à dessein pour marquer une distance politique. Mais quel qu'il soit, il tranche sur les écrits ronflants et séditieux de votre amie Germaine. Voilà qui éclaire ma décision.

— Citoyen consul, me sera-t-il permis de vous demander audience pour mieux m'expliquer ? Je ne voudrais pas importuner vos amis, dit Juliette avec une moue charmante.

— Ainsi formulée, cette requête ne saurait être refusée, dit Bonaparte, enfin galant.

— Et laissez-moi vous présenter mon amie, Aurore de Condé, que vous avez si aimablement conviée.

Juliette se tourna vers une jeune femme grande et mince qui attendait un pas en arrière, ne perdant rien de l'échange aigre-doux entre Bonaparte et l'égérie impertinente de la haute société parisienne. Donatien fut frappé par la beauté de la nouvelle venue. C'était une longue dame dont la robe de satin découvrait un cou gracieux. Elle était d'un maintien plus sévère que son amie Juliette, avec son châle amarante qui entourait ses épaules et son corsage serré à brandebourgs dorés. Tout était un peu grand chez elle, le nez allongé, le menton prononcé, la bouche large, le front dégagé, mais il y avait dans l'ensemble un déséquilibre charmant, une élégance et une douceur de mouvements qui la rendaient attirante au premier regard. Ses yeux noirs projetaient une chaude lumière quand elle souriait, et les mêmes éclats se retrouvaient dans les boucles brunes de sa chevelure.

— Madame, dit Bonaparte, votre personne et votre nom honorent cette maison.

C'était la politique du Consul que de rallier à lui les familles les plus illustres de l'ancienne noblesse. Il voulait la fusion des ordres, des mérites et des armoiries. Aussi mélangeait-il les héritiers de l'aristocratie, rétablis non dans leurs privilèges mais dans leur fortune, et les hommes de la Révolution, parvenus au sommet grâce au grand chambardement, pour créer une nouvelle classe de notables qui lui serait dévouée. Les Condés portaient l'un des noms les plus illustres de l'histoire de France. Leur famille avait servi les rois mais les avait aussi défiés, pétrie de puissance terrienne et de gloire militaire. Une Condé à la Malmaison décorait le Consulat d'un éclat insigne.

— Citoyen consul, je ne suis pour rien dans le nom que je porte tandis que vous avez hissé le vôtre au pinacle. Cette différence définit les temps nouveaux.

Donatien se demanda si elle avait préparé sa réplique, qui résumait en une phrase l'ordre social issu de la Révolution. Même fourbie d'avance, la réponse lui parut d'une grande intelligence. Mais ce qui le toucha davantage, c'était la voix d'Aurore de Condé, une voix de violoncelle, à la fois rauque et onctueuse, voilée par le léger enrouement de celles qui ont vécu, mais néanmoins douce comme une mélopée.

— Citoyenne Condé – Bonaparte revenait encore à l'apostrophe républicaine avec cette représentante de la plus haute noblesse, qu'il voulait séduire tout en gardant ses distances – votre famille a rendu d'éminents services à la France. Quel dommage qu'elle ait choisi d'émigrer. Votre grand-père, le prince de Condé, est un excellent militaire qui se serait couvert de gloire s'il avait affronté les ennemis de la patrie au lieu de les rejoindre dans des équipées sans espoir.

Condé avait été le général en chef de l'armée des princes, qui regroupait la troupe de royalistes engagés aux côtés des alliés contre la République.

— Mon grand-père, citoyen consul, a cru suivre le chemin de l'honneur et de la fidélité à son roi. Tout comme son fils le duc de Bourbon et son petit-fils le duc d'Enghien. Cette lignée est le soutien de la monarchie. Elle ne pouvait la trahir.

— C'est un fait qu'il fut un ennemi loyal, qui luttait à visage découvert, concéda Bonaparte. Mais la cause des Bourbons est perdue à jamais. Les grands doivent aujourd'hui choisir l'avenir et leur patrie, où ils retrouveront toute la place qu'ils méritent. Il ne doit y avoir dans la République ni talon rouge ni bonnet rouge. Il ne doit y avoir que de bons Français, dévoués à la grandeur de la nation. Si je vous vois ici, citoyenne, c'est que vous avez compris cette nécessité.

— Il faut que nos querelles s'effacent, dit Aurore. Je respecte ma famille, mais je ne la suis pas dans ses extrémités. Vous avez mis fin à la Révolution, la noblesse doit vous en savoir gré.

— J'ai mis fin à la Révolution en la fixant à ses principes d'origine, que je respecte avec scrupule.

— C'est mon intention, sinon je serais en Angleterre avec mon cousin le comte d'Artois...

— Voilà un dialogue qu'il faudrait publier au *Moniteur*, dit Bonaparte en riant. Il ferait l'édification du peuple. Soyez la bienvenue, madame, vous êtes ici chez vous.

Bonaparte, peut-être involontairement, l'avait appelée « madame » comme autrefois. La politique est dans le moindre mot, se dit Donatien. Le retour des anciennes formes augurait-il d'un nouveau régime ?

La jeune femme fit une profonde révérence qui marquait sa soumission. Le Consul afficha un air de satisfaction un peu fat et se tourna vers Donatien.

— Madame, laissez-moi vous présenter le commissaire Lachance, qui est un homme avisé et précieux et dont la tournure plaît plus que la mienne.

Aurore sourit en regardant Donatien dans les yeux.

— Mon amie Juliette m'a souvent parlé du commissaire, dit-elle d'un ton espiègle, elle a plusieurs fois éprouvé ses mérites.

Cette allusion sensuelle mit Donatien mal à l'aise. Ainsi ses frasques avec Juliette n'étaient-elles plus un secret. C'était contrariant. Juliette vint à son secours.

— Aurore connaît le détail des enquêtes du commissaire Lachance, que je lui ai contées.

— Je ne l'avais pas compris autrement, dit Bonaparte avec

ironie. Notre amie Juliette est au fait des affaires politiques. Elle soutient ma police. Cela compense ses accointances douteuses.

— Tant que je suis reçu chez elle, dit Donatien, elle ne peut guère conspirer.

Le petit cercle autour de Bonaparte se mit à rire et le Consul fit un geste d'indulgence qui ressemblait à un sauf-conduit pour Mme Récamier.

— Il est vrai, dit-il, qu'elle s'est elle-même placée sous la protection de ma police. C'est d'une suprême habileté. Venez me voir aux Tuileries, citoyenne, nous causerons.

Il se détourna pour accueillir Murat, magnifique en bonnet à poil et peau de tigre, qui arrivait au bras de sa femme, Caroline Bonaparte, sèche mais point vilaine. Juliette en profita pour entraîner Donatien près d'une fenêtre, à l'écart de l'assistance.

— Je ne vous vois plus rue du Mont-Blanc, citoyen commissaire. Me battez-vous froid ? Vous ai-je fâché ?

— Point du tout, Juliette, mais vous ne m'avez guère convié.

— Vous faut-il un carton gravé pour vous manifester ? Nous serions soudain bien éloignés l'un de l'autre. Il me semble que nous avons été plus complices...

— Cette complicité est un grand bonheur, mais il se trouve que je suis marié et que cette activité prend du temps.

— Moi aussi, mon cher, je suis mariée. Vous ai-je pour autant fermé ma porte ?

— Réparons ces négligences, dit aimablement Donatien.

— Je suis votre servante, monsieur le commissaire !

Ils continuèrent à badiner tout en tournant autour de la pièce, saluant les invités qui leur étaient familiers et désignant d'un mouvement de menton discret ceux qu'ils ne connaissaient pas en tâchant de deviner leur nom. Quand il aperçut Aurore de Condé qui parlait avec Cambacérès, Donatien demanda :

— Qui est cette jeune Condé qui a si bien parlé au Premier consul ? Est-elle de la ligne directe ?

— La plus directe mon cher, c'est l'un des premiers noms de France. On l'appelle la duchesse d'Enghien...

— Et pourquoi ?

— Enghien est le petit-fils du duc qui a combattu la République, Aurore est une autre petite-fille, sa cousine. On l'a surnommée duchesse d'Enghien parce qu'elle a eu avec lui une aventure hautement romanesque et tragique.

— Diable ! Une histoire de passion et d'inceste ! Vous m'intéressez.

— Ils étaient cousins. À ce degré, il n'y a pas d'inceste dans la noblesse, Donatien, vous devriez le savoir.

— Mais que s'est-il passé ?

— Je ne sais pas au juste. C'était en Bretagne, le duc et Aurore avaient à peine dix-sept ans, ils passaient l'été dans les terres des Condés. Un amour de gamins. Mais le duc est tombé amoureux d'une autre. Il a voulu l'épouser, Aurore s'y est opposée et il a persisté. Il y a eu une scène dramatique à l'église, avec un coup de feu. Le mariage a été reporté. Mais nous étions pendant l'été 1789. À la nouvelle du 14 Juillet, les Condés ont suivi la famille du roi. Ils ont émigré en Angleterre. Tout ce petit monde s'est retrouvé dispersé à travers l'Europe, puis en butte à toutes sortes d'épreuves. Aurore est restée seule. Elle n'a jamais retrouvé le duc, qui a fait la guerre en Allemagne pendant qu'elle l'attendait en vain en Angleterre. Depuis, on l'appelle la duchesse d'Enghien.

— Voilà un joli roman, dit Donatien qui prenait un intérêt plus vif dans la personne d'Aurore.

La soirée s'écoulait au milieu des accords de harpe qu'on entendait en sourdine. On avait disposé sur une longue table un service à la française avec bouillis, pâtés, relevés, viandes et poissons et chacun se servait selon son humeur. Juliette et Donatien s'assirent à un guéridon et devisèrent tranquillement. Un peu plus tard, ils furent interrompus par Aurore.

— Avez-vous repris vos conspirations ? dit-elle en souriant.

— Mais non, ma chère, nous évoquions quelques souvenirs.

— À en juger par vos mines, ils devaient être licencieux...

— On ne peut pas toujours parler politique, comme vous fîtes avec le Consul, de forte brillante manière, je dois l'avouer, répliqua Juliette. Mais je vous laisse, dit-elle soudain, l'air affairé, je vois arriver M. Roederer à qui je dois demander un service.

Aurore et Donatien restèrent seuls autour du guéridon, devant la fenêtre noire qui reflétait la lumière des candélabres.

— Vous faites un métier bien passionnant, monsieur, dit aimablement la duchesse.

— C'est un fait que nous pénétrons les secrets de l'âme humaine, dit Donatien qui était habitué à la curiosité de ses contemporains pour sa mystérieuse profession.

— J'étais en Angleterre pendant la conspiration de nivôse. Nous avons suivi à distance tous les méandres de votre enquête. Pour des raisons symétriques des vôtres, nous nous sommes passionnés. Ce fut un grand échec pour nous et un magnifique succès pour la police de Fouché.

— Ainsi vous souhaitiez la mort du Consul ? dit Donatien un peu vivement.

— C'était encore l'ancien temps de la guerre, commissaire, nous voyions Bonaparte comme un simple usurpateur. Nous avons souffert tant de violences sous la Terreur que ce crime nous semblait une simple réplique dans cette bataille. Mais ce sont temps révolus.

— Toute la noblesse ne pense pas comme vous, madame. Certains veulent encore chausser les bottes de 93 et ranimer tous les complots.

— C'est un grand malheur. Ceux-là n'ont pas vu les horloges tourner. Ils ont arrêté le temps au 21 janvier 1793. Ils ne rêvent que de venger le roi Louis XVI. Mais je suppose que vous saurez parer cette menace...

— Je suis au service du gouvernement, comme toujours.

— Le Consul est bien heureux de trouver des serviteurs aussi avisés que vous. Et aussi charmants...

Elle avait laissé tomber ces derniers mots sans avoir l'air d'y toucher, avec un sourire fugace, comme un éclair de complicité sensuelle. Donatien la regarda dans les yeux. Elle soutint son regard quelques secondes puis détourna la tête avec un gracieux mouvement. Une gêne passagère imposa un silence qui fut rompu par un bruit de meubles qu'on déplace. Ils se tournèrent. Les valets en livrée disposaient les chaises pour le concert et l'assistance se réunissait peu à peu face à la scène encore vide, tandis que les musiciens faisaient résonner leurs instruments pour en régler la justesse.

Les deux nouveaux amis prirent place l'un à côté de l'autre sur des chaises capitonnées que Donatien eut soin de rapprocher. La duchesse croisa les jambes et posa ses mains sur ses genoux ; elle semblait la sagesse même mais son pied frôlait la botte de Donatien, qui fit mine de ne rien remarquer.

— Êtes-vous à l'aise ? dit-il.

— Le mieux du monde, répondit-elle en souriant.

Hortense de Beauharnais entra dans la salle de musique avec une modestie affectée, les bras collés au corps, la tête baissée et les yeux fixés sur le sol. C'était une blonde et mince jeune fille, avec une peau rose et un nez trop long, gracieuse néanmoins, dont Joséphine était la mère et Bonaparte le beau-père. Elle longea le parterre et monta sur la scène. Le harpiste fit entendre un accord. Hortense entama sa chanson d'une voix de soprano fragile et aérienne. Le pianoforte puis le violoncelle entrèrent en jeu pour donner un peu de profondeur à la mélodie gracile. La chanson était connue et plusieurs convives se mirent à chantonner discrètement. Bonaparte au premier rang arborait un sourire satisfait. Il n'aimait que l'opéra italien ou alors les ritournelles populaires en vogue dans sa jeunesse. Il buvait paroles et musique comme un enfant à la fête. Hortense le vit et lui décocha un regard de connivence. Les invités comprirent leur manège et se mirent à leur tour à sourire béatement. Une atmosphère de bonhomie familiale envahit le salon de musique où toute une cour se faisait un devoir de plaire au maître de la France.

Hortense salua à la fin du morceau au milieu des applaudissements de convenance. Elle entama ensuite l'aria d'un opéra de

Méhul, solennel et académique, puis un deuxième, franchement lugubre. Les sourires s'effacèrent doucement. Aurore jeta à Donatien un regard ennuyé, auquel il répondit par une mimique impuissante. Il fallait faire bonne figure quelle que soit la musique. Insensiblement, Aurore se pencha vers l'épaule de Donatien, qu'elle toucha comme par mégarde. Au lieu de s'écarter, il résista à la pression. Elle s'abandonna doucement et se retrouva appuyée contre lui.

Hortense avait commencé un autre morceau, aussi morne que le précédent. Le public restait de marbre, marquant par un imperceptible affaissement des traits l'ennui qui commençait à le saisir. Au quatrième chant de Méhul, quelques soupirs se firent entendre mais on pouvait les mettre sur le compte de l'heure qui avançait. Murat tapotait le haut de sa botte, Talleyrand regardait le plafond, Frochot était abîmé dans son chagrin et Joséphine jetait en mère angoissée des coups d'œil inquiets sur l'assistance.

Le cinquième chant – c'était un récital de Méhul – fut accueilli par un froissement de robes et un grincement de sièges qu'on bougeait pour prendre une meilleure position. Soudain, alors qu'Hortense reprenait le refrain a cappella, on entendit s'élever, sans retenue, un ronflement sonore. Personne ne réagit. Mais le bruit disgracieux enflait progressivement et se mêlait aux inflexions de la mélodie. Plusieurs têtes se tournèrent pour distinguer le coupable. C'était Bonaparte assoupi qui ronflait comme un bienheureux, en vertu de cette qualité – ou de ce défaut – qui lui permettait de dormir dès qu'il disposait d'un instant de répit dans sa trépidante activité.

L'assistance, tout en affectant de ne rien percevoir, réfréna quelques sourires. Murat rit le premier, tandis que Talleyrand laissait percer son amusement par un regard réjoui qui contrastait avec un visage de glace. Hortense se déconcerta et manqua une mesure. Les musiciens hésitaient, le public se contenait, les valets observaient la scène avec jubilation, pendant que le ronflement qui couvrait la musique prenait une dimension obscène.

Un bruit de soufflet couvrait la voix d'Hortense et roulait sous le plafond comme un lointain tonnerre.

Joséphine ne savait plus que faire. Elle se tortillait pendant que Bonaparte se tassait sur son siège, l'œil fermé et la bouche ouverte. Elle prit finalement son courage à deux mains et gratifia son époux d'un violent coup de coude. Le Premier consul sursauta et jeta autour de lui des regards effarés.

L'orchestre s'était arrêté. Bonaparte se redressa brusquement et dit tout haut : « Est-ce fini ? » À ces mots le public éclata de rire. Le Premier consul se retourna vers l'assistance et chercha à comprendre. Hortense blessée quitta la scène et sortit de la salle de musique sans se retourner. Joséphine se leva avec un sourire embarrassé, pendant que Bonaparte, persuadé que son pensum s'achevait, commençait à saluer à la ronde.

Chacun affecta de comprendre que la soirée touchait à sa fin et se dirigea vers l'entrée où les valets attendaient avec les manteaux pendant que les cochers pressaient leurs attelages vers la véranda illuminée. Aurore et Donatien prirent la file des invités qui attendaient leur tour pour saluer leurs hôtes. Juliette les rejoignit.

— Je ne rentre pas à Paris, je poursuis avec ma voiture jusqu'à ma campagne, dit-elle à Donatien, je ne puis raccompagner mon amie Aurore. Seriez-vous assez aimable pour le faire ?

— Ce serait une joie, mais je n'ai qu'un fiacre à offrir.

— Nous prendrons ce fiacre, dit Aurore, la noblesse ne peut plus rouler carrosse...

2.

La voiture avançait lentement sur les pavés gelés au cœur d'une nuit sans lune, à peine trouée par les lumières des réverbères qu'on voyait de loin en loin dans les villages. La forêt recouverte de neige était silencieuse ; une odeur de bois mouillé et de terre humide flottait dans l'air ; on entendait seulement le tintement des grelots, le claquement des sabots sur la chaussée et les coups de fouet dont le cocher frappait son cheval fatigué.

— Cette forêt est lugubre, dit Aurore en frissonnant. Nous pourrions être attaqués.

— Le Premier consul a ramené la sûreté sur les routes. De toute manière la police veille, dit-il en montrant le pistolet qu'il portait toujours dans la poche de son manteau.

— Je ne suis pas tranquille. Cette obscurité me fait peur. Peut-être y a-t-il un ogre dans ces bois.

— Le Premier consul a fait enfermer les ogres.

Elle rit, se rapprocha de Donatien et passa sa main sous son bras. Il se serra un peu contre elle mais n'osa pas aller plus loin : il ignorait si cette soudaine proximité était due à la crainte d'un mauvais coup ou bien si elle traduisait une attirance. Quoique habitué à l'attention qu'il suscitait chez les jeunes femmes, flatté aussi d'avoir éveillé de l'intérêt chez une si grande dame, il n'osait croire à sa bonne fortune. Avant 1789, les Condés formaient la famille la plus illustre et la plus titrée du royaume.

Dans leur château de Chantilly, ils régnaient sur une cour nombreuse et des domaines immenses. Le duc, grand-père d'Aurore, était l'un des généraux les plus célèbres de l'armée royale. À ce titre, il avait pris la tête du corps de volontaires recrutés dans la noblesse pour affronter les troupes révolutionnaires pendant la guerre de 1792 et 1793, qu'on avait appelé « l'armée des princes ».

Donatien avait encore peine à croire qu'il plaisait à une fille de cette haute lignée, dévouée à l'Ancien Régime, lui, le roturier jacobin, délégué aux basses œuvres de ce Corse parvenu, ce général d'aventure.

— Le Premier consul vous tient en grande estime. Vous n'êtes pas un policier comme les autres, dit-elle.

— Je lui ai rendu quelques services, dit sobrement Donatien.

— Plus que cela ! Chacun sait que vous étiez le meilleur adjoint de ce terrible Fouché. On pourrait croire que vous naviguez en eau trouble. Vous êtes en fait sur une des cimes du régime. Et nous, les enfants de l'ancienne société, ajouta-t-elle, éprouvons une admiration secrète pour les bâtisseurs de la nouvelle.

— Une admiration pour nous ? Je n'ai jamais vu les choses sous cet angle. Nous avons été vos bourreaux...

— Nos vainqueurs, en tout cas. La noblesse n'avait jamais pensé que les hommes du tiers soient assez forts pour la vaincre et assez sages pour se maintenir. Mais quand la haine s'apaise, vient le temps des questions. Il nous faut bien comprendre pourquoi nous avons été battus.

— Le tiers a gagné parce qu'il avait un monde à conquérir. Vous aviez seulement un monde à défendre. Vous étiez fatigués, nous étions faméliques. L'aristocratie monopolisait les places, alors que les talents naissaient en dehors d'elle. Nous disons souvent que la liberté nous guidait. C'était surtout l'ambition.

— Nous aurions dû ouvrir nos rangs. Ce fut une grande faute que cette crispation sur les privilèges.

Il y avait une nuance d'amertume dans le propos de la duchesse.

— Vous qui avez le premier rang et le nom le plus illustre...

— Précisément. Nous aurions dû montrer l'exemple. Après tout, notre ancêtre Louis XIV s'appuyait sur la roture. Il tenait la noblesse en méfiance. Il promouvait les talents tout en ménageant les grands. C'était la sagesse même.

Son ton de regret s'accentuait, comme celui d'un général qui livre une deuxième fois dans sa tête la bataille qu'il vient de perdre.

— Il fallait le faire en 1789, il était encore temps, dit Donatien, qui ne sentait pas que sa leçon ravivait la douleur de la défaite. Le roi eût-il adopté les idées nouvelles, qu'il aurait sauvé l'ordre ancien. Le royaume l'aurait porté au pinacle. Mais sa famille l'a fourvoyé. Elle a émigré dès le lendemain du 14 Juillet. C'était craindre la guerre à la première escarmouche. C'était fuir l'ennemi avant qu'il arrive. Alors que tout était possible. À cette époque le tiers ne voulait pas de la subversion. Une constitution lui suffisait, avec un pouvoir royal limité.

— Ma famille aussi a quitté la France après le 14 Juillet, répliqua-t-elle. Ce n'était pas poltronnerie.

— Je l'ignorais. Mais pourquoi si vite ?

La sécheresse de la question sous-entendait une fuite sans gloire.

— Vous en parlez à votre aise. Notre sécurité ne pouvait plus être assurée. Les paysans se révoltaient partout et la force armée était immobile devant l'émeute, quand elle ne passait pas du côté du peuple. Mon grand-père a jugé qu'il ne pouvait plus protéger sa famille. Il nous a fait partir en Angleterre pendant qu'il allait à Versailles offrir ses services à la Couronne. J'étais en Bretagne à ce moment-là, dans un beau domaine au bord de la mer, parmi des paysans amis de ma famille. Mais les troubles se déclaraient partout, même dans l'Ouest pourtant dévoué aux Bourbons. Deux semaines plus tard, nous étions dans un grenier à Londres. Cette émigration était peut-être une erreur mais elle a été forcée.

— C'était choisir le camp du passé.

— Ce passé nous était cher et le présent terrible.

Elle avait retiré sa main et s'était appuyée sur la paroi de la cabine. Un silence s'installa.

— Mais vous, quelle est votre histoire ? Vous êtes un exemple même de ce régime nouveau, vous vous êtes illustré à la guerre comme dans la paix, dit-elle d'un ton plus froid. Vous avez gardé votre tête sur les épaules, ce qui est un exploit.

— La guillotine m'a manqué de peu, madame.

— Racontez-moi !

— À cette heure ?

— Nous avons encore un long voyage devant nous. Le Premier consul est fort aimable de nous convier. Mais lui va se coucher à onze heures alors que nous devons prendre la route. Nous ne serons pas rendus avant deux heures. Allez, monsieur le Jacobin, racontez-moi vos prouesses !

Sa voix restait chaude et séduisante mais une pointe de sarcasme embarrassait Donatien.

— Je crains qu'il n'y ait dans cette histoire des passages que vous réprouviez fort...

— Je m'attends au pire. Commençons. Où êtes-vous né ?

— Dans une forêt enchantée, madame, au royaume du bonheur.

— Dieu ! Mais alors, pourquoi cette rage contre l'ancien temps ?

— Parce qu'on m'a volé mon royaume.

— Allons ! Et qui vous l'a volé ?

— Des gens comme vous.

— Holà ! Suis-je donc coupable ?

— Je l'ai cru, madame. J'ai cru que toute la noblesse était coupable.

— Mais encore ?

— Je suis le fils du comte de Chaumont, qui possédait un domaine dans la Touraine, près d'une ville qu'on appelle Bourgueil.

— Ah, ça ! Vous êtes donc de sang bleu, vous le Jacobin, le sans-culotte, le septembriseur !

— Par mon père, assurément. Mais par ma mère, je suis un paysan.

— Le comte avait fauté ?

— Plus que cela. Il avait deux familles.

— Cela pouvait arriver, dit-elle comme si elle parlait d'un monde inaccessible à un policier des temps nouveaux.

Donatien en conçut un agacement.

— La première était en tout point conforme à la règle. Mon père avait épousé une jeune femme de noblesse moins titrée que lui mais qui avait l'avantage de posséder un petit domaine attenant au sien.

— Le mariage avait élargi le patrimoine de la lignée.

— Mais c'était un mariage morne, né de la propriété et non du sentiment.

— Vous verrez que les bourgeois auront tôt fait d'adopter les mêmes principes. Ils tiennent à la propriété encore plus que nous. Ils l'ont même écrit en tête de leur décalogue.

— Le comte s'était en même temps épris d'une fermière jolie et pleine d'esprit dont il avait fait l'intendante de son pavillon de chasse. Ce domaine recouvrait tout le pays de Gizeux, où est la famille de Contades, et le pays de Courléon, vers Saumur. C'était une belle et grande forêt. Le comte était chasseur. Il courait tout le jour dans la forêt et s'arrêtait le soir au pavillon pour souffler et souper.

— Et souvent, comme il se faisait tard, il restait pour la nuit.

— Comment le savez-vous ?

— Ce n'était pas bien sorcier de le deviner. Mais vous êtes un fils, vous ne supposez pas la rouerie chez vos parents.

— Hum... En fait, le pavillon abrita bientôt une seconde famille. J'ai grandi dans ce chalet de forêt. Ma mère était heureuse, drôle, enjouée et le comte nous lisait le soir les tragédies de Corneille, les fables de La Fontaine ou bien quelque libelle qu'on lui faisait parvenir de Paris, contre l'absolutisme ou contre les jésuites. J'étais heureux en ce temps-là. Pour moi ce bonheur devait durer toujours. Le jour, j'explorais les bois et les champs.

Le soir nous faisions une partie d'échecs ou de trictrac ou bien nous jouions une pièce dont le comte apportait le texte. Pour les convenances, il avait marié ma mère à un de ses métayers qui était honnête et conciliant et qui reçut en échange sa métairie, à la condition de ne voir sa femme que de loin.

— Ce métayer s'appelait Lachance...

— Cessez de me deviner. Celui qui conte une histoire n'aime pas qu'on le précède.

— Fort bien.

— Mon père se piquait de science et me faisait partager ses découvertes. J'ai hérité de lui mon esprit de déduction, qui m'est si utile dans la police. J'applique la science au crime.

— J'en ai vu les effets dans l'affaire de la rue Saint-Nicaise... Et comment ce bonheur vous fut-il arraché ?

— Ce bonheur mourut un jour de 1786. Le comte chassait à courre, son cheval fit un écart, il donna de la tête contre un tronc et resta sans connaissance. On le transporta au chalet où il mourut dans la sérénité. Mais avant de s'en aller, il avait convoqué son abbé pour faire un codicille à son testament, signé de sa main, qui assurait notre avenir. Nous recevions une somme d'argent, le chalet et une portion de terre que nous pouvions exploiter. Mais quand le testament fut porté au château, la comtesse, qui était forte femme et très imbue de son rang, jeta le papier au feu et menaça l'abbé. Ses fils mirent la main à l'épée pour lui faire peur. Puis la comtesse envoya son intendant nous chasser. Nous sommes partis sur-le-champ et en abandonnant tout, maison, héritage et bonheur.

— Le geste de la comtesse était illégal !

— À cette époque – vous en souvient-il ? – la loi n'était pas la même pour tous. Ma mère chercha un recours ; on lui expliqua qu'aucun juge ne désavouerait une comtesse de Chaumont pour donner raison à la maîtresse de son mari et à son fils naturel.

— Qu'avez-vous fait ?

— Ma mère m'a mis au collège à Nantes et elle s'est louée

dans les fermes et les auberges. Elle est morte un an plus tard, minée par le chagrin.

— Et vous ?

Donatien commençait à trouver l'interrogatoire déplaisant.

— Elle avait laissé un petit pécule qui a payé mes études. C'est là que j'ai rencontré un homme qui a changé ma vie, mon professeur de mathématiques, qui est devenu principal des oratoriens.

— Qui était ce mentor ?

— Joseph Fouché.

— Vous avez été formé par le diable !

— Je me suis jeté dans les idées nouvelles. Je lisais dès que j'avais une minute, Jean-Jacques, Voltaire, Mably, Diderot, l'abbé Prévost, etc.

— Toute la sédition en phrases.

— Ces hommes raisonnaient pendant que vous répétiez des préjugés.

— Vous êtes injuste. Avez-vous lu de Maistre ou Burke ?

— Non.

— Il y a pourtant là des arguments forts que vous devriez connaître. Mais poursuivez...

Le ton devenait glacial.

— Pendant l'été de 1789, les paysans de Gizeux s'assemblèrent. Ils voulaient abolir les droits seigneuriaux. Je savais où en étaient les titres : au château de Chaumont.

— Qu'advint-il ?

— Le château fut brûlé, la comtesse violée et assassinée. Les fils eurent la vie sauve. Ils n'ont jamais su qui avait désigné sa cible à l'émeute.

— Décidément, vous me faites froid dans le dos. Vous êtes le modèle de nos bourreaux.

— Je vous avais prévenue.

Le fiacre sortait de la forêt. En contrebas, les glaces de la Seine reflétaient la faible lumière des lampes, qui faisaient des taches blanches sur le noir de la rivière. Il fallait remonter à travers le village de Neuilly jusqu'à la barrière de l'Étoile, qui occupait la place d'un ancien carrefour de chasse, au croisement des longues allées cavalières ouvertes dans le bois de Boulogne.

— Qu'avez-vous fait ensuite ? La Révolution était en marche...

— J'étais l'homme de Fouché à Nantes. Je lui servais de secrétaire. Puis j'ai pris sa place à la municipalité. J'étais du club Breton, puis des Jacobins. Je relayais les mots d'ordre venus de Paris, ceux de Robespierre, de Marat, de Danton... Votre ami le duc de Brunswick nous avait tracé la voie avec son manifeste. En menaçant Paris, il a tué le parti conciliateur. Le peuple a pris peur : il a choisi les plus extrêmes.

— Le duc était un homme charmant et ouvert aux idées nouvelles. Je l'ai rencontré à Chantilly avant la Révolution. Il était furieusement philosophe.

— Mais il a choisi la mauvaise philosophie. Son manifeste promettait aux Parisiens une subversion générale et un immense massacre de patriotes.

— Vous avez approuvé ces horribles tueries de septembre dans les prisons...

— Non. Mais elles étaient inévitables dans la guerre où nous étions. On était patriote ou ci-devant. Il fallait choisir. J'avais choisi la Révolution.

— Vous étiez donc à Nantes pendant les guerres de la Vendée, avec Carrier ? Quelle horreur !

Le silence s'installa de nouveau. Donatien comprit qu'il avait sans le vouloir placé entre eux les fantômes qui hantaient l'ancienne noblesse. Lui qui une heure plus tôt croyait à sa bonne fortune comprenait que le fossé sanglant de la Terreur restait béant.

— J'ai aussi combattu à la guerre. Au siège de Granville, contre les meilleurs généraux vendéens, La Rochejaquelein, Stofflet, Cadoudal.

— De grands héros... Si ce siège avait réussi, la face de l'Europe aurait été changée.

— C'est là que j'ai rencontré ma femme, qui était une déesse de la liberté.

— Elle officiait dans ces mascarades révolutionnaires ?

— Elle était révolutionnaire. Son apparence l'a conduite à ce rôle.

— Elle est donc très belle...

— Et très énergique.

Aurore eut un mouvement de recul. Après un long silence, elle reprit :

— Que vous est-il arrivé à la chute de Robespierre ?

— Je suis passé en procès avec Carrier.

— Il a été guillotiné. Et vous non...

— Les nouveaux gouvernants ont jugé qu'on ne pouvait pas exécuter tous les hommes de la Terreur.

— Évidemment, ils en étaient !

— Nous en étions presque tous, Bonaparte le premier. Quand il a repris Toulon, il a fait un massacre des fédéralistes qui avaient livré le port aux Anglais.

— Je le sais bien. Et ensuite, comment vous êtes-vous rétabli ?

— J'étais un paria. Je me suis engagé dans l'armée d'Italie avec Bonaparte. Il m'a aussitôt employé comme soldat, puis comme agent secret. Il a un don pour deviner les talents.

— Décidément, quel roman ! Et d'espion, vous êtes passé policier...

— C'est un peu la même chose. J'ai retrouvé Fouché quand il est devenu ministre de la Police, à la fin du Directoire, et depuis, nous maintenons l'ordre pour servir la concorde. Voilà toute mon histoire.

Il fut coupé par l'arrêt du fiacre. Ils étaient à la barrière de l'Étoile, dont la lourde grille était fermée. Le cocher descendit de la voiture et alla tirer une corde qui pendait près de la grande porte de fer. Une minute se passa puis une lumière apparut dans la guérite qui flanquait l'entrée. Un gendarme sortit, vit le numéro jaune qui ornait le côté du fiacre, et s'adressa au cocher.

— Qui sont ces particuliers qui entrent si tard à Paris ?

— Ils viennent du château de la Malmaison.

— La Malmaison ? C'est bon, passez !

Une fois de l'autre côté, Aurore dit à Donatien :

— J'habite au bas de la colline de Chaillot. Est-ce trop loin pour vous ?

— Certainement pas. J'ai mission de vous ramener chez vous.

— Alors prenons cette avenue à droite. Elle conduit sur le bord de la Seine. C'est là qu'est l'entrée.

Le fiacre tourna dans le petit bois qui bordait les Champs-Élysées.

— Voilà, nous y sommes ! dit Aurore quand ils furent devant un haut mur couvert de lierre percé d'une grille que surmontait une lanterne. Seriez-vous assez aimable pour m'accompagner jusqu'à la maison ?

— Bien sûr, madame.

Elle descendit en lui donnant la main, qu'elle retira aussitôt pour marcher à bonne distance. Elle ouvrit la grille avec une clé sortie de la poche de sa robe. Dans l'allée sombre qui menait à la maison, elle marchait droite et silencieuse. Elle frappa à la porte avec le marteau.

— Mon majordome arrive, dit-elle. Entrez une minute.

La porte s'ouvrit. Le valet prit le manteau d'Aurore. Donatien conserva le sien pour marquer qu'il ne restait pas.

— Madame, il me reste à prendre congé.

— Merci de m'avoir voiturée et reconduite à ma porte. Au moins les crimes que vous m'avez contés vous ont laissé un peu d'indulgence.

— Ce sont des temps nouveaux. Il faut congédier les spectres.

— C'est aisé à dire, monsieur le Jacobin, mais difficile à faire, dit-elle d'un ton un peu adouci.

— Je vois que la Révolution nous sépare encore.

— Elle a déchiré la France et nous aussi. Monsieur, je suis aise de vous avoir connu mais vous avez ravivé dans mon cœur des souffrances endormies. Je dois vous remercier mais je dois aussi vous maudire.

Dans la lueur du chandelier à deux bougies, elle était d'une beauté froide qui fascina Donatien. Il l'observa pendant qu'elle laissait son regard flotter au loin. Elle se ressaisit et le considéra soudain d'un air dur où perçait comme un regret.

— Merci, monsieur, encore une fois. Il se fait tard. Je vais dormir avec mes malheureux souvenirs. Je ne dirai pas que je suis ravie de vous avoir connu. Ce serait hypocrite. Cette soirée avait bien commencé. Elle se termine mal.

Et elle ajouta d'une voix basse :

— C'est dommage.

Pendant le trajet du retour, Donatien médita sur ce dialogue d'anciens ennemis, sur sa froideur, son amertume et sa séduction qu'il jugeait d'autant plus intrigante. Il était habitué à voir vite succomber les jeunes femmes. Le fossé qui le séparait d'Aurore de Condé excitait chez lui le goût de la conquête. Quel personnage original, lié par tant d'attaches à l'ancien temps et pourtant décidé à épouser le nouveau... Cette froideur hiératique et attirante, ces blessures et ces épanchements. Cette dernière phrase si ambiguë... Et cette voix... Donatien se dit qu'il ne pouvait laisser les choses en l'état. Il lui faudrait revoir cette aristocrate déchirée et fascinante, qui incarnait si bien toutes les séductions de l'ancienne noblesse, par son charme autant que par son arrogance et la certitude de sa supériorité. Il y avait un défi qu'il fallait relever.

Il monta les marches inégales qui menaient à son appartement sous les toits. Il avait loué à son entrée dans la police ces quatre pièces qui dominaient la Seine et le port du Louvre dans un immeuble Louis XIII en brique et en tuffeau. Évariste Gamelin, un peintre du temps de la Terreur, l'avait occupé avant lui, sans doute parce qu'on voyait tout Paris de ses fenêtres. Il se trouvait à quelques minutes du ministère, au coin de la rue du Bac et du quai Voltaire, en face du pont National, ci-devant pont Royal, ce qui rendait fort commode sa vie de travail.

À peine avait-il ouvert la porte qu'une lueur apparut au fond du salon. C'était Olympe qui venait d'allumer une chandelle. Assise dans le grand fauteuil près de la cheminée encore chaude de cendres, elle darda sur lui un regard interrogatif :

— Mais d'où rentres-tu si tard ? Il est quatre heures ! Ce n'est pas le Premier consul qui t'a retenu...

— Il m'a convié à la soirée de la Malmaison.

— Une soirée ? Je croyais qu'il voulait te confier une mission.

— Il l'a fait puis il m'a demandé de rester pour la soirée. Pouvais-je refuser ?

— Non. Mais pourquoi si tard ?

— Le chemin du retour a été plus long. La route est encombrée de neige. Le cocher n'avançait pas.

Olympe était encore ensommeillée. Son visage était pâle, ses yeux gonflés, les cheveux défaits se mêlaient sur ses épaules blanches et musclées. Même dans cet appareil, elle était belle, pensa Donatien, qui se sentit soudain coupable. Il se dit curieusement qu'Aurore était la réplique d'Olympe en brune. Toutes deux minces, alertes, avec ce léger déséquilibre dans les traits qui en redoublait l'intérêt. Olympe le fixait. Un long instant passa et elle détourna le regard.

— J'étais inquiète. Qu'a dit ton Bonaparte ?

Elle disait toujours « ton Bonaparte » pour marquer son républicanisme de stricte obédience, qui réprouvait les penchants autoritaires du Premier consul. Content de changer de sujet, Donatien raconta ce que le Consul lui avait confié, les soupçons, le complot, les sicaires ameutés.

— C'est l'affaire de la rue Saint-Nicaise qui recommence ?

— Peut-être. Je dois interroger ces cinq chouans demain. Ce matin, plus exactement. Nous verrons.

— Je suis réveillée maintenant. Me ferais-tu un vin chaud ?

Heureux d'échapper à des questions embarrassantes, Donatien se fit tout miel.

— Bien sûr, dit-il d'une voix douce.

Il alla à la cuisine, ranima le feu du fourneau de fonte, versa du vin dans une casserole qu'il mit sur le foyer et sortit deux grands verres où il mit du sucre et des fragments de cannelle. Il servit le vin et revint au salon.

— Et toi, qu'as-tu fait de ta soirée ?

— J'étais avec Hyacinthe chez Moreau.

— Avec Hyacinthe ? Vous frayez de nouveau ?

— Ne dis pas de bêtises. Nous étions invités. Hyacinthe servait sous ses ordres, tu le sais bien. Moreau nous a longuement parlé de la franc-maçonnerie. C'était passionnant.

— Moreau veut concurrencer Bonaparte. Cela finira par lui coûter cher.

— Moreau est un vrai républicain. Il critique l'évolution du régime et il n'est pas le seul. Par ailleurs c'est un grand général. À la guerre, il vaut bien Bonaparte.

— À la guerre peut-être. Pas dans les affaires civiles.

— Bonaparte le tient injustement à l'écart du gouvernement.

— Moreau essaie de fédérer les oppositions dans l'armée. C'est une erreur politique.

— Cesse de défendre toujours ton Bonaparte !

— Mais pourquoi la franc-maçonnerie ?

— C'est une philosophie qui me convient. Je ne la connaissais que de loin. Moreau en parle fort bien. Il nous a proposé de nous initier. Tu devrais t'y intéresser. Après tout, la plupart des policiers sont maçons. Tu fais tache.

— Mes services parlent pour moi. Je n'ai pas besoin de société secrète.

— Cette société secrète a rendu d'éminents services à la Révolution. Et au Consulat. Tous les Bonaparte sont maçons, mon cher, tu devrais le savoir.

— Sauf Napoléon, dit-il.

— Qu'en sais-tu ? L'initiation est secrète.

Donatien pensa qu'il était passé dans la même soirée d'une

raisonneuse monarchiste à une raisonneuse républicaine. Quelle fatigue ! se dit-il.

— Faut-il que nous commencions à cette heure un colloque sur le Grand Architecte de l'univers ?

— C'est ta faute. Il ne fallait pas rentrer si tard. Je n'ai plus sommeil.

Donatien se leva et s'approcha d'elle. Il passa son bras autour de ses épaules.

— Que pourrions-nous faire ? dit-il doucement, encore émoustillé par sa soirée.

Il posa un baiser sur sa joue et lui caressa le cou. Elle secoua la tête.

— Ah non ! Ce serait trop facile de se faire pardonner ainsi !

— Alors, allons dormir...

— Dormir, en effet ! dit-elle d'un ton vengeur.

Et elle souffla la chandelle.

3.

Le lendemain la neige avait fondu et les rues de la ville n'étaient plus qu'un entrelacs de ruisseaux qui charriaient une boue noire mêlée de glaçons. Les caniveaux couraient au milieu de la chaussée tandis qu'un ciel bas se chargeait des nuages du redoux. Des plaques blanches résistaient encore ici et là sur la place de Thionville, autour des arbres noircis par l'hiver. Quittant Olympe assoupie, Donatien sortit dans un vent humide qui l'obligea à remonter le col de son manteau ; la fatigue de la nuit le faisait frissonner. Par une étrange réminiscence, l'image d'Aurore de Condé flottait dans son esprit, autant que celle du Premier consul recroquevillé dans sa sombre bibliothèque. Il était heureux de sa mission mais troublé par la rencontre de cette duchesse ambiguë. Il voulait la revoir.

Il se dirigea vers son ministère par le Pont-Neuf où des marchands ambulants bravaient l'hiver pour proposer du café chaud, des galettes de Bretagne ou des marrons grillés. Il marcha le long des parapets, tâchant d'éviter les éclaboussures projetées par les fiacres. En contrebas, sur les berges, les prostituées et les porteurs d'eau vaquaient à leurs occupations ralenties par la saison. Il acheta un cornet de marrons brûlants puis tourna à droite sur le quai de Conti, passa l'hôtel des Monnaies, longea le collège Mazarin. Longeant le fleuve, il eut comme toujours son regard attiré par le trafic du port du Louvre sur l'autre rive, où les bateaux maniés par des rameurs brusques, chargés de viande, de fruits, de blé, de toile ou de bois à brûler composaient un carrousel fluvial. Ils se croisaient au milieu du fleuve ou dans des chenaux compliqués, au milieu des cris et des invectives. Le dos courbé par leur charge, les portefaix tournaient comme des fourmis sur la berge boueuse, entre les bateaux et les charrettes alignées sur le bord du quai. Les bateliers fumaient en attendant de repartir, les porteurs d'eau s'avançaient sur de fragiles passerelles pour remplir leurs seaux qu'ils portaient à droite et à gauche, sur un bâton souple et tenu aux épaules par une sangle de cuir. Une troupe d'enfants sales, pieds nus ou en sabots, cherchait à chaparder au passage de quoi manger sous l'œil de deux gendarmes plantés au pied des murs du palais. Un peu plus loin on voyait la silhouette gracieuse de jeunes filles en robe de laine et cheveux dénoués. C'étaient les prostituées qui attendaient les clients que leur procurait ce rassemblement permanent de travailleurs et de badauds.

Donatien entra dans son ministère, salué par le garde en uniforme noir. En l'absence de Fouché, la Police générale avait été placée sous l'autorité du grand juge Régnier, qui officiait place Vendôme au ministère de la Justice. Sans Fouché, Donatien se retrouvait le plus haut gradé dans la police. Il y avait gagné le respect des plantons. Dans son bureau du premier étage qui donnait par de grandes fenêtres sur la Seine, il sortit d'une sacoche le dossier que Bonaparte lui avait confié. Il contenait le pédigree des cinq suspects arrêtés depuis l'automne, ainsi que le compte rendu de leur interrogatoire.

Il fit allumer le feu dans la cheminée, tisonna un moment, puis s'assit dans son fauteuil, le dos à la fenêtre, les jambes allongées, les pieds tournés vers le foyer. Il commença à lire la prose policière. Les cinq hommes s'appelaient Pioger, Grisolles, Lebourgeois, Mézières et Querelle. Donatien connaissait bien les deux premiers, qu'il avait combattus pendant les guerres de Vendée. Pioger était surnommé Sans-Pitié, ou Tape-à-Mort. C'était un enragé que rien ne rebutait, ni le danger le plus grand, ni le crime le plus affreux. Il avait rejoint Stofflet dès le début de l'insurrection, pour protester contre la levée en masse qui touchait son département. Superstitieux, dévoué au seigneur du lieu, un hobereau qui le saluait de loin, il s'était jeté dans la chouannerie, à genoux le matin pour la messe en forêt dite par un prêtre réfractaire, debout le soir pour pendre aux arbres les soldats d'une patrouille bleue tombée dans un guet-apens.

Courageux jusqu'à l'inconscience, Pioger avait chargé parmi les premiers au siège de Nantes et à celui de Rennes. À Cholet, une fois la bataille perdue, il avait refusé de se rendre et s'était fait jour à coups de fourche. Il avait lutté sans merci contre Turreau et ses colonnes infernales. Pour riposter à la barbarie des soldats républicains qui torturaient les paysans sans chercher à savoir s'ils étaient de l'insurrection, Pioger avait pris l'habitude de brûler les pieds des Bleus qu'il faisait prisonniers ou encore de les attacher aux extrémités des ailes des moulins qu'ensuite il faisait tourner à un train d'enfer pour que leur sang, chassé vers la tête, fasse éclater leurs artères.

Il fut encore de la virée de Galerne qui échoua devant Granville, le port que les Vendéens voulaient prendre pour se lier aux Anglais. Prisonnier, il s'évada, accepta la trêve puis la rompit tout seul pour reprendre les armes contre le Directoire, jusqu'à la pacification obtenue par Bonaparte après Brumaire. Depuis la rupture de la paix d'Amiens, au début 1803, il fomentait une nouvelle révolte dans l'Ouest avec les hommes de Cadoudal, comptant sur le soutien des Anglais pour relancer la chouannerie. Pioger avait été dénoncé par un transfuge acheté par la police. Donatien savait qu'un tel fanatique resterait coi, l'aurait-on brûlé à petit feu. Au vrai, était-il lié à un complot ourdi de Londres ? Rien ne l'indiquait. Il était en Vendée depuis toujours ; il avait été aperçu plusieurs fois là-bas dans la dernière année, ce qui excluait un séjour en Angleterre. Il était assurément coupable de sédition, la police en avait la preuve. Mais de complot avec l'étranger et d'attentat contre Bonaparte ?

Louis de Sol de Grisolles, celui que les policiers de Régnier, dans leur ignorance, appelaient Grisolles, était encore plus connu. Officier de la Royale, il avait pris la tête du soulèvement chouan entre Rochefort-en-Terre, Redon et Muzillac. En mars 1793, il avait enlevé Rochefort à la tête d'une troupe hirsute. Cadoudal l'avait nommé colonel puis, en 1797, commandant de la 4e légion dans l'Armée des chouans du Morbihan. Il s'était distingué dans la bataille du pont du Loc'h, quand les hommes de Cadoudal avaient tenu en échec toute une armée bleue qui voulait les surprendre. La police de Fouché l'avait saisi peu après et il était resté deux ans en prison. Libéré, il était reparti dans le Morbihan. On l'avait de nouveau arrêté, à tout hasard, à l'automne 1803, sur la conviction qu'il complotait forcément avec Cadoudal. Mais rien de tangible ne venait accréditer cette idée. Sol de Grisolles menait en apparence une vie de gentilhomme pacifique. Ses inclinations n'étaient pas douteuses mais rien n'indiquait qu'il y avait de nouveau sacrifié. Donatien lut le verbatim de son interrogatoire. En marge du texte, le policier avait écrit : « traitement no 4 ». Ainsi Sol de Grisolles avait-il été torturé. Le numéro 4 désignait l'arrachage des ongles, en général efficace pour venir à bout des plus coriaces. Cette cruauté avait été inutile. Pas un mot n'était sorti de la bouche du chouan pendant la séance qui avait duré quatre heures.

Lebourgeois et Mézières étaient des noms inconnus. Le premier complotait de toute évidence. Il avait été arrêté chez lui où la police avait trouvé des lettres compromettantes. Mal nommé, Lebourgeois voulait rétablir la noblesse. Il s'était abouché avec plusieurs monarchistes connus à Paris, dont l'un était indicateur de police, d'où son infortune. Mais là encore aucun élément de preuve ne venait soutenir l'accusation de complot contre Bonaparte et encore moins celle d'une collusion avec les Anglais. L'autre inconnu, Mézières, avait été pris dans une auberge alors qu'il vitupérait le gouvernement et louait la sagesse des Bourbons. Mais il avait bu et le policier qui l'avait arrêté l'aurait volontiers relâché, n'était l'ambiance de suspicion qui dominait la préfecture depuis la déclaration de guerre. Son interrogatoire n'avait rien donné et Mézières, dégrisé, protestait hautement de son innocence. Donatien commençait à se demander où le Premier consul avait vu, dans ces papiers disparates, le signe d'un complot anglais ourdi contre lui.

Lachance ne connaissait pas plus Jean-Pierre Querelle, lui aussi arrêté à Paris, sur une dénonciation venue de Bretagne. Mais son dossier était le plus intéressant. C'était un médecin qui avait fait le coup de feu pour la Vendée, puis qui était parti pour Londres se mêler à l'émigration. Il était revenu en France à une date inconnue et s'était fait prendre à la suite d'une imprudence. Il avait écrit à son ancienne maîtresse, restée à Nantes, qu'il était revenu à Paris et qu'il préparait « une grande affaire pour le compte de ses amis ». Cette femme était mariée et son mari s'était emparé de la lettre qui était devenue un objet de jalousie. Mais le mari avait lui aussi une maîtresse, républicaine ardente qui travaillait à l'occasion pour la police. Jalouse et vétilleuse, elle avait trouvé la lettre de Querelle en fouillant les poches de son amant. Aussitôt elle l'avait communiquée à la police, qui avait prévenu la préfecture à Paris. Victime de deux femmes jalouses, Querelle était donc un maladroit, moins expérimenté que les agents royalistes patentés. Et surtout, Donatien remarqua que le médecin – en fait un infirmier qui usurpait le titre – avait laissé, avant de partir en Angleterre, des dettes considérables auprès de plusieurs commerçants du pays nantais. Donatien se dit que c'était un indice et, peut-être, un levier.

Il se leva pour aller à la fenêtre. Il réfléchissait au cas de ce Querelle, qui lui semblait un suspect plus malléable que les autres. En contrebas sur le quai, il vit un porteur d'eau qui s'avançait prudemment sur une passerelle branlante qui débordait la rive. On avait aménagé ces petites jetées en planches pour permettre aux membres de la corporation qui ravitaillait la population de puiser son eau au milieu du courant où elle était moins boueuse. L'homme se pencha, remplit ses seaux et repartit, alourdi par son fardeau, en équilibre précaire sur les planches qui tremblaient sous son pas. De temps en temps, l'un d'eux tombait dans le fleuve et se noyait. Donatien était assez fier d'une réglementation nouvelle qu'il avait fait promulguer deux ans plus tôt. Jusque-là les bateliers, par une étrange aberration, touchaient une prime quand ils repêchaient un mort dans la Seine – on craignait que des cadavres en décomposition ne gâtent l'eau du fleuve – mais ne percevaient rien s'ils sauvaient un vivant de la noyade. Ainsi beaucoup d'entre eux se détournaient s'ils voyaient quelqu'un dans l'eau, à moins que l'accidenté soit déjà passé de vie à trépas, auquel cas il était l'objet de toute leur attention. Sur la suggestion de ses services, Donatien avait égalisé les primes entre les morts et les vivants, ce qui avait sauvé de la noyade de nombreux citoyens. Il avait aussi prescrit qu'on cesse de suspendre par les pieds ceux qu'on sortait de l'eau, médication suggérée par le bon sens populaire mais que la Faculté avait déclarée tout à fait impropre. Il avait remplacé ce traitement fruste par l'administration de fumigations aux noyés qui donnait des résultats remarquables. Donatien se dit avec un brin d'amertume que ces mesures simples qui sauvaient des dizaines de Parisiens chaque année depuis leur mise en œuvre lui valaient infiniment moins de reconnaissance qu'une seule enquête politique effectuée pour le compte du gouvernement. Ceux qui rendent service à la pauvre humanité restent obscurs, se dit-il, tandis que ceux qui l'aident à assouvir ses passions brutales ont droit aux honneurs...

Revenant à son dossier, il convoqua Bertrand, le policier qui avait mené les interrogatoires. La préfecture était à deux pas, derrière la place de Thionville, sur l'île de la Cité et Bertrand apparut au bout d'un court moment. C'était un géant aux petits yeux, retors et brutal, redoutable enquêteur, spécialiste des interrogatoires, dont Donatien utilisait les talents de loin.

— Le Premier consul m'a chargé de l'enquête sur les menées monarchistes.

— Mais nous avons déjà enquêté...

— Il veut tout reprendre depuis le début.

— Ah ?

— Oui. Qu'avez-vous retiré des interrogatoires que vous avez effectués ? Ces hommes sont-ils liés entre eux ? Que préparaient-ils ? Viennent-ils d'Angleterre ?

— Je ne crois pas qu'ils forment une bande, répondit Bertrand. Deux sont des chouans notoires. Ils complotent en Vendée. Un troisième s'agite à Paris mais il est isolé. Les deux autres sont des suspects, sans plus, dont l'un est évidemment innocent.

— Sol de Grisolles a été torturé. Je croyais que nous avions mis fin à ces cruautés qui déshonorent la police.

— Moi aussi. Nous ne les employons plus dans les affaires pénales. Mais il s'agit de politique.

— Et alors ?

— Alors le préfet a reçu des ordres. Il a protesté mais on lui a répondu que nous étions en guerre et que les moyens ne pouvaient plus être restreints. La sédition politique doit être combattue sans frein.

— Des ordres de qui ?

— De Savary.

— De Savary ? Mais il dirige la gendarmerie. Pas la police.

— Les ordres venaient de plus haut.

— De plus haut ?

— Des Tuileries.

Donatien se souvint de la phrase de Bonaparte sur la nécessité de bousculer les suspects. Elle prenait tout son sens.

— Nous avons des charges contre Pioger et Lebourgeois, poursuivit-il. Le Premier consul veut une action rapide et ferme. Ces deux-là doivent passer en jugement. Je verrai Murat. Il peut réunir la commission militaire dans les deux jours. Où sont les prisonniers ?

— Au Temple.

— J'y vais.

Une heure plus tard, Donatien remontait à grandes enjambées la rue Saint-Martin tortueuse et encombrée. La vie parisienne reprenait son rythme avec le redoux. Les boutiques odorantes avaient ôté leurs volets et illuminé leurs devantures avec des quinquets. Dans les cours ouvertes sur la rue, on entendait le bruit des charpentiers et des tonneliers ou celui des lavandières qui battaient le linge à grands coups en échangeant des plaisanteries. Une foule affairée occupait la chaussée, employés pressés, ouvriers désœuvrés, vitriers criards, gamins chapardeurs, marchandes de fleurs, porteurs d'eau ou rémouleurs qui tiraient derrière eux leur attirail. Les cochers se frayaient un chemin dans cet agglutinement, poussant leurs chevaux du fouet et de la voix, indifférents aux passants qui se plaquaient contre les murs pour éviter d'être écrasés. La neige formait de grosses gouttes en tombant des toits. Les passants pestaient en sautant par-dessus les flaques.

Au débouché de la rue, Donatien vit la prison du Temple. C'était l'un des monuments les plus sinistres de la ville, avec son lourd donjon carré flanqué de quatre tours percées de meurtrières et surmontées par quatre cônes d'ardoise grise qui culminaient bien au-dessus des bâtiments environnants. Les fenêtres qu'on pouvait voir étaient grillagées, les autres étaient occultées par des hottes en bois qui privaient de toute vue les prisonniers les plus surveillés. Les conduits de cheminée en plomb étaient apparents sur la façade, qui offrait aux regards des murs aveugles traversés d'étranges veines grisâtres. La prison avait été un château fort de l'ordre des Templiers. Les chevaliers, qui après les croisades avaient formé un État dans l'État, avaient construit ce colossal témoin de leur puissance pour toiser le roi du haut de leur donjon. Les Templiers une fois abattus par Philippe le Bel, la bâtisse avait perduré comme bien d'Église, signalant de toute sa force et de toute sa laideur l'orgueilleux imperium du clergé catholique. Caché par des murailles, un immense parc où les moines cultivaient la vigne et les arbres fruitiers s'étendait entre le boulevard Saint-Martin et la rue des Filles-du-Calvaire. La Révolution avide des terres d'Église avait mis la main sur cette enclave pour faire de la tour une prison.

Louis XVI avait été enfermé là, avec sa famille, jusqu'aux exécutions de la Terreur ; la rumeur voulait que son fils, le futur Louis XVII, ait succombé au même endroit du froid et des mauvais traitements.

Quand Donatien arriva à la grille du parc, où il fallait montrer patte blanche, il vit que des couronnes de fleurs jonchaient le sol et que des inscriptions glorifiaient sur le mur le martyre de la famille royale. Il se dit qu'un jour il faudrait se débarrasser de ce vestige qui allait devenir un lieu de pèlerinage pour les nostalgiques de l'Ancien Régime. Il se promit de faire rapport en ce sens au Premier consul. Cette évocation de l'ancienne noblesse ramena l'image d'Aurore à son esprit. La sensuelle duchesse était donc installée dans sa mémoire, avec son visage un peu long, sa silhouette déliée, son regard profond et sa voix chaude. Décidément il devait la revoir. Une idée lui vint : il passerait un message à son amie Juliette qui la lui avait présentée et qui aimait tant favoriser les intrigues de cœur. Il présenta son passeport et entra dans l'enceinte.

Au pied du donjon, deux geôliers ouvrirent les battants d'une porte de fer dont les gonds grinçaient en résonnant. Au deuxième étage, par un escalier en colimaçon, on atteignait l'appartement où Marie-Antoinette avait été prisonnière. Il avait été divisé en petites pièces qui formaient autant de cellules exiguës. Donatien pénétra dans la première, où était retenu Pioger. Le chouan, assis dans l'embrasure de la fenêtre, contemplait à travers la grille la cour en contrebas. C'était un paysan trapu aux cheveux blonds et raides, au visage rougeaud et aux mains abîmées, vêtu d'une blouse et d'un pantalon chiffonné, un foulard rouge autour du cou. Il se tourna vers l'entrée et sursauta quand il vit Donatien.

— Lachance ! L'Ange du Diable ! Toujours là quand vient le malheur sur la Vendée.

— Toujours là, Sans-Pitié, quand il faut travailler pour la République.

— Ta République étouffe entre les bras de Bonaparte. Tu as travaillé pour un nouveau roi.

— Nous verrons, Sans-Pitié, je ne suis pas là pour parler politique. La police a des preuves contre toi. Tu vas mourir. Je viens t'offrir la vie sauve.

La haine dans le regard, Pioger scrutait Donatien.

— Comme à ceux que tu as noyés dans la Loire, vieillards, femmes et enfants ?

Donatien accusa le coup. Il fit un geste du bras, comme pour écarter le souvenir.

— Ne remuons pas le passé. Le Premier consul veut la concorde, tu le sais. L'Angleterre s'arme contre nous. Il faut la paix à l'intérieur. Le gouvernement t'offre la grâce.

— Et que demande-t-il en échange ?

— Rien. Tu dis ce que tu sais sur Georges Cadoudal et sur les intrigues de la Vendée. Tu déposes par écrit et tu sors ce soir, avec un sauf-conduit et une bourse pleine d'or. Tu peux avoir des faux papiers au nom de ton choix. Nous dirons que tu as été exécuté. Tu pourras t'installer où tu veux et te faire une nouvelle existence. Personne ne te retrouvera. C'est un honnête marché, Sans-Pitié.

— Je suis fidèle à la religion et au roi.

— Ta cause est perdue. Les Bourbons ne reviendront pas. Le gouvernement a ramené l'entente, il a rassuré les prêtres avec le Concordat, il maintient l'ordre dans les campagnes et dans les villes.

— C'est toujours le jacobinisme, sous des oripeaux différents. La Vendée veut son roi.

— La Vendée n'a aucune chance. Il est temps de déposer les armes. Les Français ne veulent plus de guerre civile.

— En somme, tu me demandes de trahir les miens.

— Ce sont des mots creux. Je veux prévenir les bêtises. Si la police sait où chercher, elle défera les intrigues avant même qu'elles ne se tissent. Sinon la répression sera pire. Si tu te tais, tes amis mourront. Si tu parles, ils auront droit à l'indulgence, j'en donne ma parole.

— Ta parole ne vaut rien, l'Ange du Diable ! Combien de

compagnons ont fait fond sur elle et se sont retrouvés sur l'échafaud ?

— La Révolution est finie Pioger. Je t'offre une vie nouvelle.

— C'est une vie de déshonneur.

— C'est une vie.

Pioger se pencha et cracha par terre.

— Sors d'ici, Lachance. Ou bien je t'étrangle sur-le-champ. Tu ne mérites que cela. N'oublie pas que je suis condamné à mort. Je ne risque plus rien.

Donatien fit un pas en arrière vers la porte et chercha son pistolet sous son manteau. Pioger voyait juste. Il pouvait tuer son visiteur sans encourir quoi que ce soit, puisqu'il serait de toute manière exécuté dans les jours suivants.

— C'est ton dernier mot ?

— Mon dernier mot sera pour mon roi et mon Dieu. Hors d'ici !

Donatien sortit, secoué. Il s'attendait au refus du chouan. Mais sa vindicte tout d'une pièce l'atteignait. La mémoire des crimes de 93 remontait une nouvelle fois à sa conscience. Tant d'horreur pour une idée, ces exécutions, ces tortures, ces massacres pour pacifier un pays qui ne demandait rien, qui vivait à l'écart, qui avait été soulevé par les décrets lointains et brutaux d'une assemblée parisienne. Ces brigands étaient devenus des tueurs sans merci. Mais ils étaient aussi des hommes d'honneur. Il y avait une forme de rectitude dans leur farouche conviction. Combien pouvaient en dire autant dans la police ?

Donatien alla s'asseoir un peu plus loin dans le couloir en coude qui reliait les cellules. Il resta un moment à calculer. Pioger préférait la mort à la trahison. L'autre chouan, Sol de Grisolles, avait résisté à la torture. C'était un aristocrate plein de morgue, fidèle à Georges, irréductible de la cause royale. Donatien en avait vu des dizaines comme lui en 1793. Il ne dirait rien lui non plus. D'autant qu'il n'y avait contre lui, à la différence de Pioger, aucun élément à charge. Il lui suffisait de se taire pour échapper à la condamnation.

Quant à Lebourgeois et à Mézières, c'étaient des comparses, dont l'un était manifestement innocent. Rien à en tirer non plus. Donatien changea son plan et décida d'interroger Querelle d'abord. Le faux médecin avait un dossier ambigu. Il paraissait moins fanatique. Et il y avait cette histoire de dettes, qui détonnait dans le portrait d'un agent royaliste. Donatien décida d'employer une voie tortueuse : le personnage l'était aussi. Peut-être l'atteindrait-il. Il alla chercher le garde et se fit ouvrir la cellule de Querelle.

La petite pièce était à peine éclairée par une fenêtre occultée. Un peu de jour passait dans les interstices de la hotte en planches qui obstruait la vue. Le prisonnier bougea à peine. Il était prostré sur son grabat, le col ouvert, le dos appuyé sur le mur, les jambes pendantes et l'œil fixe.

— Querelle, je viens discuter de ton sort.

Le médecin soudain ranimé leva un regard surpris.

— Qui es-tu ?

— Donatien Lachance, de la Police générale.

— J'ai déjà vu Bertrand qui m'a posé toutes les questions. Que viens-tu me dire ?

— Un point me chagrine. Quelle est cette « grande affaire » dont tu parles dans la lettre ?

— Je l'ai dit : je compte m'installer à Paris pour tenir commerce. Je veux racheter un fonds.

— Tu as écrit : « pour le compte de mes amis ». Tes amis sont des Blancs. Tu es donc du complot.

— Mais non ! Mes amis sont mes commanditaires de Londres.

— Pourquoi voudraient-ils acheter un commerce à Paris alors qu'ils habitent Londres ?

— Ils ont du bien à placer.

— Londres est un lieu bien meilleur pour cela, surtout en temps de guerre. Les communications sont impossibles avec Paris. Ton histoire ne tient pas.

— Elle est pourtant vraie. J'ai donné la liste des commanditaires à Bertrand.

— Elle est invérifiable, sauf à aller à Londres.

— Je n'y peux rien. Je n'ai pas déclaré la guerre.

— Si. Tu as déclaré la guerre à la République ! Tu t'es acoquiné avec les brigands. Et tes dettes de Bretagne ? Qui les a réglées ?

Querelle tressaillit.

— Que sais-tu de mes dettes ?

De toute évidence, Bertrand avait négligé ce point. Donatien sentit qu'il tenait quelque chose.

— Tu as laissé de grosses reconnaissances à plusieurs commerçants du pays nantais. Ils se sont plaints.

— J'ai tout payé !

— Mais avec quel argent ?

— J'ai fait de bonnes opérations à la Bourse de Londres.

L'explication était invraisemblable. Comment un émigré sans le sou, médecin sans fortune, parti en laissant des dettes, pouvait-il avoir la mise de fond pour jouer en bourse ?

— Tes amis blancs ont payé pour toi !

— Mes amis ne font plus de politique. Moi non plus. Je me suis rangé depuis la première guerre de Vendée. Je veux ouvrir un commerce.

L'invraisemblance des réponses confirmait Donatien dans sa théorie. Querelle n'obéissait pas aux mêmes raisons que les autres chouans. Donatien le vit non comme un royaliste enragé mais comme un aventurier sans envergure, faux médecin, chouan par désœuvrement, amant d'une femme mariée, endetté pour survivre, qui part à Londres alléché par les subsides que distribue le comte d'Artois. Dans ce cas, il avait trouvé un levier. Celui-là n'était pas un fanatique. Il tenait à la vie. Il serait impressionnable.

— Querelle, tu es trop buté. Je ne puis rien pour toi. Tu vas passer devant le tribunal militaire. Nous sommes en temps de guerre, c'est la loi. Tu as conspiré, tu seras condamné. Tu es un homme mort. Si toutefois tu as un regret, voici mon nom et ma fonction. Préviens le garde, il saura me trouver.

Donatien quitta la cellule, laissant Querelle se morfondre. Il descendit l'escalier en colimaçon et marcha jusqu'au logement du concierge. L'homme prenait son déjeuner dans un salon aux murs de pierre tendus de velours, attablé à un guéridon recouvert d'une nappe blanche. Une soupe de légumes fumait devant lui et une carafe à demi pleine se trouvait sur sa droite. Il posa sa cuillère et regarda Donatien d'un air revêche.

— Comment t'appelles-tu, citoyen ? demanda Donatien.

— Clément. François-Marie Clément.

— Tu commandes ici ?

— Depuis deux ans, citoyen commissaire.

— Clément, es-tu patriote ?

L'autre se redressa.

— Adjudant Clément, 18e de ligne, campagne d'Autriche, campagne d'Égypte, dit-il d'un ton de reproche. Réformé pour blessure. Gardien en chef au Temple depuis deux ans.

— Fort bien, Clément. Tu étais aux Pyramides ?

— Oui, commissaire. Une fameuse boucherie. Le Petit Caporal s'y est bien entendu. Les mameluks n'ont pas fait le poids.

— Adjudant, tu es de confiance. Le gouvernement te donne une mission.

— À tes ordres, citoyen commissaire.

— Il faut d'abord changer ce Querelle de cellule.

— Ah ? Mais pourquoi ? Il veut quelque chose de plus confortable ?

— Je parle sérieusement, Clément. Transfère-le dans la cellule de Pioger et mets Pioger à sa place. Ordre du ministère.

— Ah ? Bon. Ce sera fait.

— Mais trouve un prétexte. Il faut qu'il trouve cela naturel.

Le geôlier le regarda d'un air finaud.

— Un stratagème ?

— Oui. Je veux qu'il puisse voir dans la cour.

— Bon. Mais pourquoi ?

— Où se passent les exécutions ?

— Dans la plaine de Grenelle.

— Les prochaines auront lieu ici. Fais dresser un poteau et creuser trois tombes, bien en vue.

— Nous enterrons les exécutés à Picpus. C'est la règle.

— Cette fois, vous les enterrerez ici. Vous pourrez transférer les corps un peu plus tard. Je veux que ce Querelle voie les préparatifs.

L'homme réfléchit en avalant une lampée de soupe.

— Alors je dirai que Pioger a tenté de s'évader et qu'on lui affecte une cellule avec une hotte devant la fenêtre. Nous l'avons déjà fait par le passé. Il ne soupçonnera rien.

— Très bien, je vois que tu me comprends.

— Je comprends qu'on va faire un peu de théâtre.

— Tout juste, Clément. Avec des vrais acteurs. Tu es décidément un bon patriote.

— À force de fréquenter la rousse, on prend le pli.

Revenu au ministère, Donatien écrivit à Murat, que Bonaparte venait de nommer gouverneur de Paris en remplacement de Junot, trop tendre aux yeux du Consul. Murat présidait le tribunal militaire chargé de juger les espions et les déserteurs en temps de guerre. Le lendemain, il assembla son tribunal. À l'unanimité, les juges condamnèrent Pioger et Lebourgeois à la peine capitale pour actes de sédition contre la République. Pioger accueillit le verdict sans un mot, pendant que Lebourgeois s'effondrait en larmes.

Au Temple, Clément avait fait planter un poteau au milieu de la cour et creuser trois tombes au pied du mur d'enceinte, en face même de la cellule où Querelle avait été transféré la veille. Au crépuscule, un détachement de gendarmes accompagna les deux condamnés dans la cour, où Donatien attendait avec Clément, les bras croisés et le regard froid. Pioger passa le premier, serein comme s'il allait au spectacle. Quand le lieutenant commanda le feu, il cria seulement « Vive le roi ! » avant de s'affaisser criblé de balles. On le détacha et on jeta son corps dans la première tombe. La nuit venait. On alluma des torches puis on poussa Lebourgeois en avant. Pâle, agité, le deuxième condamné résista. Il fallut que trois gendarmes l'empoignent par ses vêtements pour pouvoir le lier au poteau où l'on voyait les traces du sang de Pioger. Jusqu'à la dernière seconde le condamné implora la pitié en hurlant et en pleurant, interrompu seulement par la salve meurtrière.

Clément se pencha vers Donatien et lui dit à mi-voix :

— Est-ce assez impressionnant ?

— Oui. Et la mise en scène est parfaite. Les torches sont très bien.

On mit le cadavre de Lebourgeois dans la deuxième tombe et les gendarmes commencèrent à recouvrir les corps à grandes pelletées de terre. La troisième tombe resta ouverte, avec son tas de terre sur le côté. Donatien prit congé sans un regard pour la fenêtre derrière laquelle Querelle, il en était sûr, n'avait rien perdu du spectacle.

— Vers huit heures ce soir, dit-il à Clément, tu annonceras à Querelle qu'il passe en jugement demain à midi. Ensuite mets en place plusieurs rondes pendant la nuit, en faisant du bruit de manière qu'il ne puisse pas dormir.

— Fort bien. La représentation continue ?

— Exactement.

Donatien rentra dans un fiacre par le boulevard du Temple, la rue Saint-Antoine et la rue Saint-Honoré. Le froid revenait avec la nuit, les plaques de neige persistaient et le Pont-Neuf était désert. Il monta les marches à moitié content de lui. La comédie macabre jouée à Querelle n'était guère glorieuse. Et surtout, le rappel de ses crimes le troublait encore. La menace haineuse du chouan, suivie de sa mort héroïque, l'avait atteint au tréfonds. Les images de la Vendée, des exécutions, des interrogatoires, des noyades de Carrier se mêlaient dans sa tête aux scènes de la journée. C'est pour échapper à ces fantômes sanglants qu'il avait rejoint Fouché et soutenu la politique de réconciliation du Premier consul. L'enquête sur le complot en cours le ramenait dix ans en arrière, aux temps du sang et de la cruauté. Il n'échapperait pas à ces violences, et à ces crimes qui avaient fait sa jeunesse. Il fut pris d'une mélancolie. Il avait cru sortir de ce cloaque et effacer son passé trop chargé en progressant dans la société. Mais ce qu'il trouvait au sommet égalait ce qu'il avait côtoyé dans les bas-fonds de la Révolution. Toujours il serait un exécuteur. Il en était fatigué. Pourtant il fallait aller, c'était affaire de vie ou de mort pour le Premier consul.

La chaleur de l'appartement lui rendit un peu de sérénité. Une odeur de viande grillée et d'huile d'olive flottait dans le salon éclairé par un lustre, où deux fauteuils encadraient la cheminée, posés sur des tapis d'Égypte aux motifs compliqués. De chaque côté, un corps de bibliothèque en acajou occupait le mur, chargé de livres reliés de cuir, de brochures colorées et de journaux rangés en piles. Sur une commode en chêne, on voyait une statuette de marbre qui figurait une déesse de la liberté en tunique courte et en bonnet phrygien, souvenir des cérémonies révolutionnaires où Olympe Le Hérel triomphait en héroïne dévêtue.

Elle était dans la cuisine, dont elle avait chassé Honorine, comme elle le faisait parfois.

— Je suis là, amour. Je cuis le poulet.

Une ou deux fois par mois, Olympe s'emparait des fourneaux pour un exercice de gastronomie, discipline qu'elle tenait pour une science exacte. Elle analysait avec le sérieux d'un pape les mélanges de goût, les températures de cuisson, les appariements de viandes et de légumes, les correspondances entre les mets et les vins. Débarrassé de son manteau et de son chapeau noir de commissaire, Donatien la rejoignit dans la cuisine. Elle tenait la queue d'une casserole de cuivre sur le feu et saupoudrait d'un peu de poivre un poulet coupé en morceaux qui rissolait dans l'huile d'olive. Ses cheveux blonds étaient relevés en chignon flou et un tablier blanc à volants protégeait sa robe de taffetas rouge. Même avec cette allure ménagère, Donatien la trouva désirable comme au premier jour.

— Je croyais que l'on faisait le poulet à la broche, dit Donatien.

— Voilà bien un piètre serviteur du Premier consul, répondit-elle d'un ton moqueur. Ce poulet n'est pas comme les autres. C'est un poulet Marengo. La recette a été inventée le soir de la bataille. Je pensais qu'un bonapartiste comme toi le saurait.

— Je n'étais pas à Marengo.

— J'ai lu dans *Le Moniteur* qu'un dénommé Dunand, cuisinier dans l'armée d'Italie, a dû réaliser rapidement un repas au soir de la bataille de Marengo pour ton Bonaparte. Il n'avait pas de beurre à sa disposition, et il jugea que faire rôtir une volaille en entier aurait demandé trop de temps. C'est pourquoi il a confectionné un sauté de poulet à l'huile d'olive, avec des tomates et des oignons, les seuls ingrédients à sa disposition. J'ai pensé que cette référence te siérait, toi qui sers le Premier consul jour et nuit. Pourquoi pas à table aussi ?

— C'est donc une recette militaire... Nous voilà ramenés à l'ordinaire du soldat.

— Mais non ! Ignorant ! Ce Dunand avait beaucoup de talent. La recette est prometteuse. On met le poulet à dorer avec un peu d'huile, une gousse d'ail hachée, du sel et du poivre, et on le fait sauter sur un feu vif jusqu'à ce qu'il soit à moitié cuit. Nous y sommes...

Elle se retourna, prit une casserole plus petite et en versa le contenu sur le poulet.

— J'ajoute la sauce à l'italienne où j'ai fait revenir des truffes et des champignons hachés dans du beurre, avec du persil et des échalotes également hachés, et que j'ai mouillée avec du vin blanc et un peu d'huile.

Elle se retourna encore et prit cette fois un bol où Donatien vit des truffes et des champignons cuits et coupés par morceaux.

— Voilà ! C'est prêt dans un quart d'heure. Ce Dunand est un brave homme. Au moins cette bataille de Marengo aura-t-elle servi à quelque chose.

— Détail minuscule, cette bataille de Marengo a aussi sauvé la France.

— Parlons-en ! Moreau m'a éclairée sur cette affaire.

— Encore Moreau ! Tu passes ton temps avec un général suspect...

— Un général qui est aussi bon stratège que ton Consul ! À Marengo, Bonaparte avait perdu la bataille. Il avait envoyé un corps au loin quand les Autrichiens l'ont attaqué. Il a fait piteusement retraite toute la journée. Voilà sa contribution. C'est le retour du corps éloigné marchant au canon qui l'a sauvé du désastre. Cette division était commandée par Desaix, qui a eu le bon goût de se faire tuer dans la première charge, ce qui a permis à Bonaparte de s'attribuer tout le mérite. Habituellement, Bonaparte gagne ses batailles en concentrant ses troupes au dernier moment. Ce jour-là, il a dispersé son armée, ce qui l'a mis au bord du gouffre.

Donatien la regarda avec une pointe d'admiration. Décidément l'esprit de sa femme surpassait celui de beaucoup d'hommes pourtant placés à des postes importants. Elle qui n'avait aucune expérience militaire avait saisi de manière limpide la logique de Marengo. Elle avait raison sur le déroulement de la bataille, que *Le Moniteur* avait maquillé de manière impudente en attribuant la victoire à un plan supérieur du Premier consul. En fait, Bonaparte avait commis une faute cruciale, rattrapée par miracle en fin de journée avec l'arrivée de Desaix, qui avait rallié le champ de bataille sans ordres. Elle reprit :

— Et j'ai appris de Moreau que dans la même campagne Bonaparte n'avait pas vu qu'il y avait un fort imprenable au débouché du col du Grand-Saint-Bernard, le fort de Bard. Il y a laissé son artillerie. Et dire qu'il s'est fait représenter par David sur un cheval cabré sur un fond de montagnes, avec les noms d'Hannibal et de Charlemagne gravés dans un rocher à ses pieds ! En fait, il a franchi le col sur un âne. Évidemment, le tableau eût été moins héroïque...

Il ne put s'empêcher de rire. Bonaparte faisait toujours lui-même le récit de ses campagnes, qu'il travestissait et embellissait à souhait pour servir sa stature de génie de la guerre. Olympe, dans sa démystification, voyait juste.

— Où en est l'enquête ?

— J'ai tendu mon piège, dit Donatien. J'attends que le gibier y tombe.

— Ces brigands vont parler ?

— L'un d'entre eux, peut-être, s'il tient à la vie.

— Ce sont des dévots, des fanatiques. Rien ne leur fait peur.

— Celui-là m'a paru plus impressionnable.

Donatien passa dans la salle à manger où le couvert était dressé sur une table ronde qui portait une nappe blanche et deux chandeliers allumés. Il sortit du buffet une bouteille de bordeaux qu'il ouvrit avec un tire-bouchon en noyer. Puis il attendit, l'esprit toujours dans son enquête. Olympe entra avec un plat en argent où le poulet doré fumait dans sa sauce.

— Poulet Marengo, dit-elle en riant, voilà ce qui restera d'utile dans l'héritage de ce gouvernement.

Elle repartit chercher les légumes pendant qu'il servait deux verres de bordeaux. Ils s'assirent l'un en face de l'autre. Elle avait défait son chignon et ôté son tablier. Ses cheveux reflétaient l'éclat des bougies, et son teint était devenu rose avec la chaleur de la cuisinière.

— Je suis allée à la bibliothèque Mazarine cet après-midi, dit-elle en goûtant le vin. J'ai lu sur la franc-maçonnerie. C'est une belle tradition.

— À mes yeux, c'est une nouvelle superstition, dit Donatien en piquant une aile de poulet dans le plat en argent.

— Mais non ! C'est une doctrine fondée sur la raison, qui combat l'obscurantisme de la religion depuis toujours.

— Mais ce Grand Architecte dont ils ont plein la bouche n'est qu'un nouveau Dieu rebaptisé.

— Mais crois-tu que l'univers soit apparu tout seul, sorti du néant ? Il a bien fallu une impulsion initiale. Comment une chose, quelle qu'elle soit, pourrait-elle apparaître sans cause ?

— Sauf si elle a toujours été.

— Si le monde est éternel, répliqua-t-elle d'un ton docte, il est Dieu lui-même.

Concentré sur le poulet dont les arômes de thym et de truffe faisaient un mets supérieur, Donatien n'était guère d'humeur à entamer une discussion métaphysique. Sa femme était sans doute l'une des plus belles qui soient, mais elle était aussi un terrible bas-bleu, c'était son moindre défaut. Ce tempérament de raisonneuse lui plaisait, lui qui avait passé sa jeunesse dans les livres. Mais certains soirs, il en éprouvait un début de lassitude. Il dévia la conversation.

— Mais à quoi servent les maçons dans l'ordre séculier ? demanda-t-il.

— Ils sont la société secrète de la Révolution, sa colonne vertébrale philosophique.

— J'ai fait la Révolution sans même les connaître.

— Ils agissent dans l'ombre pour échapper aux sbires de la tyrannie.

Donatien sourit. La foi d'Olympe ne faiblissait jamais. Toujours elle employait le langage grandiloquent en usage sous la Convention. Il servit le vin pendant qu'elle continuait à pérorer comme un académicien.

Il termina son poulet. La chair en était fondante et la peau rôtie croustillait sous la dent. Donatien se dit que sa femme avait autant de talent pratique que de dispositions pour l'analyse philosophique.

— C'est une réussite majeure, dit-il, bien digne du Premier consul. S'il existe une loge des cuisinières, tu seras initiée haut la main.

— Voilà bien la dérision propre aux incroyants. Avec des esprits aussi sceptiques pour nos principes, Capet serait toujours là.

— Il me semble avoir mis la main à la pâte.

— Précisément, dit-elle en s'échauffant, tu renies ton...

Elle s'interrompit. Trois coups timides venaient d'être frappés à la porte l'entrée. Donatien alla voir. Il trouva sur le palier un gamin emprunté qui tendait un pli. C'était un saute-ruisseau du ministère qui apportait un message urgent. Donatien lui donna une pièce et referma la porte. Revenu dans la salle à manger, il lut la missive. « Querelle a demandé à faire des déclarations importantes. Il vous attend. » Signé : « Clément. »

— Cela va plus vite que prévu, dit Donatien d'un ton satisfait.

— Qu'est-ce ? demanda Olympe.

— Mon piège a fonctionné mieux que je ne le pensais. Je dois aller au Temple tout de suite.

— Et le dessert ? J'ai aussi fait un gâteau.

— Pas le temps.

— Voilà le sort de ma cuisine.

— Service de la République !

Une heure plus tard, Donatien était assis dans la cellule de Querelle. Il avait fait apporter une table où un dîner fut servi par un gardien, avec une bouteille de vin. Pâle, le visage traversé de tiraillements nerveux, Querelle commença à manger pendant que Donatien s'installait de l'autre côté de la table avec une plume et du papier.

— Alors, citoyen, dit Donatien, tu as choisi de vivre. Tu as bien fait. Tu seras bientôt libre.

— Quand ? Et avec quelle compensation ?

— Dès que notre enquête aura abouti, tu auras des papiers, avec une nouvelle identité, une récompense et un passeport pour le pays de ton choix.

— J'ai votre parole ?

— Tu as la parole du gouvernement. Mais auparavant, tu nous dois une totale coopération.

— J'ai des révélations importantes à faire. L'affaire est trop grave, elle peut nuire à la nation tout entière. Je veux une récompense à la mesure de ce que je vais dire.

— Tu l'auras. Mais il nous faut d'abord savoir de quoi il s'agit.

— La cruauté de Georges me délie de mon serment. Mais cela a un prix.

— Nous ne serons pas chiches. La cruauté de Georges ? Pourquoi ? Où est Georges ?

— Georges est à Paris.

— Quoi ?

— Il est à Paris depuis six mois.

La foudre tombait aux pieds de Donatien. Il resta silencieux un long moment, abasourdi par la nouvelle. L'ennemi mortel de Bonaparte était à Paris depuis l'été et la police n'en savait rien. Il reprit ses esprits et fixa le prisonnier.

— Très bien, Querelle. Décris tout cela sans omettre un détail.

Alors Querelle entreprit de conter par le menu ce qu'il avait vécu depuis six mois. L'histoire qu'il rapporta faisait frémir Donatien rétrospectivement. À deux heures, ils décidèrent de dormir. Ils reprirent l'interrogatoire à neuf heures, devant un bol de café noir. Querelle parla encore longuement. Au milieu de l'après-midi, Donatien le laissa seul.

— Tu restes ici pour l'instant, dit-il au médecin avant de sortir, avec un régime de faveur. Si tout cela est vrai, tu auras rendu un fier service au gouvernement. Il saura s'en souvenir.

Il se retira dans l'appartement du concierge pour rédiger son rapport. Cela fait, il écrivit une demande d'audience auprès du Premier consul. La réponse revint deux heures plus tard. Bonaparte le recevrait le soir même à onze heures aux Tuileries. Donatien fut content. Il savait que son rapport passionnerait le Consul.

4.

L'histoire de Querelle commençait six mois plus tôt, le 19 août 1803, à Hastings, petit port de la côte sud de l'Angleterre fameux pour la bataille qui avait permis à Guillaume le Conquérant de prendre pied sur la grande île, comme Bonaparte projetait aujourd'hui de le faire. Ce jour-là, vers la fin de l'après-midi, tandis que la marée commençait à descendre, le *Vencejo*, un cutter pris naguère par les Britanniques aux Espagnols et commandé par le capitaine Wright, officier spécialisé dans les passages clandestins à travers la Manche, tourna son ancre et laissa porter vers le large poussé par une brise d'ouest légère et chaude.

Le *Vencejo* avait à son bord, outre Querelle intimidé par la mission, six personnages silencieux et redoutables. Le premier était La Haye Saint-Hilaire, dit Raoul, dit d'Oison, gentilhomme de Fougères qui combattait depuis dix ans pour la Vendée. Le deuxième était Joyaut, dit d'Assas, dit Villeneuve, aide de camp de Cadoudal. Le troisième s'appelait Isidore Breichs, dit Joseph Kirch, marin de la République passé aux royalistes, chef d'une des légions de Cadoudal. Il voyageait avec son ami Hermely, autre chouan d'une force prodigieuse et d'un courage hors du commun.

Enfin se tenaient sur le gaillard de poupe Picot, le domestique morbihannais de Georges, personnage farouche aux yeux chassieux et à la tignasse blonde et Cadoudal lui-même, dont Querelle voyait à contre-jour la massive silhouette appuyée sur la lisse, contemplant l'horizon où tombait le soleil, dans la direction de sa Bretagne natale. Six hommes éprouvés par la guerre civile, sans crainte ni miséricorde, habiles, retors, sauvages dans la lutte, le reste du temps sournois et animés d'une glaciale détermination. Querelle se tenait un peu à l'écart, mal à l'aise avec ces fanatiques. Lui n'avait pas rejoint l'Angleterre par conviction, mais pour échapper à ses créanciers nantais qui le poursuivaient avec une vindicte croissante. Il avait entendu parler des libéralités que distribuait le comte d'Artois, frère du roi, à ses chers vendéens. Ainsi le passage en Angleterre était-il pour lui le moyen de rétablir ses finances délabrées. Une fois les subsides perçus, il en serait bien resté là mais les monarchistes lui demandèrent de montrer sa fidélité à la cause. Georges avait besoin d'un médecin pour une mission dangereuse. Querelle ne put pas se dérober. Il participa à deux ou trois réunions où Georges, accompagné de quelque émigré plus titré, tirait ses plans et sermonnait ses hommes. Un jour même, Querelle vit arriver au milieu d'un conciliabule un Anglais hautain qui prit Cadoudal à l'écart pour une courte discussion. L'œil en coin, Querelle avait vu le visiteur sortir de sa sacoche des rouleaux de pièces qu'il avait donnés d'un geste vif à Georges, avant de repartir aussitôt sur son cheval.

Un septième personnage accompagnait le groupe, Lucien Bréhat, un homme maigre à la peau tannée qui portait une vareuse bleu marine et un pantalon de toile. C'était un ancien pêcheur de Fécamp qui avait rejoint les chouans pour mettre à leur service son intime connaissance des eaux de la Manche et organiser les passages clandestins entre l'Angleterre et la France. Fouché l'avait débusqué, l'obligeant à plier bagage pour l'Angleterre au début du Consulat. Bréhat avait continué à superviser les traversées nocturnes, en liaison avec Georges et le capitaine Wright, assurant les communications entre chouans et Anglais par toutes sortes de moyens qui allaient des pigeons voyageurs et des lettres à l'encre sympathique jusqu'à la mise sur pied d'une fausse flottille de pêcheurs qui passaient des dépêches en mer à des bateaux complices de Bretagne et de Normandie. Plusieurs fois les passagers qu'il débarquait sur les côtes de France avaient été pris par la gendarmerie. Mais on avait mis ces déconvenues sur le compte des aléas propres aux opérations clandestines. Bréhat avait gardé la confiance des réseaux monarchistes ; Cadoudal lui témoignait de la considération et conférait régulièrement avec lui du bon avancement des choses.

Le vent d'été était faible et la brume se répandait sur la Manche. Quoique accoutumé aux pièges de la traversée, Wright, pour équilibrer la force du courant qui l'entraînait vers l'Atlantique, gouverna trop à l'est. À la renverse, vers minuit, il se trouva dévié vers Le Tréport par le flot qui portait vers la mer du Nord. On louvoya jusqu'à l'aube, puis on attendit toute la journée au large pour pouvoir débarquer à la faveur de la nuit. À la tombée du jour, s'approchant des falaises ocre qui s'étendaient au sud, vers Saint-Valéry-en-Caux, Wright avait reconnu dans sa longue-vue une valleuse qui s'ouvrait dans la muraille de craie et formait une crique bordée par une plage de galets.

— *There we are*, dit le marin en faisant claquer sa longue-vue.

Le *Vencejo* se mit en panne et, une heure plus tard, à la nuit close, on fit descendre à l'eau le canot du bord où six marins prirent place, suivis par les sept chouans qui s'installèrent sur les bancs de nage en serrant leur sac de voyage. Cadoudal s'assit à l'avant. À son côté, Bréhat tenait sur ses genoux une lanterne : il lui revenait de faire le signal convenu vers le groupe qui les attendait sur la plage. Cadoudal se pencha en avant et vérifia qu'à ses pieds se trouvait bien l'ancre de miséricorde et sa chaîne lovée sous le plat-bord avant. Il se releva d'un air placide et se tourna vers l'arrière.

Wright avait pris le commandement du canot. Sur un coup d'œil de Cadoudal, il ordonna la nage et saisit d'une main ferme le gouvernail. La proue pointa vers les falaises blanches qu'on devinait au loin et l'esquif commença de chevaucher la petite houle levée par le vent d'ouest. Le *Vencejo* avait mis à la cape à distance, peu soucieux d'être repéré par les postes de guet qui s'échelonnaient sur la côte. Il fallut ramer plus d'une heure avant d'entendre le bruit du ressac qui battait lentement sur les galets. Une ombre plus noire signalait dans la nuit la présence des falaises à moins d'un mille. Wright arrêta les rameurs et fit signe à Cadoudal. Celui-ci sortit sa lunette et donna l'ordre à Bréhat d'allumer sa lanterne au fond du bateau. Bréhat mit l'allumette dans le logement, activa la mèche et occulta la lumière de la flamme avec un petit volet de fer. Il souleva ensuite la lanterne et manœuvra plusieurs fois le volet selon le code convenu. Une minute se passa.

— Je vois le signal, s'exclama Cadoudal qui braquait sa lunette sur la falaise.

— Très bien, nous pouvons gouverner vers la plage, dit Bréhat.

— Non ! dit Cadoudal d'un ton soudain coupant. Ce n'est pas le bon signal.

— Comment cela ? rétorqua Bréhat. Trois courts et deux longs. C'est le code arrêté il y a deux semaines.

— Non, ce n'est pas le code.

— Mais je l'ai fait parvenir à nos amis par un bateau de pêche !

— Non, dit Cadoudal. Il a été changé. Ce que nous venons de voir, c'est l'ancien code. Le nouveau est fait de cinq courts.

— Comment ce code aurait-il changé ? Je l'ai envoyé moi-même !

— Parce que j'en ai envoyé un autre et que j'ai reçu une confirmation de ceux qui nous attendent.

Bréhat se tourna vers Georges, cherchant à comprendre ce que signifiait cette étrange nouvelle. Le ton de sa voix trahissait l'inquiétude.

— Et pourquoi as-tu changé le code sans m'en avertir ?

— Parce que tu es un traître, Bréhat. Tu es un agent de Fouché. Je le sais depuis un mois mais je voulais en être sûr. Le signal que je viens de voir m'en donne la preuve.

— Mais non ! dit Bréhat d'une voix étranglée. J'ai transmis

le bon code, nous venons de le voir exécuter. Nous pouvons débarquer.

— Inutile, Bréhat. Nos amis ont le nouveau code. Ils nous attendent plus au nord sur la côte. Ceux qui envoient ces signaux ne savent pas que le code a changé. Et pour cause : ce sont les policiers ou les gendarmes que tu as renseignés.

— Je n'ai renseigné personne !

Le ton de Bréhat montrait un début de panique.

— Mais si. Qui d'autre ferait le signal ici ? Nos amis ne sont pas là. Je les ai avertis. Ce sont les bleus qui nous attendent. Bréhat, tu connais le châtiment des traîtres.

Sans attendre de réponse, Cadoudal empoigna son voisin de banc par sa vareuse et l'immobilisa. De l'autre, il sortit la chaîne d'ancre de son logement et la passa autour du cou de Bréhat. Wright, de toute évidence dans le secret, observait la scène d'un air impassible, dominant l'équipage saisi de surprise. Cadoudal, qui tenait Bréhat comme dans un étau, fit deux tours de chaîne autour de son cou puis lança sans effort la lourde ancre dans la mer. La chaîne se déroula en filant par-dessus la lisse du canot, entraînée par l'ancre qui coulait au fond. Cadoudal poussa Bréhat qui tomba à l'eau sans un mot. Les deux mains autour du cou, il essaya de se dégager. Mais la chute de l'ancre tendit la chaîne et Bréhat disparut sous l'eau avec un gargouillis sinistre.

— Nous repartons ! dit Cadoudal aux rameurs interdits.

Le canot revint en arrière vers le *Vencejo* qui attendait. Les chouans remontèrent à bord et le vaisseau repartit vers le sud-ouest en louvoyant. Au sud du Tréport, il remit en panne en face d'une falaise qu'on voyait à la lumière d'un quart de lune, près du village de Biville, là où une mince échancrure s'ouvrait dans la muraille de craie couronnée par un triangle d'herbe. On fit les nouveaux signaux et des lumières tremblotantes répondirent à terre. Le canot porta le petit groupe à la côte et les chouans sautèrent l'un après l'autre dans l'eau mousseuse qui brisait sur une plage de galets. Devant eux, l'énorme masse de la falaise semblait infranchissable. Mais Cadoudal les conduisit au pied de la faille qui serpentait jusqu'au sommet. Là, il alluma une lanterne un bref instant et mit la main sur une corde qui pendait, tenue à la roche par un montant de fer planté dans la paroi. La corde, qu'on appelait une estamperche, montait le long de la faille de craie, guidée par les piquets de fer, et permettait de se hisser à la force des bras, les deux pieds reposant sur la pente. Picot était le plus jeune : il s'engagea et franchit l'obstacle en quelques minutes. Les autres suivirent, avec plus de difficultés. Cadoudal passa le dernier et se hissa au sommet avec une agilité étonnante, comme si sa corpulence était un atout. Au bord de la falaise, sur le plateau de Biville, un jeune garçon les attendait tapi dans l'herbe, identifié plus tard par Querelle comme le fils de l'horloger Troche. Dans l'ombre ils virent trois vaches qui paissaient derrière un buisson de ronces.

Guidés par le jeune garçon, les sept hommes marchèrent en file indienne dans l'obscurité sur le chemin qui partait de la falaise vers l'intérieur. Ils traversaient un plateau ras parsemé de quelques bosquets. Ils évitèrent Biville où passaient les rondes des douaniers, empruntèrent une vallée étroite puis s'enfoncèrent dans une forêt jusqu'à une ferme isolée dans les bois. La marche avait duré sept heures. Les chouans mangèrent du fromage et un gâteau puis s'affalèrent sur les lits de fortune que le propriétaire des lieux avait préparés dans son grenier.

Ils dormaient encore quand une patrouille d'une douzaine de gendarmes entrèrent à cheval dans la cour de la ferme. Cadoudal avait entendu les chevaux avant même leur arrivée. Il réveilla ses compagnons et leur désigna une échelle posée au bord d'une fenêtre à l'arrière du bâtiment. L'échelle donnait sur un jardin dont on pouvait sauter le mur pour aller se cacher dans les bosquets qui bordaient la forêt. Ainsi les fugitifs échappaient aux recherches. Mais si les douaniers fouillaient la ferme, ils trouveraient les lits défaits, le fermier serait confondu et une chasse rapprochée commencerait aussitôt.

— Je reste en arrière, dit Cadoudal, s'ils fouillent la ferme, je les retiendrai suffisamment longtemps pour que vous puissiez disparaître.

Il sortit deux pistolets de son sac de voyage et s'installa à la fenêtre mansardée qui donnait sur la cour, faisant signe aux autres de sortir par l'échelle.

Dans la cour, les douaniers interrogeaient le fermier. Des bûcherons avaient aperçu un groupe d'hommes qui traversaient une clairière à l'aube, à une lieue de là. Le fermier connaissait les douaniers. Il joua l'ignorant et proposa aux gabelous de fouiller la ferme. Pensant que sa proposition démontrait sa bonne foi, les quatre hommes de la patrouille décidèrent de s'épargner une recherche inutile et passèrent leur chemin. Cadoudal rangea ses pistolets et rappela ses compagnons.

— Nous devons marcher de nuit, dit-il. Dès qu'il fait jour, nous rencontrons des péquins qui avertissent les autorités. C'est une leçon.

Et il se rendormit.

Le soir, les chouans dînèrent de poulets qu'on venait de tuer et de trois bouteilles de cidre. La nuit venue, ils partirent à travers bois. Leur hôte les conduisit jusqu'à une autre ferme, de l'autre côté de ce que Querelle supposait être la forêt d'Eu. Ils dormirent encore tout le jour. Le soir, on leur donna un cheval qui porta les bagages. Ils repartirent le long des sentiers forestiers, guidés par le fermier.

De gîte en gîte ils parvinrent le 28 août, après une semaine de marches nocturnes, jusqu'à un pont que Querelle connaissait. C'était celui de L'Isle-Adam qui franchissait l'Oise. Un jeune homme vif et joyeux, qui semblait tout savoir de la région, les prit en charge et ils arrivèrent à l'aube dans une maison de village où ils dormirent sur la paille toute la journée. Le soir, ils dînèrent de bonne humeur d'un coq au vin et d'une tarte aux poires. Le lendemain, deux hommes – deux aristocrates, dit Querelle – arrivèrent de Paris pour la dernière étape de leur voyage. Une voiture se chargea de leurs bagages dont ils sortirent les objets compromettants – l'or, les pistolets et les poignards – pour les placer dans un double fond dissimulé entre les deux essieux. Vers six heures du soir, les chouans entrèrent deux par deux dans Paris par les barrières, comme des promeneurs qui regagnent leur foyer après une journée passée à la campagne. Ainsi les tueurs avaient-ils pris leurs quartiers dans Paris six mois plus tôt.

L'histoire de Querelle bien en tête, Donatien prit son chapeau et son manteau et descendit dans la rue froide vers le rendez-vous de onze heures. L'ombre des Tuileries fermait la place du Carrousel déserte et glacée. Donatien marcha vers la lumière mourante qu'il voyait dans la guérite du factionnaire. Il montra son passeport. Un valet de pied vint à sa rencontre avec une torche et le conduisit par l'immense escalier de marbre dans un vestibule orné de colonnes en stuc où brillaient deux candélabres posés sur des guéridons d'acajou. Dans un coin d'ombre, Donatien aperçut une silhouette assise sur un banc couvert de velours rouge. Le valet désigna un fauteuil qui faisait face au visiteur immobile. Donatien s'assit, l'homme se pencha vers lui et son visage apparut dans la lumière. C'était Savary, gendarme et aide de camp, que Bonaparte avait convoqué avec Donatien et dont les traits durs avaient quelque chose d'inquiétant dans la lumière rare des bougies. Jeune et mince, bien mis dans son uniforme d'officier de gendarmerie, Savary ressemblait de loin au Consul, avec une figure maigre, des yeux gris, un nez recourbé, des sourcils noirs et un teint cireux. Mais sa coiffure retombait en pointe sur son front et de longs favoris encadraient ses joues creuses. Il avait surtout un léger retroussis à la commissure des lèvres et un regard de biais qui lui donnaient l'air naturellement faux et sarcastique, produisant une impression de malaise sur ses interlocuteurs.

— Ainsi vous avez des révélations, dit Savary.

— Oui, il s'agit de Georges. Mais attendons de voir le Consul, je vais tout conter en détail.

— Il voudra prendre des mesures sur-le-champ, c'est pourquoi il m'a convié.

— Ces mesures sont effectivement urgentes...

Ils furent interrompus par le retour du valet solennel. Portant toujours sa torche, il précédait de quelques pas une apparition gracieuse qui semblait flotter dans l'ombre comme un fantôme. C'était une jeune fille diaphane serrée dans une robe de mousseline transparente qu'un manteau noir recouvrait à moitié. Sa chevelure brune brillait dans la pénombre et laissait voir un front pâle, un nez délicat, une bouche carminée et un menton droit qui surmontait un cou long et gracile. Ce spectre élégant avançait en ondulant, le regard baissé, ses deux mains fines retenant les pans de son manteau.

Donatien la reconnut. C'était Mlle Georges, l'actrice la plus en vue du Théâtre-Français. Elle passa en ignorant les deux hommes assis dans l'ombre. Ils s'abstinrent de tout mouvement, comprenant que la présence de la jeune femme à cette heure était de ces secrets qu'il fallait garder. Elle disparut dans le sombre couloir qui menait aux appartements de Bonaparte.

Le valet revint et dit seulement :

— Le Premier consul va vous recevoir.

Les deux hommes le suivirent dans une antichambre plongée dans le noir, puis dans le cabinet de Bonaparte éclairé par un grand feu qui faisait des ombres fantastiques sur les murs. Vêtu de son uniforme de chasseur de la Garde, veste verte à parements rouges, pantalon blanc et bottes noires, la mine froide et concentrée, le Premier consul les fit asseoir face à lui, devant l'étrange bureau en forme de violoncelle dont il occupait la partie resserrée, une pile de dossiers en cuir à sa gauche et une autre à sa droite. Plus loin, dans l'encoignure de la fenêtre, on voyait un pupitre étroit et une chaise haute où s'asseyait le secrétaire chargé d'écrire. Bonaparte terminait de dicter une lettre à Méneval, dont la figure blanche comme de la craie dénotait un mode de vie entièrement dévoué au travail de cabinet.

— Écrivez, Méneval. Ainsi, Monsieur mon frère, vous ne sauriez poursuivre ce projet de mariage avec cette dame Jouberthon sans encourir mon plus vif déplaisir. Je vous destine une reine, celle d'Étrurie, dont l'entrée dans notre famille permettra de consolider notre alliance espagnole. Comment pouvez-vous mettre en balance cette union avec un mariage qui fera jaser tout Paris, puisqu'il concerne une veuve sans illustration ni utilité pour notre République ? Je vous prie de réfléchir avec la plus grande application à ce mariage dont le projet est si contraire aux intérêts de notre famille et de notre gouvernement. L'amour est une belle chose mais dans la position où j'ai porté ma famille, il ne doit pas contredire les intérêts de l'État. Prenez en compte l'affection que je vous porte et vous porterai toujours. Vous fûtes grand au 19 Brumaire, soyez-le dans la conduite de vos affaires privées. Croyez en la fidélité attentive de votre... Napoléon.

Encore une fois, se dit Donatien, Bonaparte tente de régler une affaire matrimoniale, une activité qui confine à l'obsession. Le nom de Jouberthon avait éclairé le policier. Lucien Bonaparte, le frère du Premier consul, était tombé amoureux d'une jeune veuve, Alexandrine, qu'il voulait à toute force épouser contre l'avis de son illustre frère. Bonaparte dirigeait la France mais éprouvait le plus grand mal à gouverner sa propre famille. Il est vrai qu'il voulait lui assigner tout, postes, résidences, revenus, femmes et maîtresses...

— Voilà, dit le Consul, faites-en une copie, je signerai demain matin au départ du courrier.

La dictée terminée et Méneval parti, le valet s'approcha de Bonaparte et lui dit à mi-voix :

— Votre visite est arrivée.

— Ma visite ? Quelle visite ?

— C'est-à-dire, euh, la jeune personne...

— Ah, oui ! C'est vrai. J'avais oublié. Eh bien, Constant, installez-la dans la chambre rouge.

— C'est fait.

— Fort bien. Dites-lui que j'en ai pour dix minutes. Qu'elle patiente.

Puis il se tourna vers Donatien qui attendait debout au milieu du cabinet.

— Que m'annoncez-vous, Lachance ? La police s'est égarée, n'est-ce pas, comme je vous l'avais dit.

— Citoyen consul, Georges est à Paris.

— Mordieu ! Voilà la nouvelle qu'ils ont manquée. Et depuis quand est-il là ?

— Depuis l'été dernier.

— Quoi ? Six mois ! Six mois d'activité clandestine ! Sans que nous n'en sachions un traître mot ! J'ai de la chance d'être encore en vie. Cette police ne me protège pas, je le savais.

Il se leva d'un bond et se mit à tourner dans la pièce, mordant sa lèvre, agitant son épaule et tirant sur sa manche selon le geste machinal que Donatien lui avait vu souvent. Il s'arrêta devant le feu, tendant les mains pour les réchauffer.

— Et quand arrêtez-vous Cadoudal, Lachance ?

— Nous ne savons pas où il se terre. L'affaire est difficile. Les brigands ont usé d'un système efficace. Ils sont disséminés dans Paris chez des agents présents de longue date. Ils se cachent les uns aux autres les adresses où ils demeurent. Ainsi, les informations que nous avons ne permettent pas de les situer.

— Comment ont-ils pu établir ce système sans que votre police n'en sache rien ?

— Citoyen consul, avec mon plus grand respect, ce n'est plus ma police depuis un an. C'est celle du grand juge Régnier.

— Peste, Lachance ! Je sais que ma réforme a produit de mauvais résultats. Mais nous avons repris l'affaire en main. Nous allons agir.

Il revint s'asseoir.

— Donnez-moi d'abord les détails, puis nous prendrons un parti.

Alors Donatien commença à décrire l'entreprise de Cadoudal, prenant les choses par leur début. Il en connaissait désormais tous les tenants. Au fur et à mesure qu'il parlait, la figure de Bonaparte se faisait plus incrédule. Il est vrai que le récit avait quelque chose de terrifiant dans son développement inexorable vers le but qu'ils avaient tous trois deviné au premier mot : l'assassinat du Premier consul par une phalange secrètement assemblée dans Paris. Quand Donatien mentionna les subsides versés par les Anglais à Cadoudal, Bonaparte l'interrompit.

— Ainsi, s'exclama-t-il, nous avons la preuve que les Anglais financent de bout en bout ces misérables. Voilà bien un coup déshonorant : un gouvernement légal paie en secret des assassins pour occire le chef d'État avec lequel ils concluaient la paix il y a moins de deux ans. Où sont les lois ? Où sont les coutumes humaines les plus élémentaires ? Où est l'honneur ?

— À mon avis, toute l'affaire est ourdie par le ministère de M. Pitt, répondit Donatien. J'ai acquis la conviction en écoutant Querelle que Georges ne peut pas faire un mouvement ni engager une dépense sans en référer à ses maîtres anglais.

— C'est une félonie qui s'étend à l'échelle européenne, ajouta Savary, contre ces gens-là, tous les coups sont permis.

À cet instant la porte du cabinet s'ouvrit sans bruit et le visage de Constant apparut dans l'entrebâillement.

— Votre visite attend, dit-il avec précaution.

— Qu'elle se déshabille, jeta Bonaparte qui planta son regard dans celui de ses interlocuteurs.

Lesquels plongèrent dans leurs dossiers, quoiqu'ils fussent posés fermés sur le bureau.

— Poursuivez, dit Bonaparte.

Donatien reprit où il l'avait laissé le récit de Querelle. Au bout de quelques minutes, entendant l'affaire de l'exécution du traître perpétrée par Georges, Bonaparte lui coupa la parole.

— Ce Cadoudal est décidément un fier combattant, dit-il.

— Le plus dangereux, dit Savary.

La porte du cabinet s'ouvrit encore et Constant annonça :

— Votre visite dit qu'elle a froid.

— Faites du feu, lança Bonaparte sans se retourner.

Et à Donatien :

— Continuez.

Donatien acheva son histoire jusqu'à l'arrivée des chouans dans Paris. Alors le Consul se mit en devoir de tirer les conclusions de tant d'informations alarmantes.

— Savary, dit-il, il y a une première arrestation à réaliser au plus vite. Troche, horloger à Biville.

— Nous partons demain matin à la première heure, répondit Savary.

— Il faut prendre des précautions, dit Donatien. Pour l'instant, les chouans croient la voie ouverte et sûre. Ils l'utilisent régulièrement. Il faut procéder à des arrestations intéressantes. Une action précipitée les mettrait en éveil.

— C'est juste, dit Bonaparte, il faut prendre les gros poissons. Inutile de les effrayer tout de suite. Savary, il faudra trouver ce chemin qui va de ce village de Biville au cœur de la forêt. Nous chassons des renards. Nous devons connaître leurs terriers et les sentiers qui y mènent.

— Querelle pense que cette voie secrète a servi plusieurs fois depuis, répondit Donatien. Les gîtes sont sûrs et les marches de nuit garantissent la discrétion. L'or dédommage les passeurs. C'est un moyen fiable.

— Ainsi ils peuvent être vingt ou trente en ce moment cachés dans Paris pour perpétrer leur crime.

— La monarchie a encore des soutiens dans tout le pays, dit Donatien. C'est une queue de guerre civile.

Bonaparte lui jeta un regard noir. Il n'aimait pas qu'on décrivît autre chose qu'une nation rassemblée autour du nouveau régime. Il devait pourtant convenir que Georges avait trouvé assez de complices pour établir une liaison sûre avec l'Angleterre et acheminer à Paris une petite troupe d'assassins. Il reprit :

— Savary, vous partez demain matin pour Dieppe avec une troupe aguerrie. Vous cantonnerez là-bas en prenant pour prétexte une inspection des côtes en vue de la descente en Angleterre. Ce sera vraisemblable. L'armée est à Boulogne, il est logique que la gendarmerie surveille les côtes. Enquêtez avec tact. Il nous faut repérer la route secrète mais la laisser ouverte pour prendre ceux qui l'emprunteront de nouveau. Et vous, Lachance, quel est votre ordre de marche ?

— Querelle a logé avec Cadoudal dans un hôtel de la rue du Bac, la Cloche d'Or. Ensuite ils se sont séparés. Querelle est allé dans un garni du Quartier latin. Il a été contacté deux ou trois fois par un messager pour soigner l'un ou l'autre chouan de maux bénins. Ensuite, il a été arrêté. Nous faisons surveiller l'immeuble où était le garni. C'est tout. Je vais repartir de la Cloche d'Or. C'est notre seul point d'appui à Paris. Bertrand emmènera Querelle entre L'Isle-Adam et Paris pour tenter de reconnaître la maison de village.

— C'est mince. Je compte sur vous, Lachance. Vous savez débrouiller les intrigues. En tout cas, nous voilà avertis. Je changerai mes itinéraires sans cesse et je vais renforcer ma Garde. Mais point trop, il ne faut pas donner l'éveil. Nous avons un léger avantage : ils ne savent pas que nous savons. Gardons-le. Je fais paraître au *Moniteur* un article qui annoncera l'exécution de Pioger, Lebourgeois et Querelle comme ennemis de la République. On indiquera qu'ils sont morts sans rien dire de leur mission, qui reste mystérieuse aux autorités. Nous laisserons entendre que nous croyons à une intrigue destinée à réveiller la chouannerie en Bretagne. Ces intrigues existent. Cela paraîtra vraisemblable. Pendant ce temps, messieurs, vous devez faire aboutir votre traque. La sécurité de la République repose sur vous. Et la mienne par la même occasion. Soyez actifs, soyez avisés. Georges est mon ennemi le plus redoutable. Ma vie est entre vos mains.

Il était plus d'une heure. La porte du cabinet s'entrouvrit encore et le valet passa une nouvelle fois la tête.

— Votre visite dit qu'elle va s'endormir.

— Elle a raison. Il est trop tard. Je dois signer du courrier. Qu'elle se rhabille.

5.

Depuis la confession de Querelle, Donatien sentait la présence de Georges dans Paris comme celle d'un démon qui rôde en coulisse. Quel terrible adversaire ! Cadoudal était le plus farouche, le plus cruel ennemi de la Révolution, le plus sincère aussi, et pour cela, sans doute le plus dangereux. Peut-être parce qu'il avait pris fait et cause pour elle à l'origine. En 1789, séduit par les idées nouvelles, il avait lui aussi voulu les réformes, souhaité un royaume remis en ordre, doté d'une constitution et d'un roi juste. Mais la brutalité de la Convention, la répression des prêtres et surtout le décret de levée en masse appliquée sans pitié dans l'Ouest rétif l'avaient jeté dans la révolte blanche, éperdu, indigné, fanatisé. Comme beaucoup de chouans, il n'aimait guère les nobles. Mais il détestait encore plus les bourgeois de Nantes ou de Rennes, ces avares et ces parvenus qui sacrifiaient tout au lucre et reniaient l'Église de leurs pères, en dignes agents de ceux de Paris, qui avaient sali la tradition, proscrit les prêtres, jeté la France dans la guerre et tué le roi.

Fort autant qu'agile, doté d'un corps lourd qu'il mouvait avec légèreté, Cadoudal avait gagné ses galons par un courage qui faisait peur et une intelligence qui le plaçait naturellement au-dessus du vulgaire dont il semblait issu. Il avait été de toutes les batailles de la Vendée, à Savenay, à Cholet, dans la virée de Galerne, jusqu'à Granville qu'il avait assiégée en vain, toujours devant, sabre d'une main et pistolet de l'autre, pestant contre l'incompétence des chefs vendéens et la désinvolture des aristocrates que les paysans avaient mis à leur tête faute de connaître l'art de la guerre.

Vaincu en rase campagne, il avait organisé la guerre de coups de main et d'assassinats dans son Morbihan natal, infatigable, insaisissable, impitoyable, placé au centre d'un réseau invisible de caches d'armes, de refuges secrets et de liaisons nocturnes, attaquant les Bleus au moment le moins attendu et disparaissant dans la forêt mystérieuse, inaccessible aux battues, dissimulé par le sous-bois, protégé par une chaîne de complices dévoués et intrépides. Il avait été arrêté : il s'était évadé. Sa famille avait été emprisonnée : il avait continué le combat. Sa mère était morte en cellule : il avait redoublé de violence. Sous Robespierre comme sous le Directoire et encore au début du Consulat, il était la bête noire des Bleus, le cauchemar du gouvernement, le diable de Bonaparte. Son ombre effrayante était derrière l'attentat de la rue Saint-Nicaise, quand une machine infernale avait failli pulvériser le Premier consul et mettre prématurément fin à une carrière sans pareille. Donatien avait combattu Georges sans le voir, dans les intrigues ténébreuses de l'enquête qui avait suivi l'attentat. Quand il l'avait aperçu, c'était pour le voir s'échapper d'une souricière parfaitement montée, saluant ironiquement les policiers qui croyaient le tenir.

La paix avait mis Cadoudal en réserve, la guerre l'avait rappelé sous les armes. Et maintenant, il était de nouveau à pied d'œuvre, quelque part dans la grande capitale, se jouant de la police, entouré d'une phalange de meurtriers, bien armés, bien financés, liés aux Anglais et de toute évidence décidés à décapiter le régime. Il pouvait trouver asile n'importe où, dans l'hôtel d'un duc ou le grenier d'un journalier, dans le faubourg Saint-Germain magnifique comme dans les taudis de l'île de la Cité, dans les couvents autour de l'Observatoire ou dans une auberge de barrière, chez un barbier, un notaire, une prostituée, un saute-ruisseau, un banquier et même chez un ministre. Il fallait le chercher dans les rues encombrées, dans les cours bruyantes des artisans, dans les auberges enfumées ou les cafés animés, les cloîtres silencieux et les jardins paisibles, bête fauve dans la jungle de la grande ville, Minotaure insaisissable au milieu d'un labyrinthe urbain. Il pouvait être protégé par mille Parisiens. Il avait l'argent, les armes, les hommes et les complicités de toute une classe.

Tel était l'imbroglio infernal de la guerre civile, qui brouille toutes les pistes, qui mêle toutes les intrigues, toutes les carrières, tous les destins, qui mélange les combattants, amis et ennemis, bourreaux et condamnés, assassins et victimes. Une nouvelle fois, le sort de Bonaparte, celui du gouvernement et celui de la nation dépendaient de ce duel de l'ombre, entre un policier raisonneur et un combattant retors, dans lequel le chouan le plus dangereux de France avait pris un dramatique avantage. Bien sûr la police forgée par Fouché avait des yeux et des oreilles partout, dans les salons comme dans les cuisines, dans les bas-fonds comme dans les palais. Une armée de mouches observait la ville, écoutant sa rumeur, sentant son pouls, détectant ses humeurs et ramenait par cent canaux les informations au ministère. Dans chaque quartier, la police entretenait un réseau serré d'indicateurs avec qui elle était en compte, dispensant faveurs, argent, menaces et remises de peine. Mais comment détecter un complot bien organisé, animé par des guerriers si éprouvés, dans ce foisonnement brouillon de routines et de dévouements, de travail et d'oisiveté, de combines et d'illégalités qu'était Paris ? Surtout quand le fondateur de la police consulaire et son inspirateur, Joseph Fouché, cet inventeur de la tyrannie moderne, coulait une paisible retraite dans son château de Ferrières ?

Donatien tournait et retournait le problème dans sa tête. Soudain l'image d'Aurore vint se superposer à ses réflexions. Il se souvint qu'il s'était promis de lui écrire à travers Juliette Récamier, avec qui il partageait une complicité ancienne dans les intrigues amoureuses. Il se souvenait que Juliette avait pris l'initiative de la lui présenter et s'était ensuite éclipsée dans l'intention manifeste de favoriser un tête-à-tête. Sans doute voulait-elle introduire au mieux son amie Condé dans le monde nouveau du Consulat et avait-elle deviné qu'une aussi belle femme s'accorderait avec son commissaire préféré, dont le visage d'ange et la profession ténébreuse intéressaient si souvent les jeunes femmes.

Il prit sa plume : « Mon amie, j'ai été fort aise de vous voir à la Malmaison. J'ai raccompagné chez elle votre amie la duchesse d'Enghien, qui est une femme du plus grand mérite dont l'histoire m'a beaucoup ému. Il m'avait semblé qu'un début d'attachement naissait mais une conversation portant sur le temps passé a jeté entre nous un froid qui me désespère. Seriez-vous assez bonne pour intercéder ? Je ne saurais prendre moi-même une initiative sans risquer d'être importun. Une nouvelle fois, je m'en remets à votre tact et à votre finesse, qui sont connus dans toute l'Europe, pour venir en aide à votre fidèle et dévoué... Donatien Lachance. »

Il appela un saute-ruisseau du ministère et lui ordonna de porter aussitôt le pli rue du Mont-Blanc à l'hôtel Récamier.

Puis il revint à son énigme policière, le menton appuyé sur ses mains. Querelle avait dit tout ce qu'il savait mais il ne savait pas tout. Le cloisonnement féroce imposé par Cadoudal à ses hommes donnait la preuve de son efficacité. Il ne suffisait pas de tenir un conspirateur pour tenir les autres. On croyait avoir une piste : c'était une impasse. Si l'on exceptait les gens de Biville compromis dans la filière clandestine, dont Savary était parti s'occuper dès l'aube, il n'y avait qu'un indice solide, au fond : cet hôtel de la Cloche d'Or où Querelle et Georges avaient passé une nuit à leur arrivée. Il fallait le prendre pour point de départ. Peut-être était-ce un hôtel anodin, choisi sans motif particulier. Mais peut-être était-ce un repaire ou un relais pour la bande, qui en usait comme d'un havre sûr. Impossible d'y dépêcher un inspecteur ou de s'y rendre en force ; ce serait avertir le réseau chouan qui aurait tôt fait de se réorganiser. Dans les registres de la préfecture, que Donatien fit venir, la Cloche d'Or était un établissement comme cent autres, propriété du citoyen Dessertine, hôtelier de son métier, qui avait racheté le fonds sous la Terreur, quand son propriétaire, effrayé par les violences et l'incertitude du commerce, avait quitté Paris pour Carcassonne. Depuis, Dessertine administrait son bien en aubergiste avisé, payant ses impôts et remplissant dûment les fiches que la police exigeait de lui pour chaque voyageur. L'examen de ces fiches ne donna rien de plus, sinon une liste de noms où Donatien ne vit pas de suspect. Ce qui ne signifiait pas grand-chose : les chouans, évidemment, se déplaçaient sous de faux noms, choisis à dessein pour endormir les soupçons. Il fallait en savoir plus sur cet hôtel de la Cloche d'Or. Les voisins seraient de peu de secours : s'il y avait un secret à surprendre, il était forcément bien gardé. Interroger les clients ? Ce serait fastidieux et l'on courrait le risque de tomber sur un membre de la conspiration, qui avertirait les autres. Une idée lui vint, qui lui sembla vite la seule possible. Le soir, il en fit part à sa femme.

— Tu vas à l'hôtel ? lui demanda Olympe. Voilà une étrange décision pour un homme marié !

— Seul un client de l'hôtel peut surveiller sans être soupçonné. Je ne vois pas d'autre expédient...

— Fort bien. Monsieur me quitte pour aller à l'hôtel. Que diront nos amis ?

— Tu plaideras les nécessités de l'enquête. Après tout, c'est la vérité.

— Parfois les apparences l'emportent sur la vérité.

— Ils sont habitués à mes extravagances. C'est le métier qui veut cela.

— Drôle de métier, décidément.

Ils se mirent à table, cette fois pour goûter la cuisine d'Honorine qui avait repris sa place pour faire griller des côtes de bœuf et cuire des haricots. Olympe était d'humeur diserte. Elle reprit le fil de sa conversation sur les francs-maçons avec ce ton doctoral qui arracha à Donatien un soupir de lassitude. Elle pérora longuement en savourant sa viande et en buvant deux verres de vin de Loire. Au fond, il se dit qu'il n'était guère mécontent de laisser quelques jours le domicile conjugal, le temps que la nouvelle passion d'Olympe s'apaise. Il quitterait un temps la franc-maçonnerie et s'en porterait aussi bien. Il avait aussi calculé qu'il n'aurait pas de comptes à rendre sur ses soirées, coïncidence fort heureuse pour ses aventures privées. Il repensa à Aurore, supputant déjà une rencontre avec la duchesse.

Olympe vit qu'il était ailleurs.

— Eh quoi ! dit-elle vivement. Non seulement tu pars à l'hôtel mais encore tu t'ennuies ouvertement quand ta femme te parle.

— Mais non, amour, je suis fatigué de cette journée à échafauder des hypothèses.

— Certes. Mais c'est le sort des policiers.

Elle mangeait à belles dents, toujours concentrée. Elle revint à son sujet.

— J'ai revu Moreau qui est un maçon décidément important.

— Pourquoi voir Moreau qui s'agite si fort en opposition avec le Consul ?

— Je n'ai pas l'intention de couper les ponts avec mes amis républicains. L'influence de ton Bonaparte s'arrête à la porte de ma maison.

— Tu dois savoir que la police surveille Moreau, qui va de provocation en provocation.

— Des provocations ? Et lesquelles, puis-je savoir ? Pour ton maître, la plus petite indépendance est un défi.

— Moreau se moque ouvertement de la Légion d'honneur que vient d'instituer le Consul. Alors que c'est un ordre républicain qui distingue les soldats et les citoyens d'élite.

— C'est l'ébauche d'une nouvelle aristocratie qui rappelle l'ancienne. Et qu'a donc dit Moreau de si séditieux ?

— Il a fait plus que dire. L'autre soir en présence d'une assistance nombreuse, il a convoqué son cuisinier dont il était content. Sous les applaudissements de ces irréfléchis, il l'a décoré de l'ordre de la casserole pour ses loyaux services. Tout le monde a ri au-delà de la décence.

— Je le comprends, voilà qui est fort drôle.

— On ne peut pas tourner en ridicule une des institutions nouvelles dont Bonaparte espère tant.

— Nous nous sommes battus aussi pour avoir le droit de rire du gouvernement. Ton Bonaparte devrait s'en souvenir.

— Il est trop tôt pour une telle licence. Les libelles et les plaisanteries sont tout sauf inoffensifs. Ils peuvent rallumer les querelles et rouvrir les plaies. C'est tout le contraire de notre politique.

— Votre politique rogne chaque jour un peu plus nos conquêtes et la liberté. Voilà ce que craignent les républicains comme Moreau.

— Ton Moreau n'est pas le pur héros que tu crois. L'ambition l'anime plus que tout. Il est mené comme un âne par sa belle-famille qui ne rêve que d'élévation et d'honneurs. Ce sont des créoles qui ont toujours soutenu une rivalité avec la famille de Joséphine. Ils agitent de grandes idées avec de petits motifs.

— Moreau a rendu les plus éminents services à la République. Il peut prétendre aux honneurs. Le Consul ne s'en prive guère, me semble-t-il, alors que leurs carrières militaires sont équivalentes.

De guerre lasse, Donatien abandonna le terrain et se leva en bâillant.

— Je dois garder mon esprit pour mon enquête. Tu raisonnes trop pour moi. Je vais dormir.

— Ah ! Monsieur admet sa défaite. Pour une fois !

Le lendemain, un sac de voyage à l'épaule, il entrait dans l'auberge de la Cloche d'Or, qui faisait le coin de la rue du Bac et de la rue de Varenne, à l'orée de ce faubourg Saint-Germain où l'ancienne aristocratie reprenait progressivement ses quartiers, mélangée avec les excellences du nouveau régime qui distribuait généreusement les hôtels particuliers à ses généraux et à ses fonctionnaires. C'était une maison de coin à la façade de bois verni et aux fenêtres à petits carreaux protégées par des grilles de fer forgé. L'entrée était surmontée d'un auvent de tuiles rouges pour abriter de la pluie les clients qui devaient attendre un fiacre. Des bacs à fleurs étaient scellés au rebord des fenêtres à moitié obturées par des rideaux rouges ; un panneau vertical annonçait *Hôtel de la Cloche d'Or, Dessertine propriétaire, chambres à la nuit ou en pension* et une grosse cloche dorée était accrochée en hauteur à une barre de fer enfoncée dans la pierre de la façade. Levant les yeux sur l'enseigne, Donatien vit une petite plaque cloutée derrière la cloche, sur laquelle il était écrit : *Voleur passe ton chemin. La cloche est en cuivre.* Il sourit et entra.

Il se présenta comme un officier en attente de son affectation, qui devait rejoindre le ministère de la Guerre non loin de là. Il avait pris soin de se faire établir lettres et certificat. Un fonctionnaire du ministère pouvait même attester de la véracité de sa déclaration. Il s'était attiré les moqueries d'Olympe en plaçant sous son nez une fausse moustache noire qui rendait son visage sévère et sur sa tête une perruque brune et frisée. Il se souvenait qu'il avait été reconnu au Temple par Pioger ; inutile de faciliter la tâche aux chouans qui pourraient séjourner à l'hôtel à la suite de Georges et qui ne manqueraient pas de reconnaître l'Ange du Diable au premier regard.

Le hall de l'auberge était décoré de peintures à l'ancienne, à la manière de Fragonard ou de Watteau, accrochées à des boiseries en chêne. Dans un renfoncement où l'on voyait une petite porte ouverte sur un bureau exigu, le comptoir de la réception portait un registre épais relié de cuir, une plume dans son encrier et une clochette qu'on pouvait agiter pour signaler sa présence. Les clés des chambres étaient accrochées à un panneau en bois où des clous en cuivre s'alignaient sous des numéros peints. Un tapis rouge mariait sa couleur à celle des rideaux tenus par des anneaux aux tringles qui barraient le haut des fenêtres. Dessertine, un gros homme affable, comme savent l'être les aubergistes, portant lorgnon et gilet de flanelle, fit remplir sa fiche de police à Donatien et le conduisit par un escalier sentant la cire à sa chambre qui donnait sur la rue du Bac.

Il y avait un lit haut couvert d'un édredon de plumes et entouré de deux petites tables de nuit où trônaient des lampes à huile, un fauteuil de cuir tourné vers la cheminée, des rideaux de velours rouge, une table de toilette avec son plateau de marbre et son pot à eau et, dans le fond, à droite de la porte, une lourde armoire normande fermée d'une clé en fer. Donatien écarta les rideaux et ouvrit la fenêtre. Il vit que le policier qu'il avait chargé de surveiller les allées et venues était bien à son poste, au deuxième étage de l'immeuble qui faisait face à l'auberge et où la police avait trouvé un garni à louer. Donatien savait que dans la petite pièce se tenaient quatre autres inspecteurs prêts à prendre en filature les clients qui sortiraient de l'hôtel.

Il avait raisonné longuement avant de prendre ces dispositions. Il lui paraissait invraisemblable que Georges et ses compagnons aient pris le risque de descendre dans un hôtel choisi au hasard. Pour s'assurer un refuge sûr le premier jour de leur arrivée, ils avaient forcément choisi un endroit ami, où des complices les attendaient. Du moins était-ce son calcul, que la souricière compliquée mise en place autour de la Cloche d'Or devait vérifier.

Au bout d'une heure, il descendit dans le salon qui jouxtait l'entrée, salua au passage Dessertine derrière son comptoir, prit un des journaux que l'hôtel réservait à ses clients et qui était placé entre deux baguettes de bois accrochées à un présentoir circulaire. Il s'assit dans l'un des deux fauteuils à oreilles disposés autour de la cheminée où brûlait un feu qui craquait. Il resta là deux heures à lire vaguement *Le Moniteur*, dont la prose flagorneuse pour le régime diffusait un solide ennui.

Il surveillait la vie quotidienne de l'auberge qu'il tenait pour un repaire de chouans et qui n'était peut-être qu'un hôtel sans histoires. Son plafond de boiserie, ses tapis épais, ses tentures de velours et ses meubles d'acajou en faisaient un séjour cossu propre à satisfaire une clientèle bourgeoise sans ostentation, soucieuse de son confort. Il vit entrer deux clients, sortir trois autres et passer trois fournisseurs qui allaient directement en cuisine, un boucher, un épicier et un marchand de vins, sans qu'aucun de ces personnages n'éveille chez lui le moindre soupçon. Il se dit que son opération risquait fort de tourner court, déjouée par la banalité du lieu et la tranquillité de ses habitants.

À cinq heures, une femme coquette, bien en chair, aux cheveux noirs et aux yeux rieurs entra dans le salon. Elle lui proposa du thé avec un sourire appuyé. Elle portait un collier de perles, des escarpins de satin blanc et une robe serrée sous la poitrine qui laissait deviner des formes à la fois harmonieuses et généreuses. Son décolleté montrait une gorge blanche et grassouillette qui tirait l'œil. C'était Mme Dessertine, sans doute curieuse de voir le nouveau client dont son mari lui avait parlé. Donatien sentit qu'il suscitait chez la maîtresse des lieux un intérêt qui n'était pas seulement commercial.

— Du sucre, du lait pour monsieur l'officier ? dit-elle avec une moue enjôleuse.

— Les deux, chère madame, puisque cela est proposé avec tant de grâce.

Elle sortit en pouffant, accentuant une démarche chaloupée. Elle revint, posa le plateau de thé devant Donatien en se penchant longuement devant lui, sa gorge offerte sans pudeur au regard du jeune homme. Elle le servit lentement et le gratifia d'un regard par en dessous agrémenté d'un sourire langoureux. Donatien l'invita à partager son thé. Elle s'assit en face de lui en croisant les jambes qu'on devinait longues et charnues sous les plis impudiques de la robe. Au bout d'une demi-heure de conversation légère, ils furent les meilleurs amis du monde et seule l'entrée intempestive de Dessertine, qui arborait une mine pincée, mit fin à leur marivaudage. Donatien en profita pour se retirer dans sa chambre, tout en échangeant une œillade complice avec Mme Dessertine manifestement déçue de voir son mari prendre la place de cet intéressant client. Donatien se dit en montant les marches que le lien de séduction qu'il venait de nouer avec cette aubergiste effrontée pourrait lui être utile. Il se coucha tôt et dormit bien, à peine réveillé au matin par les fiacres qui passaient dans la rue de Varenne. Il descendit déjeuner et vit de nouveau Mme Dessertine déjà coiffée et fardée, avec une robe de mousseline transparente qui révélait une poitrine ferme et des jambes gracieuses. Elle s'empressa pour lui apporter son café en souriant. Il échangea propos aimables et longs regards, but son café, se leva, prit son chapeau et sortit, plein de confiance dans son stratagème.

Revenu au ministère, il trouva dans son courrier une lettre d'Aurore de Condé. « Juliette est une avocate redoutable, écrivait-elle, elle a plaidé votre cause avec l'éloquence de Cicéron. Il me faut prendre mon parti de fréquenter des hommes qui n'ont pas épargné les miens. Ainsi va le cours de la politique. Viendrez-vous dîner chez moi demain soir, dans la maison de Chaillot où vous m'avez aimablement conduite ? J'ai prié quelques amis. Voyez de ne pas rentrer trop tôt, j'ai prévu une distraction. Et nous avons tant à nous dire... » Il se demanda de quelle distraction il pouvait s'agir, ne voulant croire à un double sens dans cette phrase à la fois banale et singulière.

Il revint dîner à l'hôtel de la Cloche d'Or, sans découvrir un seul indice qui le renseignât sur les activités secrètes des Dessertine, à supposer qu'il y en eût. Le lendemain il déjeuna encore du café apporté par Mme Dessertine. Seul son manège galant avec l'hôtesse, qui n'était qu'attentions vigilantes et sourires entendus, pimenta quelque peu une journée sans saveur, consacrée à observer la vie parfaitement banale d'un hôtel sans histoire. À la fin de l'après-midi, il remonta dans sa chambre et se changea.

Une heure plus tard, dépouillé de sa moustache et de sa perruque, il était assis au bout de la table d'Aurore dans la salle à manger désuète de la maison de Chaillot où il avait conduit la duchesse de Condé quelques jours plus tôt.

— Je suis si heureuse de vous voir, avait-elle dit en l'accueillant, de sa voix de violoncelle, j'ai fait ma paix. Soyez le bienvenu. Vous êtes le plus jeune, je vous ai placé en bout de table, vous ne m'en voudrez pas trop ?

— C'est un privilège insigne d'être à votre table, que ce soit au milieu ou sur le côté.

— Vous êtes le policier le plus aimable qu'il m'ait été donné de connaître. Vous avez quitté vos manières des jours terribles.

— Ne réveillons pas ce passé qui vous blesse. Vivons le temps d'aujourd'hui, madame, il est plein de promesses.

— C'est bien vrai. Vous verrez, nous allons dîner puis je vous initierai à un mystère fascinant. Connaissez-vous Mesmer ?

Il réfléchit quelques secondes, surpris par la question.

— Euh... Oui, de loin. C'est ce médecin qui soigne à l'aide d'un fluide, n'est-ce pas ?

— Oui. Je suis l'amie de son principal disciple, qui a soigné le comte d'Artois. Ce fluide est bénéfique à tous, aux malades comme aux bien portants. Nous en ferons tout à l'heure l'expérience, autour du baquet.

Elle avait pris son bras pour le conduire au salon, où des domestiques en livrée servaient des coupes de champagne. Donatien se demandait ce qu'on pouvait bien faire autour de ce baquet. L'énigme resta entière : les invités arrivaient l'un après l'autre, saluant d'un mot aimable l'hôtesse qui répondait avec esprit et délicatesse, sachant par une repartie drôle et pleine de tact mettre à l'aise ces convives qui ne se connaissaient pas. Dans des fauteuils Louis XV aux pieds délicats et aux couleurs passées, on devisa de tout et de rien autour d'une cheminée de marbre où flambait un feu imposant pendant que la nuit tombait sur l'hôtel sombre et sonore aux plafonds hauts décorés de fresques champêtres. Puis l'un des domestiques ouvrit une porte dorée à double battant et dit d'une voix de tragédien :

— Madame la duchesse est servie !

Aurore avait réuni une assistance à la fois digne de son rang et de l'ouverture dont elle avait fait preuve en apparaissant à une soirée du Premier consul. En face d'elle, le ministre des Relations extérieures, Talleyrand, était l'hôte d'honneur de ce dîner d'excellence, poudré, perruqué, du rose sur les joues et une dentelle sous sa redingote ajustée, promenant un ennui souverain, un sourire de convenance et un regard aigu qui perçait à jour ses interlocuteurs, toujours inquiets des bons mots dont cet homme d'Ancien Régime complice des régicides pimentait la moindre de ses répliques. Talleyrand, l'un des hommes les plus intelligents de son temps, avait traversé les vicissitudes révolutionnaires avec un cynisme exemplaire, prélat qui avait trahi son Église, aristocrate qui avait vendu sa classe, révolutionnaire sans conviction, ministre nonchalant et brillant dominant toutes les cours d'Europe par son esprit et sa culture, serviteur de la monarchie puis de la République, grand organisateur des plaisirs et des fêtes pour le Premier consul qu'il servait par accommodement, veillant toujours à étendre, par l'intrigue et la prévarication, sa fortune déjà immense et à se ménager à chaque instant les jouissances qu'il savait éphémères par expérience de la tempête. L'ancien évêque dirigeait la politique étrangère de la jeune République ou, plus exactement, tentait de canaliser l'impétuosité diplomatique et guerrière du maître qu'il s'était choisi très tôt parce qu'il avait détecté chez lui cette énergie de décision, ce génie guerrier et ce sens politique qui font les grands hommes d'État ou les grands tyrans. Il lui servait aussi de mentor dans le monde, que ce roué de l'Ancien Régime connaissait comme sa poche. Donatien avait à sa droite Mme Grand, nouvellement Mme Talleyrand, cette jeune femme déliée dont la beauté de statue égalait en intensité l'esprit étincelant du ministre mais qui peinait beaucoup à soutenir le brio de sa conversation.

Un peu plus loin se trouvait l'ambassadeur du gouvernement de Courlande, homme raffiné au maintien un peu fat et à la voix nasillarde, vêtu d'un habit de soie turquoise, d'un gilet rose, d'une culotte blanche, de souliers à boucle et d'une chemise à col relevé serré dans une large cravate, un ami personnel d'Aurore qu'elle avait connu à Londres quand il représentait son petit pays slave à la cour de Saint-James.

Mais c'est le dernier convive qui mettait Donatien fort mal à l'aise. En invitant un militaire, comme il était de mise en ces temps belliqueux, Aurore ne pouvait pas tomber plus mal : le général Moreau était assis sur la gauche de Donatien, raide dans son uniforme de parade bleu à parements dorés sur un pantalon de coutil blanc dont l'extrémité disparaissait dans des bottes noires à revers de daim. Après Bonaparte, il était le grand homme de l'armée, ayant battu les Autrichiens au terme d'une savante manœuvre exécutée avec brio dans la forêt de Hohenlinden. Sa présence était logique dans un salon aussi élégant mais elle embarrassait Donatien au plus haut point. La chose ne l'aurait guère ému à un autre moment. Mais en ce moment Moreau voyait souvent sa femme qui s'était entichée de lui et de la franc-maçonnerie et il avait caché à Olympe l'invitation d'Aurore. Elle le croyait à l'auberge, tout à son enquête alors qu'il faisait le joli cœur chez la duchesse. Voilà une contradiction qu'il faudra lever, se dit-il.

Courtois et distant, le général avait demandé des nouvelles d'Olympe, que Donatien avait données en bredouillant, ne sachant comment expliquer l'absence de sa femme, sous l'œil amusé d'Aurore. Moreau sembla n'y prêter guère attention. Mais plusieurs fois Donatien surprit son regard fixé sur lui, comme si le général s'interrogeait in petto sur la raison de la présence du commissaire dans cette maison, sans sa femme. Et pendant que la conversation roulait sur les affaires politiques, dominées par la guerre avec l'Angleterre, Donatien se torturait l'esprit pour fournir à Olympe dès le lendemain une version plausible des raisons de ce dîner, dont elle ne manquerait pas d'entendre parler par Moreau. Supplice des maris pris en faute...

— Cette guerre n'en est pas une, les Anglais sont sur mer et nous sur terre, nous ne sommes pas aux prises, disait Moreau, qui aimait faire étalage de sa science stratégique et qu'on écoutait religieusement.

— Il y a tout de même cette opération de Boulogne, répondit Aurore pendant que six valets posaient sur la table la vague des premiers plats du service à la française, relevés, bouillis, pâtés de jambon et de gibier, soupe grasse et soupe claire, salades de volaille et de légumes, le tout flanqué de deux vastes plateaux d'huîtres qu'un écailler du Rocher de Cancale avait livrés couverts de glace. Deux sommeliers versèrent un vin blanc de Bourgogne pendant que les convives se servaient dans le plat qui était devant eux ou bien passaient à leur voisin ceux qui leur étaient demandés, dans un tintement de porcelaine et de verres en cristal.

— Si nous franchissons le détroit, continua Aurore, l'armée anglaise ne pourra pas tenir.

— Nous ne pouvons gagner cette guerre avec des chaloupes, dit Moreau d'un ton péremptoire en attaquant une énorme tranche de pâté d'un coup de fourchette martial. La Navy tient la Manche, nous serons réduits en miettes.

— Pour m'occuper aussi de la surveillance des journaux, je sais qu'il est bon que l'opinion croie cette opération impossible, lança Donatien avec un peu de perfidie, agacé par la suffisance de Moreau. L'ennemi en sera endormi. Au fond, le jugement du général sert le gouvernement. Il faudrait l'imprimer.

Ayant l'air d'approuver Moreau, Donatien l'enrôlait avec perversité dans la propagande du régime, feignant de croire que sa prédiction n'était qu'une ruse et donc qu'elle était erronée. Moreau se renfrogna. Donatien avala une huître. Talleyrand considéra Donatien, surpris de trouver de l'esprit chez un policier, espèce qu'il tenait en piètre estime. Aurore lui décocha un regard admiratif.

— La vraie guerre ne peut se jouer que sur le continent, dit l'ambassadeur de Courlande, qui n'avait pas saisi l'ironie du commissaire. Contre la Prusse, l'Autriche ou la Russie ou contre l'alliance de ces nations.

— Cette alliance n'aura pas lieu, dit Talleyrand, nous entretenons de bons rapports avec ces trois puissances. Et si l'une se déclarait hostile, les autres hésiteraient tout de même. Nous sommes en compte avec elles et elles se méfient l'une de l'autre. De toute manière, l'armée française a déjà montré qu'elle ne craignait pas les coalitions.

— Les soldats prussiens sont les meilleurs d'Europe, dit l'ambassadeur avec un peu de véhémence, les Autrichiens sont aguerris et, pour le tsar, les Russes se font tuer sur place plutôt que de reculer. La guerre en Europe serait un danger mortel pour Bonaparte.

— Mon ami, dit la duchesse, qui voulait montrer les preuves de son ralliement au régime, je dois dire que ces soldats républicains ont déjoué tous nos pronostics, à nous, les gens de la noblesse. Leur constance et leur élan sont remarquables. Mon cousin le duc d'Enghien m'en a souvent parlé. Il a toujours eu affaire sur le champ de bataille à un commandement intrépide et à des soldats nés pour la gloire.

— Certes, mais la Prusse est une nation militaire ; quant à la Russie, elle se bat pour un dieu-empereur. Alliés à l'empire d'Autriche, ce sont ennemis irrésistibles à mon sens et que la France n'a pas encore affrontés ensemble.

— Je ne leur conseille pas de s'armer contre nous, dit Talleyrand en coupant négligemment un bouilli de poulet, mon maître n'a encore détruit que des États de moindre importance.

L'avertissement de Talleyrand, délivré en connaissance de cause, jeta un froid, comme le message sinistre émanant d'une divinité guerrière. Comprenant qu'il avait été trop loin en agitant chez ses hôtes français la possibilité – la menace – d'une coalition militaire contre la France, l'ambassadeur voulut se rattraper.

— En tout cas, dit-il, la Courlande, elle, est d'humeur pacifique. Elle a décidé officiellement de reconnaître la République française !

Prononcée d'un air condescendant, avec la morgue mal déguisée d'un homme de l'Ancien Régime, la déclaration touchait au ridicule. L'importance de la principauté de Courlande, confetti sur la carte des puissances, était strictement proportionnelle à la taille minuscule de son territoire et à l'insignifiance de son armée, alors que la France dominait l'Europe, forte de trente millions d'habitants et d'innombrables troupes victorieuses sur tous les champs de bataille. Talleyrand ne manqua pas l'occasion d'un bon mot aux dépens du pauvre ambassadeur imbu de sa dignité.

— La République française sera enchantée de faire la connaissance de la principauté de Courlande, dit-il avec un sourire malicieux.

En Français piqués au vif par les propos de l'ambassadeur faisant l'éloge des ennemis de la République, les convives commençaient à s'impatienter. Libérés par le mot de Talleyrand, ils se retinrent à peine de rire. Sérieuse au milieu des sourires, Mme Grand, qui n'avait pas compris l'épigramme de son mari, crut bon de poursuivre la conversation.

— Dans ces conditions, déclara-t-elle d'un air appliqué, la Courlande et la France pourraient s'allier. Elles en seraient plus fortes.

Cet attelage d'une fourmi et d'un éléphant avait quelque chose de hautement distrayant. La saillie de Mme Grand libéra l'assistance qui partit d'un rire d'autant plus fort qu'elle l'avait contenu par égard pour l'ambassadeur. Mme Grand regarda autour d'elle, ébahie d'avoir lancé un bon mot dont elle ne comprenait pas le sens.

— Ma chère, dit Talleyrand, voilà une perspective stratégique dont je parlerai au Premier consul.

— Un allié en Europe n'est jamais de trop, répliqua Mme Grand qui gardait son bon sens au milieu des rires.

— Vous avez tort de rire, dit Aurore pour venir au secours de la candide beauté, les femmes sont souvent de bon conseil en politique. On les écouterait plus qu'il y aurait moins de violences et de bouleversements. D'ailleurs, n'est-ce pas votre avis, au fond, monsieur de Talleyrand ? Je me suis laissé dire que vous prêchiez la modération au Premier consul.

— Je crois en effet à l'équilibre des puissances et non à la domination de l'une sur les autres, que ce soit la France ou toute autre nation. Ce ne sont pas les rêves de fraternité universelle qui garantissent la paix, c'est la comparaison des forces en présence. Si l'une pèse trop dans le fléau de la balance, l'équilibre se rompt. Tout l'art de la diplomatie consiste à conspirer au grand jour pour rétablir cette harmonie des forces, en organisant dans ce but le jeu des alliances. Nous nous y employons. À condition que la France soit reconnue et respectée, bien entendu, ce que refuse l'Empire britannique, qui veut garder sa domination sur les mers mais refuse toute concurrence sur la terre. Le sort de l'Europe est là.

Pendant que Talleyrand exposait sa philosophie des relations extérieures dans un langage simple et brillant, les valets avaient desservi et changé la nappe pour que débute la procession des viandes et des poissons portés sur des plats en argent, qui recouvrirent bientôt la table de leur amoncellement au fumet prometteur. Les bouteilles de bordeaux rouge remplacèrent le vin blanc qui avait déjà fait monter d'un cran la chaleur de la conversation.

— Ce sont des conseils de modération qu'il faudrait prodiguer au Premier consul, dit le général Moreau d'une voix plus forte. Sinon nous autres militaires serons condamnés par une folle ambition à courir après d'autres victoires.

— Ces victoires nous préserveraient de la défaite, dit Mme Grand qui s'était sentie encouragée dans ses raisonnements stratégiques.

Moreau réfréna un sourire, avala un verre de vin et poursuivit son raisonnement.

— La chose, d'ailleurs, vaut en politique intérieure. Nous jugeons, dans l'armée et parmi les républicains, que Bonaparte, dont personne ne conteste la gloire et la capacité, se laisse entraîner trop loin par le succès. Il est consul à vie, il a saisi tous les leviers du gouvernement. Voilà qui nous inquiète. Avons-nous versé tant de sang contre les rois pour en souffrir un chez nous, serait-il roturier ?

— Il n'est pas question de royauté, dit Talleyrand qui

connaissait intimement le débat intérieur au gouvernement. Nous constatons seulement que la solidité de l'édifice public repose sur la personne du Premier consul. Qu'il vienne à disparaître par un affreux accident, à la guerre ou dans un de ces vicieux attentats, voilà la construction jetée à bas, le gouffre rouvert, l'anarchie de nouveau aux portes de la République. Les rois avaient rarement la sagacité mais toujours la durée. Nous avons la sagacité ; nous voulons la durée. Tel est l'objet de nos disputes dans le sein du gouvernement. Elles ne sont pas tranchées. Nous étudions cet objet, qui est grave et légitime.

— Mieux vaudrait affermir la République dans ses mœurs et ses institutions plutôt que de tout bâtir sur un homme, dit Moreau, qui marquait un point par la simplicité de son propos.

Donatien résolut de seconder le ministre des Relations extérieures. Après tout, lui aussi était homme du régime et devait fidélité à son chef.

— Ce temps n'est pas encore venu. Nous savons dans la police que le corps social est encore trop fiévreux pour se soutenir lui-même. Il lui faut un tuteur. Bonaparte en fait office. Il faut le préserver.

— Le tuteur de la République, c'est la vertu des citoyens, dit Moreau.

— Ils sont trop divisés, répondit Donatien, ils ne peuvent s'unir sans arbitre.

— Ainsi, vous nous annoncez une nouvelle monarchie ! jeta Moreau qui commençait à s'échauffer.

— Non, je ne le crois pas, dit Donatien en coupant son rôti. Nous avons mis fin à la Révolution en préservant ses conquêtes. Nous devons maintenant établir la République sur des masses de granit. Nous avons le code civil, le Concordat, une monnaie réglée, un crédit restauré, un budget balancé, l'ordre rétabli, le commerce rassuré et le travail remis à l'honneur. Il nous faut un dernier pilier pour soutenir tout cela. Un gouvernement sage, fort, légitime et, surtout, pérenne.

Donatien sentait en énumérant les résultats produits par Bonaparte depuis quatre ans qu'il récitait la propagande du régime. Mais enfin, se dit-il, tout cela est vrai, je le crois. Pourquoi ne pas le dire ? Moreau l'écoutait en s'agitant de plus en plus.

— C'est bien ce que je soutiens. Vous voulez un monarque pour asseoir le régime. Eh bien ! Les patriotes ne laisseront pas faire. Ils n'ont pas combattu dix ans pour passer d'un trône à un autre. La stabilité viendra de l'organisation du pouvoir du peuple. Il n'est pas d'autre régime conforme aux principes de 1789. Voilà ce que pense la masse de l'armée, qui n'a pas livré cent batailles pour se vouer au pouvoir d'un seul homme, appuyé sur celui des prêtres et des nouveaux nobles de la Légion d'honneur !

Moreau déclamait sa foi républicaine comme s'il était devant une assemblée. Donatien lui trouva de la flamme et de la sincérité. Il vit en lui, non seulement un stratège avisé qui avait démontré sa valeur dans plusieurs campagnes, mais aussi un entraîneur politique, capable de réunir un mouvement autour de lui. Soudain la femme du général, restée muette jusque-là, prit à son tour la parole. C'était une personne agréable de visage, quoiqu'un peu sèche et noiraude, qui s'exprimait d'une voix étranglée et grinçante.

— Ah oui, alors ! L'ambition de ce Bonaparte est une injure à tous les citoyens ! Il faudra bien un jour y mettre fin.

Cet appel un peu dérisoire à la sédition fit le silence. Chacun comprit que l'épouse de Moreau, moins habile que son mari, mais de notoriété publique plus soucieuse de parvenir, poussée par une mère créole ambitieuse jusqu'à la caricature, disait en peu de mots la vérité sur les pensées du général, qu'il aurait sans doute voulu dissimuler un peu plus. Talleyrand lui lança un regard intéressé. Donatien la dévisagea et Aurore comprit qu'on était au bord d'un incident politique. Mme Grand, plus fine dans son intuition que dans ses raisonnements, essaya à sa manière de calmer la conversation.

— La République pourrait être dirigée par un roi. Après tout, cela contenterait tout le monde.

Cette incursion de la sculpturale invitée dans la philosophie politique dérida l'assemblée mais souleva un début d'irritation chez son mari, qui exprima son courroux en levant un sourcil.

— Ma chère, dit Talleyrand du ton qu'on emploie pour parler à un enfant, dans ce cas, ce ne serait plus une république.

— Ah ? dit Mme Grand. Mais ce sont des mots, tout cela !

— Pour ces mots, répondit le ministre qui commençait à perdre patience, nous avons couché sur le sol des milliers de cadavres. Mais puisque vous avez résolu en une phrase une querelle qui divise la France depuis quinze ans, restons-en là.

— Le projet de Bonaparte, pourtant, dit Moreau, rouge comme son plumet, qui voyait là l'éclatant moyen de démontrer la justesse de sa thèse, c'est bien le projet de Mme Grand. Un roi dans la République ! Le roi Bonaparte.

— Ou l'empereur Napoléon, dit Talleyrand, qui sembla aussitôt regretter sa formule, comme si elle dévoilait un secret ou un projet.

L'orage menaçait, Aurore décida qu'il était temps de conclure. Elle frappa discrètement dans ses jolies mains. Le silence se fit pendant qu'on remportait les viandes et qu'on enlevait de nouveau la nappe pour disposer devant les invités la suite colorée des crèmes, des fruits et des gâteaux.

— Vous le savez, mes amis, nous sommes réunis pour une expérience amusante. Le Dr Vorfreud sera là dans un instant. Terminons ce repas sereinement et voiturons-nous dans le salon bleu. Tout y est prêt. Cela nous changera de la politique.

— Dites-nous un mot de cet impromptu, dit Talleyrand, qui n'était pas fâché d'échapper aux arguments de Moreau et aux saillies de sa femme.

— Mesmer, commença Aurore, est un médecin allemand et un savant injustement décrié, qui s'est exilé, en butte à trop de scepticisme, au début de la Révolution.

— Il me semblait, dit Talleyrand, que ce scepticisme avait débuté sous le défunt roi Louis XVI...

— En effet, une commission royale présidée par Bailly, avec

Lavoisier, Benjamin Franklin et d'autres, avait décidé que la méthode de Mesmer, quoique inoffensive, ne pouvait servir de médication. Mais Jussieu, dont vous connaissez la science, avait refusé de s'associer à ses conclusions.

— J'ai entendu parler de cette thérapie par les fluides, dit Moreau, j'ai rencontré en Allemagne des praticiens qui en faisaient profession, apparemment avec succès.

— Tout repose sur ces fluides, dit Aurore. Leur existence est attestée par le simple bon sens. Chacun sait que le vide ne saurait rien conduire. Pour transporter les sons, les odeurs, les couleurs, la lumière, il faut un support. Une onde qui se déplace à la surface de l'eau ne saurait exister sans le liquide qui lui sert d'appui. Ainsi va ce fluide qui nous entoure comme il entoure toute chose dans l'univers. Il est un des principes de la vie. Or chacun d'entre nous doit en recevoir une part, ni excessive ni trop petite. Sinon l'organisme se dérègle. Ainsi toute maladie vient d'un excès ou d'un manque de fluide. La médication de Mesmer a pour objet de pallier ce manque ou cet excès. L'infusion du fluide ou son expulsion sont à la base de sa thérapie.

— Et comment produit-on ce fluide ? demanda Mme Moreau.

— Il y faut du métal, de l'eau et des individus conducteurs. Le Dr Vorfreud qui nous rejoint au café est l'un de ces conducteurs. Il vous fera une démonstration.

— Mais si l'on n'est pas malade ? demanda Donatien, qui ne croyait pas un traître mot de cette théorie controuvée par l'Académie des sciences et qui dépendait d'une hypothèse hasardeuse sur la composition de l'atmosphère.

Pour lui, la théorie de Mesmer était celle d'un charlatan, même si les transes et les guérisons qu'il avait produites étaient incontestables, quoique rares.

— Les fluides sont bénéfiques pour tous, répondit Aurore. Ils créent un état différent de la conscience. Ils libèrent l'esprit et la parole. Cette décontraction de l'esprit, produite par le fluide, fait au corps le plus grand bien. Chacun confesse ses peurs et ses envies et s'en trouve mieux par cette confession.

— Les convulsions font-elles partie de la médication ? demanda Donatien avec un soupçon d'impertinence.

Il se souvenait des incidents produits par les démonstrations de Mesmer, pendant lesquelles des dames de la bonne société s'étaient laissées aller à toutes sortes d'égarements verbaux.

— Elles peuvent en faire partie, dit Aurore avec malice. Ces transes, après tout, ressemblent à celles de l'amour. Ne sont-elles pas ce qu'il y a de plus désirable ?

— Et de plus immoral ! répliqua Mme Moreau, qui affichait une vertu aussi républicaine que son mari.

— Si l'immoralité soigne le mal, elle devient morale, dit Talleyrand.

— Ces transes nous font femmes, dit Mme Grand avec la franchise de ceux qui ne calculent pas l'effet de leurs propos, quoi de plus délicieux, en effet !

— On voit bien que vous êtes un évêque de la Révolution, dit l'ambassadeur de Courlande à Talleyrand. Aucun paradoxe ne vous effraie.

— Un évêque de l'ancien temps ne m'aurait pas épousée, dit Mme Grand avec son bon sens coutumier, quitte à souligner la situation baroque de son époux, ancien évêque d'Autun.

— Voilà qui est supérieurement remarqué, dit Talleyrand en souriant. Ma chère Aurore, continua-t-il, je ne pourrai toutefois me joindre à votre expérience. Outre que du travail m'attend au ministère, je ne voudrais pas courir le risque d'entrer en convulsion et de révéler mes secrets d'État à l'ambassadeur de Courlande.

— Ces secrets ne seraient pas sortis d'ici ! dit l'ambassadeur en riant. Mais je comprends votre réserve. Pour ma part, ces expériences me passionnent. Celle de M. Faraday m'a toujours impressionné. Pourquoi pas celle de M. Mesmer ?

— Mes amis, ne m'abandonnez pas ! dit Aurore. Le médecin arrive. Je fais une exception pour le ministre, qui doit vaquer à ses devoirs. Mais tous les autres sont des conscrits de la science.

— Madame, dit Talleyrand, je vous confie mon épouse, qui

aime les expériences originales. N'a-t-elle pas épousé un prêtre ? Elle est ouverte à toutes les bizarreries.

— Charles Maurice, lui répondit Mme Grand, je vous raconterai mes transes !

On servit le café, Talleyrand prit congé et l'assistance passa dans le salon bleu, la curiosité aiguisée par l'entrée en matière d'Aurore, dont la voix fascinait l'assistance autant que Donatien. Étrangement, Moreau en profita pour s'absenter en faisant un signe à la maîtresse de maison. Donatien en déduisit que le général avait été appelé par un besoin bien naturel. Mais il resta vingt minutes absent, ce qui éveilla l'attention du policier, sans qu'il sache qu'en penser.

Un homme maigre habillé à l'ancienne, avec perruque poudrée, culotte de soie, bas blancs et souliers à talons, les accueillit d'un air cérémonieux. Derrière lui se tenaient trois jeunes hommes habillés eux aussi à l'ancienne, grands, souriants et d'une figure régulière et agréable. Donatien se souvint alors que la présence autour de Mesmer de beaux et jeunes hommes qui le secondaient dans ses manipulations avait beaucoup fait pour son succès dans les salons des dames de l'ancien temps.

Vorfreud salua l'assistance avec une courtoisie affectée et entreprit de décrire son dispositif en usant d'un français rendu quelque peu rugueux par l'accent allemand.

— Mestames, mézieurs, dit-il, fous afez izi le paquet te mon maîdre Mesmer.

Au milieu du salon un récipient en bois était installé, vaste comme un bassin, à moitié rempli d'eau et dont le fond était jonché de morceaux de métal disparates et de fragments de verre pilé. Il en sortait des barres de fer recourbées qui se trouvaient à la portée des mains des invités que le médecin allemand avait fait asseoir sur des chaises autour du baquet.

— Le fluide pénévique, continua Vorfreud, est brotuit par le verre et le fer qui ze trouvent au fond tu paquet. Il est dransmis par ces parres que fous foyez là. À gontition que che sois là pour zervir de gonducteur.

Malgré son accent, Vorfreud avait une manière de parler à la fois véhémente et entêtante qui captait l'attention et plongeait progressivement l'auditoire dans une sorte de torpeur. Il parla encore quelques minutes, détaillant les procédures nécessaires à la manifestation du fluide, baissant lentement la voix jusqu'à en faire un murmure continu.

Plus effrontée que les autres, Mme Grand avait saisi en l'écoutant l'une des barres recourbées et regardait maintenant en l'air et sur le côté, comme quelqu'un qui attend un événement qu'on lui a annoncé.

— Matame, bermedez-moi, dit Vorfreud, qui s'empressa.

Il saisit une chaise et la plaça en face de la jeune femme. Puis il s'assit à son tour et posa ses deux mains sur les cuisses de la patiente. Mme Grand eut un léger sursaut devant cette familiarité inattendue mais fit celle qui ne s'apercevait de rien, toute à sa rêverie apparente. Il y eut un silence. Sous les yeux curieux des invités, la jeune femme gardait sa mimique interrogative en fermant peu à peu les yeux, sans que rien ne se passât de notable. Alors Vorfreud leva le bras et claqua dans ses doigts. Aussitôt la lumière baissa comme on mouchait une à une les chandelles des candélabres ; d'un pianoforte jusque-là dissimulé derrière un rideau sortit une mélodie langoureuse tandis que les trois jeunes gens s'asseyaient à leur tour en face de trois invités et leur imposaient les mains sur les cuisses. Vorfreud parlait toujours, mais d'une voix étrangement susurrée qui résonnait à l'oreille comme une mélopée en dépit de son accent germanique. Les trois femmes étaient maintenant entre les mains de Vorfreud et de ses assistants, ainsi que l'ambassadeur de Courlande, que le médecin avait sans doute jugé le moins rétif à l'expérience. Donatien restait en retrait, quoique intéressé par les effets narcotiques qui se lisaient maintenant sur les visages des patientes et de l'ambassadeur. Le pianoforte continuait à jouer et les lumières étaient maintenant ramenées à un minimum.

Donatien remarqua l'extraordinaire beauté de Mme Grand,

que la douce lumière des bougies magnifiait comme dans un tableau de Vermeer. Il se tourna vers Aurore pour faire une comparaison qu'il pressentait flatteuse pour la duchesse. Mais celle-ci l'avait précédé et l'observait déjà d'un air narquois. Quand leurs regards se croisèrent, elle lui lança un large sourire espiègle. Il se dit que l'expérience de Mesmer ne faisait sans doute pas beaucoup avancer la science, mais favorisait indiscutablement l'amour. Moreau entra sans bruit dans la pièce et alla s'asseoir en retrait, observant l'ensemble avec méfiance. Au bout de cinq minutes, il adopta un maintien roide, montrant par sa sévérité qu'il tenait toute cette scène pour une simagrée décadente.

Mme Grand fut la première à succomber. La tête renversée sur son dossier, la main crispée sur la barre de fer, maintenue solidement par Vorfreud, elle aurait semblé dormir si son corps souple n'était agité de tremblements et si sa tête ne dodelinait pas avec un rythme de plus en plus rapide.

— Barlez, matame, dites ce que fous afez sur le cœur, commença Vorfreud de sa voix entêtante.

Mme Grand résistait à l'injonction mais ses spasmes se faisaient plus bruyants. Puis elle se mit à gémir doucement et commença à parler.

— J'étais heureuse en ce temps-là, disait-elle, dans ma maison sous les arbres, avec ce soleil, ces palmes, ces soirées douces... Quel plus beau séjour que l'Inde ? Et ces breuvages capiteux, et ces piments qui vous aiguisent les sens.

Pendant de longues minutes Mme Grand détailla le bonheur de sa prime jeunesse sur un ton de regret langoureux. Les mots lui venaient naturellement, pleins d'images chatoyantes et d'évocations sensuelles. Elle continua à raconter sa vie passée, sans que rien ne puisse apparemment l'arrêter. Alors Mme Moreau, quoique prévenue contre les sortilèges de Vorfreud, tomba à son tour dans un demi-sommeil agité, elle aussi maintenue par un jeune et robuste assistant. Elle parla du salon familial chaleureux, de sa mère et de son père, de la grande fratrie des familles alliées. Bientôt, le ton se fit plus amer. Mme Moreau en voulait à son père, dont elle détailla la lointaine froideur, la rigueur indifférente et la terrible décision de mettre sa fille entre les mains d'une gouvernante dès son plus jeune âge, la privant de l'affection de sa mère.

Interloqué, Donatien écoutait ces confessions involontaires qui semblaient reproduire en public, dans ce salon aristocratique et raffiné, les propos secrets tenus dans l'ombre du confessionnal. En professionnel de l'interrogatoire, il se dit drôlement que cet état de demi-sommeil et de conscience libérée pourrait peut-être favoriser les aveux d'un suspect dans une enquête criminelle. Vorfreud le surveillait du coin de l'œil, inquiet du scepticisme affiché par le général et le policier, imperméables aux sortilèges du Dr Mesmer.

La séance se poursuivit. Aurore se laissait aller à une gracieuse somnolence, les yeux mi-clos, la tête penchée sur son épaule fine et blanche, la bouche entrouverte et les lèvres luisantes. Comme Mmes Grand et Moreau, en état second, continuaient à dérouler leur histoire intime, la poitrine oppressée et les yeux fermés, une gêne s'installa peu à peu. Une fois encore, ce fut la candide Mme Grand qui fit l'événement. D'une voix mourante, elle égrenait les souvenirs de ses vertes années. Quand soudain son ton changea. Elle évoqua non seulement les douceurs de l'enfance, mais aussi ses premiers émois sensuels et les souvenirs de plus en plus précis de ses premières amours sous les tropiques. Vorfreud lança autour de lui des regards angoissés. Mais Aurore qui avait recouvré sa lucidité lui fit signe de laisser faire.

— Il ne faut pas interrompre brutalement un patient, dit-elle à voix basse. Ce serait dangereux pour elle.

Mme Grand continua, évoquant une liaison. Puis soudain, elle se mit à parler très fort en termes crus qui auraient fait rougir un corps de garde. Vorfreud transpirait à grosses gouttes, prêt à interrompre l'expérience au mépris des règles thérapeutiques qu'il avait lui-même fixées. Mais Mme Moreau se mit aussi à parler plus fort.

— Moreau ! cria-t-elle, elle aussi renversée en arrière et les yeux fermés, tu es appelé par le destin !

Cette fois rien de compromettant n'émanait de ces propos et Vorfreud laissa faire. Moreau avait un avis différent et se tortillait sur sa chaise, n'osant encore intervenir.

— Moreau ! dit la femme du général, tu as devant toi un usurpateur ! Sache-le, il ne pourra durer bien longtemps !

Moreau devenait rouge. L'ambassadeur se tordait les mains. Donatien était pris d'un fou rire intérieur et Aurore écoutait fascinée ces vérités soudain exposées par la magie d'un baquet d'eau froide. Les digues étaient rompues, rien ne semblait arrêter le flot des confessions des deux femmes qui déferlait sans retenue. Mme Grand confessait sa passion des relations charnelles et Mme Moreau son ambition, dans un double monologue qui s'entrecroisait.

Le général n'y tint plus. Il s'avança comme s'il chargeait l'ennemi, arracha sa femme à l'emprise du jeune assistant et la força à se lever. Comme elle semblait sortir trop lentement de son inconsciente exaltation, il la gifla à toute volée.

— Quel est ce piège dans lequel on nous a jetés ? cria-t-il. Vorfreud, vous êtes un diabolique charlatan, qui abuse des femmes honorables. Vous en répondrez !

— Calmez-vous, général, dit Aurore en s'interposant entre Moreau et le médecin allemand tout penaud, c'est un des effets parfois indésirables du traitement. Ces propos n'ont pas de sens et ne prêtent à aucune conséquence. Le fluide a fait son effet, qui sera bénéfique, soyez-en sûr.

— En tout cas, ajouta Donatien, qui sentait bien que l'expérience était allée trop loin, ce qui s'est passé ce soir est déjà oublié, général. Je n'en garderai aucun souvenir, sinon celui de votre juste réaction.

Ces propos apaisants semblèrent calmer un peu Moreau, qui saisit le bras de sa femme et se dirigea d'un pas décidé vers le vestibule. Il prit son manteau et son chapeau, rhabilla sa femme et sortit après une froide salutation. Aurore et Donatien revinrent dans le salon.

— Que se passe-t-il ? dit Mme Grand en les voyant. Je me suis endormie. J'en suis honteuse. Me pardonnerez-vous ?

— Certes, dit Aurore, cela arrive parfois dans le traitement de Mesmer.

— Ce traitement est une bénédiction, ajouta la jeune femme, je me suis rarement sentie aussi bien. J'ai fait un rêve merveilleux. Mais je ne puis vous le raconter, ajouta-t-elle avec un air entendu, ce serait inconvenant. Je ne voudrais pas vous embarrasser.

— Nous ne voulons pas savoir, dit Aurore en riant. Il est temps que vous rentriez auprès du ministre.

— Oh ! dit-elle en haussant les épaules, il ne s'agissait pas de lui !

L'ambassadeur offrit de raccompagner Mme Grand dans sa voiture jusqu'à l'hôtel du ministère. Elle accepta avec grâce et disparut au bras de son compagnon, un demi-sourire sur les lèvres et le regard perdu dans sa rêverie. Aurore et Donatien restèrent seuls dans la pénombre du vestibule.

— Vous êtes une hôtesse pleine d'imprévu, dit Donatien en riant. Quelle soirée !

— Une soirée drôle en effet, et toute de tentations...

Il eut un léger mouvement de recul et la regarda dans les yeux. Le regard brillant dans la faible lumière du candélabre, elle le fixait d'un air mutin. Il s'approcha, elle recula insensiblement.

— Serons-nous toujours ennemis ? demanda-t-il.

— Le sommes-nous, au fond ? Nous avons traversé une tempête sur deux navires différents. Mais c'étaient les mêmes vents.

— Madame, je suis heureux de vous entendre parler ainsi. Notre conversation du fiacre m'avait laissé sur une mauvaise impression.

— Ce fut une épreuve, mon ami. J'entendais, à quelques centimètres, parler le bourreau des miens. Comprenez que j'aie ressenti de la douleur.

— Je le comprends bien. Mais le temps soigne toutes les plaies.

— Si l'on y met de la douceur et de la compassion, dit-elle de sa voix toujours plus rauque.

Elle avait murmuré cela d'un ton d'abandon qui le toucha au plus profond. Il se rapprocha encore et l'entoura de son bras passé derrière elle. Elle posa sa joue sur sa poitrine en appuyant son corps contre lui. Ils restèrent quelques secondes réunis sans parler. Puis elle releva la tête et lui lança un regard implorant. Il l'attira à lui et ses lèvres se posèrent sur sa joue, glissant doucement jusqu'à sa bouche. Leur baiser fut long, tendre et frémissant.

Elle le prit par la main et l'entraîna dans l'escalier. À l'étage ils marchèrent enlacés l'un à l'autre. Elle ouvrit la porte de sa chambre d'une main. Ils tombèrent presque à l'intérieur. Il eut seulement le temps de remarquer qu'un grand feu flambait dans l'âtre, qu'on avait entretenu toute la soirée. Il défit sa robe qui tomba d'un coup, révélant une peau blanche et douce. Elle recula d'un pas et ôta elle-même un jupon de soie qu'elle repoussa avec un gracieux mouvement de sa longue jambe. Donatien admira son corps mince et vif doré par l'éclat du feu. Elle revint vers lui et l'entraîna sur le lit.

6.

Le lendemain, comme Aurore dormait encore, Donatien se leva dans le froid et reprit sans bruit ses vêtements.

— Tu t'en vas ? dit-elle langoureusement. Reste un peu.

— Mon enquête m'appelle.

— Un baiser...

Il se pencha sur le lit, elle l'attira dans ses bras. La chaleur des draps et le contact de sa peau l'obligèrent à lâcher ses vêtements pendant qu'elle le caressait. Il resta un long moment pour une étreinte plus douce et plus sûre que la veille. Enfin il se leva.

— Nous commençons seulement à nous connaître, dit-elle. Viens dîner ce soir.

Une heure plus tard, il arriva en fiacre à l'hôtel de la Cloche d'Or et se faufila jusqu'à sa chambre sans être vu. Il descendit un peu plus tard, pour son déjeuner dans le salon de Mme Dessertine. Il était vide à cette heure tardive. Elle vint pour le servir et devisa en s'affairant pour apporter le café, les œufs, la viande bouillie, les pâtés et les gâteaux qui composaient le repas. Sa conversation était vive, agréable, sans apprêts. En l'écoutant, une idée lui vint pour en savoir plus sur l'hôtel de la Cloche d'Or.

— Ma mère a tenu une auberge près de Tours, dit-il, c'est beaucoup de travail, n'est-ce pas ?

Comme prévu, elle se mit en devoir de lui raconter la vie de son hôtel, le service des clients, les domestiques qu'il fallait surveiller, les fournisseurs dont on devait se méfier, les clients qu'il fallait contenter, le mari qui ronchonnait. Il resta un long moment à compatir, tâchant de deviner si derrière la routine qu'elle lui décrivait avec volubilité se cachait une activité secrète. Mais rien ne lui parut étrange dans le récit de son hôtesse, qui se plaisait manifestement en sa compagnie et racontait une vie sans histoire. Alors il poussa son avantage pour parvenir à son but.

— Vous devez aussi passer beaucoup de temps dans la paperasse. Ma mère s'en plaignait sans cesse...

— Mais oui ! Je dois rester une bonne partie du jour dans le cagibi derrière le comptoir pour relever les factures, établir les comptes, écrire aux fournisseurs. Quel ennui !

Ainsi il savait ce qu'il voulait savoir : où se trouvaient les factures. Si rien ne trahissait une communication secrète dans le comportement des fournisseurs, peut-être transmettaient-ils des messages écrits qu'on aurait rangés avec les factures. Voilà le point à vérifier, se dit-il.

Il sortit dans la rue de Varenne et fit un signe discret aux policiers qui patientaient dans le petit appartement d'où ils surveillaient les allées et venues de l'hôtel. Ils se retrouvèrent dans un estaminet de la rue du Bac loin des regards des propriétaires de la Cloche d'Or. Les inspecteurs avaient tout noté de ce qu'ils avaient vu. Donatien étudia longuement avec eux ce compte rendu fastidieux des entrées et des sorties. Rien n'éveillait l'attention. C'était un morne ballet de clients et de commerçants, parfaitement conforme à ce qu'on pouvait attendre. Les policiers avaient suivi des clients sans rien découvrir ; ils avaient pisté le marchand de vin, le boucher, le boulanger, venus livrer les victuailles nécessaires à la marche de l'hôtel mais qui avaient l'apparence de personnes tranquilles qui vaquaient à leur métier. Donatien commençait à croire qu'il avait fait fausse route, que la Cloche d'Or ne celait aucun mystère, que les chouans y étaient descendus comme dans n'importe quel hôtel.

Il dut poursuivre encore plusieurs jours sa cour à Germaine Dessertine, qui y était sensible mais semblait vouloir en rester aux sourires et aux œillades d'une prudente coquetterie. Ainsi Donatien passait-il ses journées à guetter une occasion favorable et ses nuits avec Aurore, à qui une passion sensuelle semblait avoir ôté le sommeil. Il se reposait le jour des fatigues de la nuit, usant de l'hôtel de la Cloche d'Or comme d'une retraite dans son aventure avec sa duchesse amoureuse. Tous les soirs, ils dînaient devant le feu du salon en tête à tête, pour de longs épanchements coupés de discussions politiques qu'elle soutenait avec ferveur. Puis ils se retiraient dans la chambre dont Donatien ressortait au petit matin pour rejoindre discrètement l'hôtel de la rue de Varennes.

Quatre jours plus tard, il arriva à ses fins. Il descendait dans le salon pour lire ses journaux, l'œil aux aguets, quand, passant dans le hall, il vit l'hôtelier prendre son manteau et son chapeau et sortir en disant qu'il serait revenu deux heures plus tard. Donatien s'assit dans son fauteuil habituel. Comme attirée par un aimant, l'hôtesse vint le voir aussitôt. Il demanda un thé et quand elle revint avec un plateau fumant, il reprit sa conversation. Elle se plaignit une nouvelle fois des servitudes de la condition hôtelière. Donatien l'encouragea à se confier et le dialogue se prolongea, prit un tour plus intime. Il apprit que l'hôtesse s'appelait Germaine, qu'elle faisait chambre à part, qu'elle fuyait un mari qui ronflait, que M. Dessertine était un époux de routine qui se couchait avec les poules et songeait uniquement à arrondir le pécule qu'il avait investi dans l'hôtel. Donatien tenta quelques allusions politiques, critiqua Bonaparte, entreprit une nostalgique évocation de la France d'Ancien Régime. Rien n'y fit. Mme Dessertine se souciait comme d'une guigne du Premier consul et de l'évolution du régime. Elle lisait des romans courtois et dévorait les feuilletons qu'on trouvait dans les journaux, soupirant après une existence plus romanesque.

— Ainsi, dit Donatien, nous sommes deux solitaires au milieu de la grande ville...

Elle prit un air affligé et laissa son regard se perdre au loin. Donatien se pencha vers elle et lui prit la main avec compassion.

Elle le laissa faire. Il l'attira vers lui. Elle résista mollement puis se tourna vers l'entrée de l'hôtel.

— Non ! dit-elle, n'importe qui peut nous surprendre !

— Mais Germaine, dit Donatien en lui décochant un regard profond, quand pourrions-nous être seuls ?

Elle prit un air effrayé, se leva brusquement et dit :

— Non... Ce ne serait pas convenable. Je vous laisse, je dois aller en cuisine pour le repas du soir.

Déterminé à suivre son idée, Donatien ce soir-là resta dîner à la Cloche d'Or au milieu des autres clients, un représentant en bonneterie, un officier à moustache grise et un troisième en costume noir qui avait l'air d'un notaire ou d'un huissier. Germaine, qui servait à table, lui lançait des regards intenses et s'approchait à le toucher tandis qu'elle le servait. Puis elle disparut.

Il était dix heures, Donatien se retira dans sa chambre après avoir salué les convives. Comme il entrait, il trouva à ses pieds un pli cacheté qu'on avait glissé sous la porte. « Viendrez-vous me souhaiter le bonsoir ? Chambre 12, deuxième étage. » Son intrigue aboutissait. Il allait entrer dans l'intimité de l'hôtelière, par un moyen peu moral sinon désagréable.

À onze heures, prêtant l'oreille, il n'entendit plus aucun bruit dans l'hôtel. Il se glissa hors de sa chambre et monta deux étages en pensant que les devoirs d'un policier étaient décidément imprévisibles. Quand il frappa doucement à la chambre 12, la porte s'ouvrit sur une silhouette généreuse et gracieuse à la fois, mal dissimulée par une chemise de nuit de drap fin. Dans la pénombre ils s'enlacèrent sans parler et ce ne fut plus qu'un concert en sourdine de chuchotis tendres et de gémissements étouffés.

Quand une heure sonnait au clocher des églises, il sortit de la chambre sans bruit, après avoir demandé à son accueillante hôtesse ce qu'il ferait ou dirait s'il rencontrait quelqu'un à cette heure indue, qui pourrait en concevoir des soupçons.

— Tu ne rencontreras personne, sauf peut-être un client qui

supposera que tu rentres tard. Les domestiques dorment dans l'annexe.

— Et ton mari ?

— Oh ! Il dort comme un sonneur. Tu ne peux pas te tromper : son ronflement s'entend dans tout l'hôtel ! Prends le bougeoir sur la commode, tu pourras t'éclairer.

Il referma la porte sur un dernier baiser, fort content de sa ruse. Ainsi le terrain se dégageait devant lui. Il pouvait circuler sans risque dans l'hôtel pour le reste de la nuit s'il le jugeait nécessaire. Il descendit l'escalier et, au lieu de rejoindre sa chambre, il poursuivit vers le rez-de-chaussée, plaçant sa main devant la flamme du bougeoir pour limiter le halo de lumière. Comme il passait au premier étage, il entendit le bruit régulier d'un ronflement qui transperçait les murs. La vigilance du mari était bien endormie. Précieuse sollicitude...

Derrière le comptoir, il trouva le cagibi dont Germaine lui avait parlé. Il ouvrit la porte et se trouva dans un grand placard occupé à moitié par un bureau en bois brut à compartiments jonché de papiers, où l'on voyait un encrier, des plumes d'oie et des piles de livres de comptes. Il s'assit dans le fauteuil en bois pour étudier les documents étalés devant lui, rassuré par l'écho assourdi du ronflement marital qui lui parvenait des étages. Hormis ce bruit familier, tout était silencieux dans l'hôtel. Si quelqu'un s'éveillait et sortait, il lui suffisait de souffler la bougie et de s'éclipser sans bruit. En attendant, il avait le champ libre.

Il lui sembla d'abord que ses ruses avaient été bien inutiles. Il lisait l'une après l'autre des factures de boucherie, de charcuterie ou de boulangerie sans que rien d'anormal n'apparaisse. Dans les casiers qui surmontaient le plateau en bois, dans les tiroirs qu'il ouvrit doucement, il n'y avait que des papiers commerciaux, des bordereaux, des listes de fournitures, des états, des livres de comptes et des bons de commande. Point de lettre, de message ou de billet compromettant. Au bout de deux heures, le sommeil l'assaillit, son attention baissa et sa vue se fatigua. Le froid avait gagné la maison au fur et à mesure que les cheminées s'étaient éteintes. Donatien commença à croire que l'hôtel de la Cloche d'Or vivait dans une désespérante banalité.

La bougie avait presque entièrement fondu et la lumière diminuait à chaque minute. Il lui restait une dizaine de factures à examiner. Il en prit trois qui émanaient d'un marchand de vin de la rue Vieille-du-Temple. Afin de mieux lire, il rapprocha le papier de la flamme, pour n'y voir qu'une liste de bouteilles, affectées d'un prix et d'une quantité. Il allait reposer le bordereau quand un étrange phénomène le fit sursauter. Sous les lignes de texte, dans la partie blanche de la feuille, un nouveau paragraphe, invisible jusque-là, apparaissait lentement. Il comprit vite la raison de cette révélation. Il y avait, sous les lignes de comptes, un autre message rédigé dans une encre transparente qui se montrait à l'œil quand on chauffait le papier. Il rapprocha encore la facture de la bougie, prenant garde de ne pas l'enflammer. Le texte complet se matérialisa. Une onde d'excitation le parcourut. Ainsi son intuition était-elle juste. Il y avait un secret à la Cloche d'Or et il venait d'en surprendre la première bribe.

Le procédé de l'encre sympathique était connu depuis longtemps de la police. Avec du citron, de l'oignon ou du vinaigre, on pouvait rédiger un message invisible qui restait caché tant qu'on n'avait pas approché le papier d'une flamme. Les conspirateurs avaient recouru à cette méthode classique. Mais ils avaient raffiné le procédé car le texte qui venait d'apparaître ne lui était d'aucun secours. Il était fait de caractères sans suite ni raison, sans séparation entre les mots, comme une accumulation absurde de lettres et de chiffres que nul ne pouvait comprendre. C'était un message codé. Les conspirateurs avaient pris double précaution : seul le destinataire final du message, en déchiffrant le code, était capable d'en comprendre le sens. On pouvait arrêter les messagers : on ne saurait rien des messages. Par ce moyen, le cloisonnement rigoureux instauré par Cadoudal s'étendait à la moindre communication.

Il fallait donc, pour dissiper les mystères de la Cloche d'Or, non seulement deviner l'expédient de l'encre sympathique, mais encore traduire en langage clair ce texte énigmatique. Lourde tâche, Donatien le savait d'expérience. La police de Fouché s'était souvent trouvée en présence de textes cryptés par les chouans dans leurs messages de guerre ou par des agents anglais dans les correspondances diplomatiques. Il fallait à des policiers spécialisés de longues journées de labeur pour percer les secrets d'un code intelligemment confectionné. Et encore ce travail n'avait-il rien de sûr : souvent les briseurs de codes faisaient chou blanc, vaincus par l'habileté retorse des cryptographes.

La nuit était fort avancée. Donatien se mit à réfléchir sur la meilleure marche à suivre. Il aurait pu, dès le lendemain, faire arrêter les propriétaires de la Cloche d'Or en espérant qu'un interrogatoire bien mené les oblige à révéler leurs secrets et, surtout, à donner leurs complices. Mais l'affaire était risquée : Germaine était peut-être étrangère au complot. Seul Dessertine serait alors compromis. Tout reposerait sur sa résistance aux interrogatoires, qui pouvait être grande. Dessertine était placé à un nœud décisif de l'organisation de Cadoudal. C'était donc un homme sûr, qui ne parlerait pas facilement. Aussi bien, une descente de police à la Cloche d'Or alarmerait le réseau chouan qui changerait de caches et de méthode. La police saisirait un rameau de l'organisation mais laisserait tout le reste intact et sur ses gardes, en position de poursuivre son dessein malfaisant.

Mieux valait continuer son travail d'infiltration, déchiffrer les messages en maintenant le réseau dans une trompeuse sécurité. Une fois mis au clair, les textes cryptés devaient être de redoutables sésames. L'expérience encore une fois le servait : il savait que la sécurité assurée par le code secret conduisait les correspondants à ne rien dissimuler aux décrypteurs. Certains qu'on ne pouvait rien comprendre, les conspirateurs disaient tout. Trop confiants, ils livraient à l'ennemi leurs plus brûlants secrets.

Une question immédiate se posait : révélé par l'effet de la chaleur, le texte disparaîtrait-il une fois le papier revenu à une température normale ? Ce point était crucial : si le message restait visible, Dessertine aurait tôt fait de le remarquer. Peut-être incriminerait-il le hasard ou la maladresse. Mais peut-être devinerait-il qu'un autre avait lu ce qui devait rester illisible. Donatien retournait ce dilemme dans sa tête quand soudain sa lumière s'éteignit. À tâtons, il alla chercher une autre bougie dans sa chambre, redescendit avec précaution et revint s'asseoir dans le fauteuil en bois. Il examina de nouveau la facture du marchand de vin. Il lui sembla que le texte apparu s'était légèrement estompé depuis qu'il n'était plus soumis à l'action de la chaleur. Il en déduisit qu'il s'effacerait de nouveau en quelques heures. Il pouvait le remettre en place dans l'espoir que rien de suspect ne vienne éveiller la méfiance de Dessertine.

Il prit les autres factures du marchand de vin, qui toutes laissaient, comme par hasard, une portion de papier blanc sous les lignes de facturation. Il y en avait trois : les trois comportaient un message écrit à l'encre sympathique. Il prit d'autres factures : elles restèrent insensibles à la flamme. Ainsi le marchand de vin prenait-il la première place sur la liste des suspects. Dès le lendemain, il installerait une surveillance autour du magasin de la rue Vieille-du-Temple.

Il chercha ensuite le papier ou le livre qui permettait de décrypter le code secret. Il ne trouva rien ; sans doute Dessertine cachait-il ailleurs le matériel qui lui servait à déchiffrer les messages. Il n'y avait plus qu'une solution : recopier les textes secrets pour y travailler plus tard. Il s'empara de l'encrier, de la plume et du papier blanc dont il avait repéré une réserve dans l'un des tiroirs. La tâche était longue et ardue. Il fallait reproduire le message avec exactitude faute de quoi les spécialistes du ministère ne pourraient rien faire. La moindre erreur pouvait les égarer définitivement. Deux heures encore se passèrent. Donatien luttait contre le sommeil. Puis les premiers bruits de l'aube se firent entendre à l'extérieur, des voitures qui passaient, des ouvriers qui allaient à l'embauche, des portes qu'on ouvrait. Prudemment, Donatien quitta le réduit et se réfugia dans sa chambre muni des copies qu'il avait pu faire.

Il dormit et se releva vers dix heures, déjeuna sous l'œil ému de Germaine puis regagna en hâte le ministère. Il alla droit au bureau du chiffre, de l'autre côté de l'hôtel de Juigné, une étroite pièce où régnait en maître Alfred Mouton, un jeune homme maigre et souffreteux féru de mathématiques, qui recevait de toute la France les messages cryptés envoyés au ministère par le cabinet noir de la Poste, cette organisation secrète chargée d'ouvrir les correspondances pour surveiller l'opinion et confondre les espions.

Mouton prit les trois textes recopiés par Donatien et les examina pendant un long moment, le crayon à la main et le lorgnon sur le nez.

— Travail de spécialiste, dit-il.

— Comment le savez-vous ?

— Les mots ne sont pas séparés et rien n'indique le moyen de les isoler. Ou bien ils ont été collés l'un à l'autre ; ou bien certains caractères indiquent les césures. Mais je ne vois aucune régularité qui permette de les identifier. C'est urgent ?

— Très urgent. Ordre du Premier consul.

— Hum ! Laissez-moi cela, revenez ce soir. Je vous dirai ce que j'aurai trouvé.

— Comment procédez-vous ?

— Si c'est une variante du code de César, j'y arriverai vite. La fréquence des lettres me permettra de les deviner.

— Le code de César ?

— C'est le premier des codes secrets connus dans l'Histoire, le plus classique, dit Mouton. Souvent les codes d'aujourd'hui en sont des variantes. Le rédacteur du message remplace les lettres par d'autres selon un système fixe. *A* devient *F*, *B* devient *G*, etc. Nous en venons à bout facilement. Il suffit de compter les caractères qui reviennent le plus souvent. Dans la langue française, le plus fréquent est la lettre *E*, puis la lettre *A*, etc. Mais je vois dans celui-ci des chiffres mêlés aux lettres. Cela complique l'affaire. Il faudra sans doute faire toutes sortes de tentatives.

— Faites-vous aider !

— Seuls des gens de métier me sont utiles.

— Trouvez-en !

— Je ferai au mieux. Revenez ce soir.

— Il faut réussir. Affaire d'État. La sécurité publique est en jeu.

— On me dit cela à chaque fois.

— Cette fois, c'est vrai.

Donatien quitta Mouton pour aller à son bureau où flambait un grand feu allumé par les huissiers. Un jour gris entrait par les hautes fenêtres et la rumeur des berges lui parvenait assourdie par les carreaux. La Seine charriait encore de la glace mais les bateaux pouvaient passer, déchargeant leur cargaison dans une noria familière sur le port du Louvre. Il convoqua Bertrand et ses hommes et mit en place la surveillance qui devait entourer le marchand de vin de la rue Vieille-du-Temple. Puis, rongé par l'impatience, il retourna voir Mouton.

— J'ai identifié le *E*, dit le crypto-analyste d'un air satisfait.

— Alors ?

— Alors rien. Il reste vingt-cinq lettres à deviner. Je continue.

Donatien revint deux heures plus tard. Mouton lui lança un regard irrité.

— J'avance, dit-il.

— Faites voir.

— Cela ne vous dira rien. Mais je crois que j'ai deviné la méthode qu'ils utilisent pour séparer les mots. Ils prennent les lettres de l'alphabet l'une après l'autre et les placent à l'endroit des blancs, c'est tout simple. Et je pense que les chiffres sont des leurres. À mon avis, la présence d'un chiffre indique qu'il ne faut pas tenir compte du caractère qui suit. Ces gens sont de fieffés renards. Si l'on n'est pas averti, on peut y passer sa vie.

— Quand aurez-vous fini ?

— Ce soir ou dans un mois. Je ne saurais le dire à ce stade. Vous m'avez donné trois messages. C'est fort peu. Du coup mes régularités statistiques ne sont pas précises. Il faut que j'essaie toutes sortes de combinaisons pour avancer.

— Je passerai après le dîner.

— Je serai parti.

— Non. Service du Premier consul : vous devez travailler sans limite de temps.

— Mais au bout d'un certain temps la capacité d'analyse s'émousse.

— Restez en éveil. Il y va du salut de la République.

Mouton le regarda d'un air incrédule et furieux. Un ange passa.

— Bon, dit-il. Revenez tout à l'heure.

Donatien rentra à l'hôtel de la Cloche d'Or à travers les rues assombries par le crépuscule. Germaine l'accueillit avec un sourire entendu, tout en désignant du regard le cagibi des factures. Dessertine était assis dans le fauteuil en bois devant le bureau à compartiments. Donatien s'inquiéta : si le texte écrit à l'encre sympathique restait visible sur les factures du marchand de vin, Dessertine s'en apercevrait. Pour l'instant, il était absorbé par son travail sans manifester la moindre agitation. On ne voyait que son dos massif et immobile penché sur la paperasse. Donatien fit le pari qu'il n'avait rien remarqué. Tout à ses pensées, il sursauta quand Germaine le gratifia d'un baiser furtif sur les lèvres. Il sourit et lui prit la main. Elle fronça les sourcils pour signifier qu'ils prenaient trop de risques. Il s'esquiva en faisant un petit signe d'adieu. Revenu dans sa chambre, il se changea et sortit. Il était six heures : il devait dîner chez Aurore.

7.

Le jardin de Chaillot était sombre, seule brillait sur la façade obscure une fenêtre du rez-de-chaussée. Donatien poussa la grille qui grinça dans le silence. Ce quartier de Paris, allongé le long de la Seine, adossé à la colline, seulement parsemé de demeures enfouies dans les feuillages, était une campagne dans la ville. On y entendait seulement le bruissement des arbres, le glissement des bateaux sur le fleuve, le clapotis de l'eau le long de la rive. Aurore habitait un havre bucolique, comme un vieil hôtel de province au cœur de la capitale, loin des intrigues et des ambitions. Dans sa demeure solennelle, elle lui semblait la messagère d'un autre temps, l'héritière d'une paix et d'une distinction que les temps nouveaux avaient abolies.

La duchesse lui ouvrit elle-même la porte en bois sculpté et se jeta dans ses bras pour un long baiser qui les retint sur le seuil. Il sentait son corps tendu à travers la soie de sa robe. Elle se dégagea au bout de longues minutes.

— Cela fait deux jours que nous sommes séparés. C'est trop long. J'ai donné congé aux domestiques, dit-elle de sa voix rauque en fermant la lourde porte, nous serons tranquilles pour dîner. Je te servirai, mon amour.

— Un moment, dit-il en la reprenant dans ses bras.

— Et mon dîner !

— Il attendra.

Il se pencha et passa son bras sous ses jambes pour la soulever.

Elle s'accrocha à son cou en poussant un petit cri et se laissa emporter. La passion les arrêta en chemin. En haut des marches, il l'adossa au mur et reprit ses lèvres.

Fiévreuse, hâtive, l'étreinte les laissa haletants, allongés côte à côte sur le sol.

— Et mon dîner ?

Un peu plus tard, ils étaient assis face à face dans la lumière chaude d'un candélabre, de part et d'autre d'une petite table recouverte d'une nappe blanche qui portait des verres en cristal, des couverts en argent et des assiettes en porcelaine. Aurore avait ouvert une bouteille de vin de Bordeaux et disposé sur la table les plats du premier service. Ils devisaient doucement dans la grande pièce obscure où les chandelles faisaient comme un cocon de lumière.

— Tu sais tout de moi, dit Donatien, et moi rien de toi. Voilà qui n'est pas équitable. Nous sommes au temps de l'égalité. Point de hiérarchie entre nous...

— Je sais si peu de chose de toi, en fait.

— Toute ma vie ou presque, répondit-il.

— Ta vie passée...

Il préféra éluder, ne pas décrire sa condition maritale ni évoquer l'amour brûlant qui l'avait uni à Olympe, qu'il tenait pour la femme de sa vie, sans que cette position unique dans son cœur lui conférât le monopole auquel aspirent les épouses. Contradiction d'un homme qui donne la première place à sa femme sans négliger les autres pour autant, dans une confortable casuistique.

— Ma vie présente est une routine.

— Comment cela ? Et ton enquête ? Elle doit être passionnante.

— Elle l'est, c'est vrai.

— Avances-tu ?

— Oui, je crois. J'ai compris comment les brigands arrivaient à Paris. Il me reste à les trouver, ce qui n'a rien d'aisé.

— Et comment font-ils pour organiser cette arrivée ?

— Ils débarquent sur une côte hostile, viennent à Paris par étapes secrètes puis sont aiguillés chacun vers son repaire.

Il se retint d'en dire plus, même s'il s'était bien gardé de donner un nom ou une adresse, une précision ou un détail. Elle le comprit aussitôt.

— N'en dis pas plus, tu t'écarterais de ton devoir.

— C'est une affaire d'État, je suis tenu au secret.

— Bien sûr. Je souhaite seulement la sauvegarde de Bonaparte. Il nous est trop précieux, à nous aristocrates.

— Mais justement, madame la duchesse. Quelle était votre vie, avant, pendant ces orages qui nous ont séparés et qui nous réunissent aujourd'hui ?

— Pourquoi madame la duchesse ? Je suis princesse, dit-elle un ton sérieux.

— Princesse ? Je suis confus de cette méprise.

Il se rappela aussitôt le récit que lui avait fait Juliette Récamier. Aurore était princesse de Condé mais son amour malheureux pour son cousin le duc l'avait fait surnommer « duchesse d'Enghien » en souvenir de cette union manquée et dramatique à la fois. Il allait s'expliquer quand elle le coupa d'un ton plus froid.

— Je vois que Juliette t'a conté beaucoup de choses.

— J'en suis désolé, mon amour.

— Cela n'est pas grave. Toute l'aristocratie européenne connaît ma mésaventure, je le sais bien. J'ai depuis longtemps renoncé à la discrétion.

— Mais quelle est au juste cette mésaventure ?

Elle le considéra avec méfiance.

— Tu ne la connais pas ?

— On me l'a dite en une phrase.

Aurore se leva.

— Alors je vais chercher les mets qui nous restent. Je veux bien te faire cette histoire. Mais il faut prendre des forces pour la suivre jusqu'au bout.

Elle revint avec deux grands plats qu'elle portait comme un

valet stylé. Elle les posa devant lui et s'assit dans un gracieux froissement de robe.

— Dîne, mon amour, je vais te dire un joli drame.

De sa voix chaude, Aurore entama le récit de sa riche et courte existence.

Elle était née trente et un ans plus tôt, au château de Chantilly, demeure des Condés, dans un monde révolu dont la splendeur et le raffinement ne furent plus jamais égalés. En cette année 1773, son grand-père le prince de Condé était l'un des personnages importants du royaume. C'était au demeurant un homme encore jeune : les parents d'Aurore étaient adolescents et l'aïeul qui gouvernait ces lieux avait à peine quarante ans. Cousin du roi, descendant en droite ligne d'un Bourbon qui était le père d'Henri IV, puis du Grand Condé, troisième du nom, général des armées royales sous Louis XIV, le prince était à la fois un pilier du royaume et l'un de ses militaires les plus aguerris. Il professait la forme moderne de la guerre, instruit par Guibert et par les campagnes du grand Frédéric, guerre de mouvement et de feu grâce au développement de l'artillerie. Mais en dépit de son ouverture aux idées stratégiques nouvelles, il réprouvait en même temps la promotion des roturiers qu'il voyait comme des arrivistes sans principe, préférant le maintien d'une armée entièrement commandée par la noblesse, dont la gloire et la fonction sociale étaient de servir la Couronne dans les activités les plus dangereuses.

— Ton grand-père n'avait pas compris le ressort des armées modernes. C'est l'ambition des simples soldats qui fait les bons officiers et le mérite des officiers qui fait les bons généraux.

— Nous pensions que la tradition et une éducation de fer appelaient naturellement la noblesse au commandement.

— C'est la raison profonde pour laquelle les armées de la Révolution ont triomphé des anciennes troupes.

— J'en ai constaté les effets, dit Aurore d'un ton mélancolique.

— Tout fantassin doit avoir dans sa giberne son bâton de maréchal.

— Je l'ai bien compris.

Elle revint à ses souvenirs. L'illustration du prince de Condé, son grand-père, était telle que, dans l'immense château de Chantilly, la naissance d'Aurore avait pris l'ampleur d'un événement national. Certes on n'avait pas fait tirer le canon, comme on l'avait ordonné un an plus tôt pour la mise au monde de son cousin, Louis Antoine, duc d'Enghien, ni organisé de feu d'artifice dans le parc aux cent fontaines. Mais enfin les délégations des paysans d'alentour étaient venues se réjouir avec leur seigneur, on avait festoyé tout le jour et le soir un grand bal avait été donné dans le Hameau, ce village bâti par le prince, avec son moulin, ses ateliers, ses granges et ses petites maisons de manants, pour l'amusement de sa cour et que plus tard Marie-Antoinette allait copier en construisant sa ferme de Versailles. On avait envoyé un messager auprès de Louis XV et du Dauphin, qui était revenu avec les bons vœux du monarque et la proposition de faire du comte d'Artois, petit-fils cadet du roi, le parrain de la nouveau-née.

— Le comte d'Artois est ton parrain ? dit Donatien en sursautant.

— Eh oui, à qui crois-tu parler ?

— Mais c'est le plus enragé des ennemis de la République !

— Est-on responsable de ses parents ? Ou de son parrain ?

Elle reprit son récit. Deux cousins étaient nés à un an de distance, Louis Antoine, duc d'Enghien, et Aurore, princesse de Condé, qui avaient en commun un glorieux grand-père, un patrimoine vertigineux et une enfance dorée dans l'un des plus beaux châteaux de France. Bâti au XVIe siècle par le connétable de Montmorency, Chantilly était une énorme demeure aux tours massives reliées par des murs percés d'élégantes fenêtres et surmontés de galeries ouvragées. Des douves larges et profondes l'entouraient, reliées aux canaux et aux bassins qui faisaient du parc un entrelacs de petites rivières où coulait une eau paisible, au milieu des bouquets d'arbres taillés et des massifs de fleurs.

Dans ce cadre sans pareil, les deux enfants eurent les mêmes gouvernantes et les mêmes précepteurs, les mêmes jeux et les mêmes peines. Le prince de Condé, qui était leur tuteur exigeant, croyait aux privilèges de la noblesse mais aussi à ses devoirs. Et le premier d'entre eux était l'éducation, qui les plaçait d'emblée au-dessus du vulgaire et les instruisait des missions élevées qu'ils auraient ensuite à accomplir pour la grandeur du royaume. Le prince se piquait de science et de littérature. Il révérait Molière et Corneille, et même Voltaire dont il excusait l'ironie séditieuse par le génie de la langue. Tous deux apprirent l'histoire, le latin, les mathématiques, la science naturelle et la physique. Chantilly abritait un cabinet d'expériences et une vaste serre où on avait réuni une multitude de végétaux du monde entier. Pendant que Louis Antoine était initié au métier des armes et au règlement militaire, Aurore étudiait le pianoforte et le chant. Les deux enfants se retrouvaient ensuite pour des expéditions aventureuses sur le domaine de Condé, ramenés le soir, crottés et joyeux, par un fermier des environs.

Aurore se souvenait avec nostalgie de la fête donnée par le prince au tsarévitch Alexandre venu lui rendre visite et qui voyageait en Europe sous le pseudonyme de « comte du Nord ». Ce jeune garçon frêle et pâle, suivi d'une foule de dignitaires et de domestiques, arriva vers deux heures à la porte du parc dans un grand carrosse tiré par huit chevaux qui fit un tour gracieux devant le château pour s'arrêter sur l'esplanade du connétable. Le prince l'attendait en haut des marches, flanqué de sa famille en grand costume, les deux enfants eux-mêmes sanglés dans un habit de soie. On offrit un repas de cent cinquante couverts servi par une armée de valets en livrée qui faisaient virevolter autour de la longue table une profusion de hors-d'œuvre, de pâtés, de soupes, de viandes et de poissons pendant que d'autres emplissaient sans désemparer les théories de verres en cristal de grands crus de vin de Bordeaux, de Loire et de Bourgogne. Louis

Antoine et Aurore avaient supporté vaillamment ce repas interminable, s'efforçant de mener une conversation élevée de leur voix enfantine avec d'autres enfants de la suite russe, tous sérieux et soucieux de tenir leur rang en singeant leurs aînés.

La promenade les avait délivrés. On avait pris place dans des voitures qui attendaient en une longue file devant l'entrée du château, parmi les chevaux qui piaffaient et les valets de pied qui dépliaient devant les souliers et les robes de soie les marchepieds recouverts de velours. Cette fois les enfants avaient été autorisés à courir de leur côté. Ils avaient précédé le cortège dans les écuries où le prince faisait garder près de deux cents chevaux, jouant à cache-cache dans la majestueuse remise où l'on avait garé des dizaines de voitures, de calèches et de berlines aux armes dorées des Condés. Puis ils avaient caressé avec prudence les grands chiens de deux meutes effervescentes enfermées dans les chenils dont plus de cent personnes devaient s'occuper. Ils avaient enfin galopé en riant vers le Hameau à travers le jardin dessiné comme celui de Versailles par Le Nôtre, avec ses pelouses droites, des bassins rectangulaires et des statues de marbre dressées aux angles des allées. Au bout du jardin, une prairie avait été changée en jardin anglais, avec ses allées contournées et sa nature faussement sauvage. Elle descendait en pente douce vers la rivière au bord de laquelle les enfants s'étaient arrêtés, fascinés par la frégate en réduction qui voguait lentement dans le courant. Ils sursautèrent quand les canons du vaisseau miniature saluèrent de trois bordées fumantes l'arrivée du comte du Nord. On passa un petit pont de pierre puis une guinguette où l'on servait des rafraîchissements pendant que des musiciens amassés dans une chaloupe donnaient leur concert. Les invités se répandirent dans le Hameau, qui semblait sorti d'un tableau de Watteau, avec ses chaumières bien tenues, des échoppes d'artisans, ses potagers, ses mares, son moulin à eau, sa ferme et sa laiterie, dont Aurore et Louis Antoine firent les honneurs aux rejetons émerveillés de la cour du tsar.

À la fin de l'après-midi, ils gagnèrent une vaste salle à manger éclairée par des glaces et garnie de sièges de taffetas rose. On dîna dans les rires et les éclats de voix, pour ensuite, le soir tombé, rejoindre le théâtre gardé par une grande colonne de porphyre où huit cadrans donnaient l'heure dans huit villes du monde. Les enfants luttèrent contre le sommeil en entendant l'*Iphigénie* de Gluck, admirant pour tromper leur ennui les draperies festonnées qui entouraient les loges, les guirlandes de fleurs qui couraient sur les murs et le mécanisme habile qui actionnait la scène derrière qui on voyait les arbres et les statues du parc à travers le léger voile d'une glace sans tain.

Dans cette atmosphère de cour munificente, les deux enfants grandirent ensemble, élevés pour tenir leur rang, obéir à l'honneur et occuper un jour les hauteurs de la société monarchique. Le soir, les deux cousins échappaient à la vigilance des précepteurs pour courir dans les bois ou canoter sur la rivière, à l'affût de mille découvertes au milieu de ce parc enchanté. Ainsi comme les années passaient et que l'enfance cédait peu à peu la place à l'adolescence, un sentiment naquit, longtemps innocent puis, comme l'appel des sens commençait à naître dans leur jeune cœur, plus tendre et plus empressé. Une liaison secrète unit ainsi les deux jeunes gens qui grandissaient dans la conscience aiguë de leur condition supérieure et le désir de satisfaire la haute et noble ambition du prince leur grand-père, liaison cachée par la complicité naturelle qu'on attribuait sans y penser à deux cousins du même âge qui avaient couru ensemble les précieux chemins de l'enfance. Louis Antoine était un adolescent maigre mais robuste au visage fin, qu'une chevelure blonde et diaphane rendait aristocratique à souhait. Aurore s'épanouissait en une jeune fille élancée et précoce à la longue chevelure brune et dont la voix déjà voilée attirait l'attention discrète de tous les jeunes gens qui passaient par la cour du prince de Condé. Les deux cousins étaient l'ornement des soirées de Chantilly, raisonneurs, cultivés et charmants, que les hôtes ne manquaient jamais de louer une fois rentrés dans leurs hôtels du faubourg Saint-Germain. Dans la société aristocratique qui se pressait autour de

Louis XVI à Versailles ou des grands établis à Paris, ce couple inattendu était même devenu célèbre par son enthousiasme, ses reparties et sa séduction.

Leur attirance réciproque, qu'aucun obstacle ne gênait, tant ils passaient de temps ensemble en tout bien tout honneur, se changea avec leurs quinze ans en une passion brûlante qui fut bientôt consommée dans un grenier du château, puis cent fois célébrée au fond des bois, derrière des paravents ou bien la nuit dans le lit profond d'une chambre inoccupée qu'ils rejoignaient une fois les chandelles soufflées et les cheminées éteintes. Ainsi le plus grand bonheur possible se développait-il dans le plus gracieux des châteaux comme une plante exposée au soleil sous un climat favorable.

Peu à peu, pourtant, alors qu'Aurore se réjouissait tous les jours de la félicité que son insigne chance lui avait procurée en trouvant chez elle, pour ainsi dire à domicile, l'objet de son amoureuse exaltation, Louis Antoine commençait à voyager. Il passait des semaines auprès de son grand-père le prince qui faisait manœuvrer son régiment autour de quelque place forte, découvrait le monde, rencontrait d'autres jeunes femmes qu'il trouvait intéressantes, changeait de décor et d'expérience. Au fil des absences et des rencontres, il commença à éprouver auprès d'Aurore un vague sentiment d'habitude, un début de routine et, surtout, la conscience que son horizon mondain et affectif était en fait borné par un mur invisible, fait de son intime relation avec sa cousine à la voix si prenante. Aurore nourrissait de surcroît une passion violente et exclusive qui entourait Louis Antoine d'une chape de prévenances, de baisers et de chatteries qu'il ressentait à la longue comme une obligation un peu ridicule.

Sans heurts, sans aveu franc ou cruel, à peine moins empressé en sa présence, il espaçait les rencontres, rejoignait moins souvent la chambre secrète de leurs amours et multipliait les occasions de voyage, prétextant tel mouvement militaire, tel parent à visiter, telle randonnée à cheval à la recherche d'un gibier lointain. Aurore souffrait en silence de ce début d'éloignement mais ne se doutait de rien, mettant sur le compte de la découverte de la vie la distance qui s'instaurait entre eux mais ne changeait rien à leurs sentiments, tant sa passion d'enfance excluait le doute ou la dissimulation.

Le voile se déchira pendant l'été 1789. La famille des Condés passait traditionnellement une partie de l'été en Bretagne, près d'Auray, dans un petit château érigé au milieu d'une propriété qui allait de Brech jusqu'au bord du golfe du Morbihan, bordée par les collines bretonnes au nord, au sud par ce golfe étrange semé d'îles mystérieuses et que la mer envahissait deux fois par jour. Louis Antoine y avait été appelé dès la fin d'avril par son grand-père qui voulait l'initier à la surveillance d'un grand domaine et aux rudiments de la vie marine avec les pêcheurs qui habitaient sur ses terres. Aurore retenue par la vie de Chantilly avait rejoint son cousin deux mois plus tard, triste de cette séparation mais sûre de rattraper le temps perdu dans le vent frais de l'été breton.

Elle était à peine arrivée dans le petit château que la foudre tomba à ses pieds. Elle venait de défaire ses bagages quand son grand-père la fit prier. Il l'attendait assis dans le fauteuil qui trônait devant la cheminée du grand salon et la fit asseoir cérémonieusement en face de lui.

— Ma petite-fille, dit-il d'un ton à la fois bonhomme et solennel, relevant machinalement les boucles de sa perruque, croisant et décroisant ses hautes bottes de général des armées royales, je dois t'annoncer une nouvelle importante qui doit te réjouir, même si je devine que tu en concevras du chagrin. Le lien qui vous unit, Louis Antoine et toi, qui est celui de l'enfance, est un lien honorable et tendre que je suis le premier à concevoir et à comprendre. Mais c'est un lien familial. Il ne saurait dépasser les limites de votre âge. Deux cousins aussi proches feraient deux époux contre nature, même dans nos familles si mêlées. Louis Antoine m'a parlé comme à un père. Il est conscient de cette impossibilité. Je ne sais si cette idée de mariage vous est venue à l'esprit. Je sais, en tout cas, qu'il n'y faut plus penser. Le bon sens, les règles du monde et l'intérêt de notre famille s'y opposent. Elle est d'autant plus inopportune que Louis Antoine a pris sa liberté. Il va choisir un état, il a rencontré une jeune femme qui lui sied, il va donc se marier. Charlotte de Rohan est bien née, d'une apparence plutôt agréable et elle porte un nom glorieux. Une alliance entre sa famille et la nôtre nous permettra de ne pas déroger, d'agrandir nos possessions et de conforter notre place à la Cour.

Le prince poursuivit quelques minutes encore sa péroraison à la fois douce et ferme mais Aurore ne l'écoutait plus. Un monde s'effondrait, une douleur insoutenable lui traversait la poitrine. Pâle, tremblante, le regard fixe, elle ne put prononcer une parole jusqu'à la question qu'elle voulait poser mais qu'elle n'osait formuler. Rassemblant son courage, elle finit par dire d'une voix blanche :

— Mais que dit Louis Antoine ? Pourquoi ne m'a-t-il point parlé ?

— Il a préféré me confier cette mission, répondit le prince, comme chef de la famille.

— Mais quand pourrai-je le voir ?

— Il ne souhaite pas d'entrevue pour le moment, dit le prince.

Terrassée par la lâcheté de son cousin et amant, anéantie par l'annonce du mariage, Aurore s'enfuit dans sa chambre et ferma la porte à double tour. Son grand-père envoya une gouvernante la raisonner et s'assurer qu'elle n'avait besoin d'aucun secours.

— Laissez-moi, avait-elle répondu d'un ton faussement calme destiné à décourager toute sollicitude.

Elle reparut le lendemain au dîner, pâle comme la mort, les lèvres serrées, incapable de tenir la moindre conversation. Louis Antoine était parti à la chasse et ne devait pas revenir avant une semaine. Il rendrait ensuite les visites d'usage à la famille de Rohan dont les terres se trouvaient plus loin dans la Bretagne.

Aurore vécut en ermite, recluse dans sa chambre la plupart du temps.

Louis Antoine reparut avec sa promise, une jeune aristocrate sèche au visage régulier sans charme ni chaleur. Aurore refusa de la voir et s'enferma dans sa chambre. Le prince voulut la raisonner, les vieux domestiques qui l'avaient toujours connue, les gouvernantes, les amis et Louis Antoine se succédèrent à la porte close. Aurore répondait d'une voix égale qu'elle avait besoin d'être seule pour surmonter cette épreuve, demandant seulement qu'on lui fît passer ses repas sur un plateau. On alla chercher les garçons d'une famille bretonne voisine, de la ferme de Kerléano, avec qui Aurore, petite fille, s'était liée et qu'elle voyait tous les étés. Ils purent entrer et lui parler mais rien n'y fit. Aurore s'enferra dans son mutisme tragique.

Le soir à la nuit, ou très tôt le matin, elle se glissait furtivement à l'écurie et partait dans la campagne sur son alezan préféré, parcourant la lande et longeant les plages et les criques, ne revenant qu'au terme d'une longue chevauchée. La maisonnée se résigna à cette situation, connaissant les souffrances que parfois la raison aristocratique infligeait aux amours inopportunes, pariant avec une fausse sagesse que le temps et les randonnées bretonnes refermeraient cette blessure de prime jeunesse.

Dans l'intervalle, les préparatifs du mariage s'organisaient. On avait résolu d'aller vite, sans doute pour couper court à tout revirement, craignant que la passion d'Aurore ne finisse par émouvoir Louis Antoine et dérégler la mécanique d'un mariage de raison dont chacun comprenait la nécessité. À la fin du mois de juin, tout fut prêt. Les amis et les obligés du prince avaient fait le voyage vers la Bretagne, en nombre réduit toutefois, à cause du secret un peu scabreux qui entourait les épousailles. On avait choisi pour la messe de mariage la belle cathédrale de Vannes, à quelque distance du château, dressée au-dessus des rues tortueuses et des maisons à colombages, ornée d'une flèche gothique, hérissée de gargouilles et d'une antique tour romane aveugle et sévère. Si bien que le 10 juillet 1789, loin des tourmentes parisiennes dans lesquelles se débattait le roi, la maison de Condé et celle de Rohan étaient assemblées dans la nef grandiose de la cathédrale pour entendre la messe dite par l'évêque en mitre et chasuble d'or. Le prince était en grand uniforme au premier rang, ses enfants, les parents de Louis Antoine et d'Aurore, alignés de part et d'autre, les dames en longue robe et chapeaux compliqués, chaque ordre dans son costume d'apparat, la noblesse en habit et culotte de soie, les prêtres en soutane rouge ou violette, les roturiers derrière eux dans leurs vêtements noirs, les paysans d'alentour occupant les derniers rangs, chapeaux ronds à la main, ayant soin de ne pas faire résonner leurs souliers ferrés sur la pierre noire.

Après la lecture de l'Évangile et l'homélie prononcée d'une voix grave, l'évêque descendit de sa chaire et se tourna vers les jeunes gens assis dans deux fauteuils en avant de l'assemblée, au pied des marches qui conduisaient à l'autel. L'orgue se tut. Ils se levèrent et, suivant les paroles de l'évêque, entamèrent le Credo, bientôt imités à l'unisson par l'assemblée. On arrivait au passage « *... et homo factus est. / Crucifixus etiam pro nobis...* » quand la porte de la cathédrale s'ouvrit avec un bruit caverneux qui roula sous les voûtes. Comme de coutume, l'assemblée s'était inclinée à ce moment du Credo qui évoque le martyre du Christ et, toute à son recueillement, avait négligé de se retourner pour voir qui était ce retardataire insolent surgi au milieu de la cérémonie. Mais peu à peu, sous l'œil effaré de l'évêque qui faisait face à l'entrée, les rangs de l'assistance se redressaient un à un pour contempler la silhouette mince qui s'avançait d'un pas lent et ferme vers l'autel. Le Credo continuait mais mourait progressivement tandis que la stupéfaction s'emparait des fidèles interrompus dans leur prière. Au milieu de l'allée centrale, droite et spectrale, le visage cadavérique et le regard fou, Aurore marchait comme un fantôme vers le couple immobile qui lui tournait le dos. Le silence se fit. Louis Antoine se retourna le visage étonné. Il vit Aurore qui n'était plus qu'à quelques pas.

Elle s'arrêta et le fixa droit dans les yeux. Puis elle sortit de son manteau un pistolet et lui tira un coup en pleine poitrine.

La détonation emplit la nef de son écho, Charlotte hurla, l'évêque leva les bras comme pour se rendre, le prince voulut secourir son petit-fils pendant que les hommes du premier rang se précipitaient sur Aurore pour la désarmer. Mais la jeune fille avait préparé son affaire. Au lieu de se retourner pour s'enfuir par où elle était venue, elle se jeta vers une porte basse qui s'ouvrait au fond du transept sur la façade sud. Le visage couvert d'un foulard, enveloppé dans un manteau gris, un jeune homme l'attendait sur le seuil. Il referma la porte à clé, bloquant les poursuivants. On entendit seulement le bruit des chevaux qui s'éloignaient en faisant claquer leurs sabots sur le pavé. Le temps de sortir par une autre porte, les deux fuyards étaient déjà loin.

Louis Antoine eut de la chance. La balle lui avait cassé une côte mais elle n'avait touché aucun organe vital. Les médecins le pansèrent et l'alitèrent. Il se remit lentement de sa blessure. Le scandale fut énorme dans toute la Bretagne. On chercha Aurore et son complice, on battit la campagne, on interrogea fermiers et marchands, on alerta le prévôt, le gouverneur, la maréchaussée : ils restèrent introuvables. Charlotte retourna sur les terres de Rohan pour se remettre de sa frayeur. Les deux familles décidèrent de faire front et fixèrent une nouvelle date pour le mariage. Chacun s'interrogea, avec un effroi mêlé d'une pointe d'admiration, sur la force impérieuse de cette passion qui avait jeté Aurore dans le crime et la proscription, abandonnant sa famille, sa maison, son rang et sa réputation pour l'amour de son cousin, le duc d'Enghien. Bientôt la princesse tragique ne fut plus désignée que sous ce sobriquet ironique et respectueux, qui évoquait à la fois son amour brisé et son destin contrarié : la duchesse d'Enghien.

Le prince dut écrire au roi pour l'informer du drame qui entachait son blason. Mais en ce mois de juillet 1789, le roi avait d'autres soucis. À Paris l'émeute populaire s'était emparée de la rue. Elle avait libéré une poignée de prisonniers sans importance détenus à la Bastille. L'événement était symbolique mais il avait empêché le gouvernement royal de faire appel à l'armée pour mater le peuple. Le tiers réuni avec les autres ordres à Versailles et qui s'était proclamé Assemblée nationale se retrouvait sauvé de la dispersion et maître du jeu. Partout dans le royaume la troupe hésitait ou se prononçait en faveur de l'Assemblée. Dans les villes les bourgeois soutenus par la rue prenaient en main les affaires ; dans les campagnes les paysans commençaient à s'agiter sans que les châtelains désignés à la vindicte puissent compter sur une force armée pour les protéger.

Revenu en hâte à Chantilly, le prince de Condé dut constater, alors que les campagnes alentour bruissaient de rumeurs et de cris de haine, qu'il n'était plus en mesure d'assurer la sécurité de sa famille. Il était tout sauf un couard et dirigeait une nombreuse domesticité. Mais devant la tournure des événements dans le royaume, il se demandait maintenant, en scrutant leur visage, en observant leurs allées et venues, s'il n'y avait pas parmi ses gens de ces mécontents à la cervelle retournée par les idées de liberté et de constitution. La force se dérobant, les soldats du roi rentrant au mieux dans l'inaction, au pire dans le ralliement à l'émeute, il fallait partir au plus vite, sauf à risquer le sort du marquis de Launay, le gouverneur de la Bastille, assassiné par les émeutiers, dont la tête coupée par un boucher jusque-là très pacifique fut promenée tout le jour dans les rues de Paris. Déjà les grands de la Cour, le comte d'Artois en tête, avaient fui vers l'Angleterre au lendemain du 14 Juillet. Le 17, le prince de Condé avait réuni sa famille, ses gens et ses équipages et s'apprêtait à prendre la route de Rouen et du Havre, où il trouverait à coup sûr un passage pour l'Angleterre. Le lendemain, il franchissait les grilles du parc quand un cavalier solitaire rejoignit soudain le cortège. Avec un hennissement, son cheval s'arrêta à la hauteur de la première voiture. Condé tira le petit rideau de son carrosse. Il vit Aurore en costume de chasse qui le saluait respectueusement.

— Je viens rejoindre ma famille dans le malheur, dit-elle d'un ton ferme, je ne saurais rester en France si vous en êtes chassés par la populace et ces avocats de Paris. S'agissant de Louis Antoine, je suis prête à répondre de mes actes. Ma vie est entre vos mains.

Le prince qui avait d'autres choses en tête réfléchit un instant. Il se dit qu'Aurore surgie du néant semblait revenue à la raison, que les événements immenses qui étaient en cours changeaient les habituelles conventions, qu'il s'agissait d'un geste désespéré dicté par l'égarement amoureux, que la maréchaussée et les tribunaux du roi étaient de toute manière inopérants, qu'il n'était pas fâché, somme toute, de retrouver dans l'exil cette petite-fille si altière et résolue, folle dans sa passion mais si courageuse dans sa détresse.

— Viens avec nous, ma fille, dit-il, à une condition : tu dois obtenir le pardon de Louis Antoine, qui se marie dans deux mois.

Aurore attendait cette réponse. Sa tentative de meurtre avait atténué sa colère et érodé son chagrin. Elle vit son cousin, tomba dans ses bras, puis le quitta en jurant que le drame qui frappait l'ancienne noblesse changeait la face des choses et devait faire taire les ressentiments. Il fallait maintenant, disait-elle, éteindre les passions privées et ramener chacun et chacune à son devoir envers le roi. Cette famille de seigneurs réunis par le malheur partit vers son destin, laissant derrière elle le souvenir étincelant de Chantilly et le sombre drame de la cathédrale de Vannes.

Il était tard dans le salon de Chaillot et il avait fallu plusieurs fois jeter des bûches dans l'âtre et allumer de nouvelles chandelles. Les deux amants avaient fini leur repas depuis longtemps. Ils remontèrent la main dans la main et se couchèrent tendrement, heureux de cette confidence qui les avait rapprochés, la victime et le bourreau des temps nouveaux, elle fuyant un château pendant qu'il en brûlait un autre, jetés dans la grande tourmente par des passions irrésistibles, ayant suivi des chemins opposés dans des camps ennemis, pour se retrouver dans cette retraite au bord de la Seine, vivre un amour improbable et d'autant plus intense.

Tôt le lendemain, Donatien rejoignit son ministère et trouva sur son bureau une note de Mouton ainsi rédigée : « Message décrypté, venez d'urgence. »

8.

Les messages codés recelaient bien la redoutable faille que Donatien leur connaissait. À l'abri de la fausse tranquillité que leur conférait la cryptographie, leurs rédacteurs s'y livraient sans défense à l'ennemi, trop confiants dans cette science fascinante mais faillible. Le texte énigmatique que Mouton venait de percer à jour levait sur la conspiration un pan du voile. « Vous recevrez, dans une semaine environ, six hommes qui arriveront de Biville par les moyens habituels, deux par deux. Dès qu'ils seront là, vous nous le ferez savoir par Picot, qui vous visitera chaque jour. Il vous apportera par la même occasion les pistolets, les balles et la poudre que vous entreposerez au sec, les balles bien emballées et les pistolets bien graissés. »

En quelques phrases, la vérité apparaissait à Donatien. Ainsi, la voie secrète qui allait de Biville à Paris était toujours ouverte et l'on pourrait, si on le désirait, saisir les nouveaux venus au moment de leur débarquement par la falaise. Les conspirateurs n'étaient pas prêts, puisqu'il leur fallait du renfort, ce qui laissait un délai à la police. Ainsi, l'hôtel de la Cloche d'Or recelait-il une cache d'armes qui servirait de preuve si l'on en avait besoin. Picot, le plus proche compagnon de Cadoudal, viendrait à l'hôtel dans une semaine : on le suivrait pour découvrir une nouvelle ramification du réseau chouan et, peut-être remonter jusqu'à Georges. Donatien se félicita de l'idée baroque qui l'avait conduit à nouer une intrigue avec la gracieuse Germaine, qui rêvait d'une vie de roman.

Il convoqua ses adjoints et donna ses ordres. La surveillance de l'hôtel serait maintenue, on distribuerait aux inspecteurs le signalement de Picot – apparence paysanne, teint rougeaud et tignasse blonde – qui dormait dans les dossiers de la « topographie chouannique », ce vaste fichier que Fouché avait fait établir en son temps pour lutter contre l'insurrection vendéenne et où figurait la description précise de tous les chouans connus de l'armée et de la police, avec leur biographie, leur famille et leurs accointances. On relèverait les allées et venues de Picot, on logerait sa cache, puis on se préparerait à l'arrêter au premier ordre. Pendant ce temps, Donatien rejoindrait à bride abattue Savary et ses gendarmes qui patrouillaient sur la côte de Haute-Normandie dans l'espoir de repérer le *Vencejo* et de surprendre les conspirateurs en plein débarquement. Cette fois on connaissait le lieu d'arrivée des conjurés ainsi que leur nombre. Il suffisait d'attendre. On pouvait, en deux opérations, saisir les renforts de Cadoudal, démanteler la filière qui reliait Paris à l'Angleterre, arrêter Picot son domestique et peut-être, avec un peu de chance, arriver jusqu'au chef du complot.

Ses lignes une fois lancées, ses adjoints au fait des tâches à accomplir, Donatien écrivit un mot à Olympe pour l'informer de son absence, et un autre à Aurore. Puis il sella un cheval et passa à l'hôtel de la Cloche d'Or prendre son bagage. Il dit à Germaine que l'armée l'appelait soudain pour une mission en province et partit au galop vers la barrière de l'Étoile pour prendre le chemin de la côte.

Au terme d'une longue cavalcade sur les routes enneigées qui allaient vers le nord-ouest, relayant toutes les six heures en montrant son passeport de policier, dormant quelques heures pour repartir aussitôt, il trouva Savary à Dieppe le lendemain après-midi.

Le jeune général de gendarmerie était de méchante humeur. Depuis son arrivée, il passait ses journées et ses nuits allongé dans la neige à proximité de la falaise de Biville, scrutant la mer de sa longue-vue, attendant en vain d'apercevoir une voile à l'horizon d'une mer qui restait désespérément vide. Le renseignement apporté par Donatien lui rendit son moral. Cette fois ils avaient la quasi-certitude de prendre les conjurés sur le fait.

Ils partirent vers Biville inspecter le dispositif qu'il avait imaginé pour se saisir des voyageurs que le *Vencejo* mettrait à terre. Trois gendarmes se relayaient au bord de la falaise, cachés par un ressaut du terrain, leur longue-vue braquée sur la mer grise. D'autres étaient dissimulés dans des bosquets à proximité de l'échancrure où serpentait l'estamperche. D'autres enfin, les plus nombreux, cantonnaient un peu en arrière dans deux granges abandonnées dissimulées par un bouquet d'arbres. Il fallait redoubler de précautions : on savait qu'un complice des chouans viendrait le jour dit au bord de la falaise avec une lanterne pour répondre aux signaux du *Vencejo*. Peut-être le fils de l'horloger Troche, donné par Querelle à Donatien et qu'on surveillait. Mais peut-être un autre, inconnu de la police et qui aurait vite fait de repérer la présence des gendarmes s'ils manquaient de discrétion sur ce plateau désert et plat où l'on voyait la moindre silhouette à des kilomètres de distance. Fallait-il arrêter sur-le-champ ceux qui débarqueraient ? Ou bien les suivre à distance pour repérer les fermes où ils relayaient sur la route de Paris ? Donatien hésitait. Savary, en militaire, prêchait pour une action immédiate. Mais Donatien suivait les principes de Fouché : mieux valait pister l'ennemi sans qu'il le sache pour prendre d'un coup toute la bande.

— Nous risquons de nous faire repérer à les suivre dans la forêt, disait Savary.

— Mais si nous les prenons tout de suite, leur route secrète restera intacte, répondait Donatien.

— Si nous les serrons de près, ils nous verront, si nous les laissons prendre de l'avance, nous les perdrons dans la nuit.

La controverse continua au long de la soirée, pendant que les gendarmes se relayaient dans le froid glacial pour surveiller l'estamperche. Finalement, le lendemain, après avoir parcouru les champs en arrière de la falaise, Donatien dut reconnaître que Savary avait raison. Entre le rivage et la forêt s'étendaient de vastes champs découverts. Il serait impossible de suivre les arrivants sans qu'ils s'en aperçoivent. Quant à les laisser loin en avant, c'était le plus sûr moyen de les perdre. On résolut de procéder à l'arrestation dès qu'ils prendraient pied sur la falaise.

— Le Premier consul est au camp de Boulogne, dit Savary. Nous irons lui porter la nouvelle aussitôt.

— En espérant que cette nouvelle soit bonne, dit Donatien qui se méfiait des sortilèges de Cadoudal pour les avoir éprouvés en personne.

— Ils ne peuvent pas nous échapper, dit Savary. Bonaparte sera content.

— Nous n'aurons rien fait tant que nous n'aurons pas Cadoudal.

— Si votre police arrête ce Picot, nous trouverons le moyen de le faire parler.

— C'est un fanatique de la plus dure espèce, dit Donatien.

— Aucun fanatique ne résistera à nos interrogateurs, rétorqua Savary.

Ainsi la pratique de la torture, que Donatien croyait disparue depuis la Terreur et la guerre de Vendée, était-elle redevenue courante. Il est vrai que Savary prenait ses ordres directement du Premier consul et que Bonaparte, se jugeant en légitime défense, encourageait ses hommes à l'emploi des moyens les plus extrêmes. La guerre, se dit Donatien, produit décidément les mêmes maux quoi qu'en disent les gouvernements soucieux de leur réputation. Il avait lui-même tourmenté des prisonniers en croyant agir pour la bonne cause. Quoique accoutumé à la violence et aux cruautés, il en avait tiré un dégoût définitif envers ces moyens de basse et inhumaine police. Un dégoût que Savary, de toute évidence, ne partageait pas.

Le lendemain, ils se retrouvèrent en faction au bord de la falaise, frissonnant sous la neige qui tombait, malgré les grands manteaux qui les protégeaient. Le ciel était couvert de nuages et l'obscurité était totale. Donatien doutait qu'un navire s'aventurerait près de la côte sans aucune visibilité. De fait, la nuit s'écoula sans que rien se passât. Donatien ignorait le jour exact de l'arrivée prévue. Il l'avait seulement déduite d'un calcul incertain portant sur le nombre de jours qu'il fallait pour rejoindre Paris en marchant la nuit dans les forêts et à travers champs. Il revint dormir à Dieppe une partie du jour pour reprendre sa surveillance dans l'après-midi. Cette fois le ciel était dégagé et le soleil éclairait un paysage blanchi par la neige qui dominait une eau verte coupée de traits d'écume.

Leur patience fut récompensée. Vers cinq heures, comme le soir d'hiver commençait à tomber, ils virent dans leur longue-vue, sur la ligne grise des vagues de la Manche, une silhouette claire et furtive, légèrement penchée sur la droite, éclairée par le pâle soleil de février qui tombait au couchant. C'était un navire dont les grandes voiles apparaissaient lentement derrière l'horizon, inclinées par le vent d'ouest qui soufflait de l'Atlantique. La nuit tombait, l'obscurité se fit, ils perdirent le vaisseau de vue. Il fallait encore attendre une heure ou deux, le temps nécessaire au navire pour approcher la côte. Heureusement la lune se leva derrière eux et ils purent distinguer, cette fois à l'œil nu, la silhouette argentée du voilier qui mettait en panne à quelques encablures des falaises. C'était un cotre à hunier et long bout-dehors, qui correspondait à la description du *Vencejo* faite par Querelle. Donatien fut rassuré. Son renseignement était bon. Dans une heure à peine, ils auraient mis la main sur les renforts de Georges. Il ne resterait plus qu'à prévenir les inspecteurs de Paris pour saisir Picot et, si possible, Cadoudal lui-même.

Savary devenait fébrile, serrant sa longue-vue d'une main, l'autre sur son sabre.

— Nous les tenons, disait-il. Dans une heure, ils sont à nous !

— Attendons, répondit Donatien. Ils doivent d'abord faire le signal, recevoir la réponse et mettre leur canot à la mer.

— Ça y est, je vois leur signal, s'écria Savary. Ce sont bien eux !

Une lumière jaune apparaissait et disparaissait à la hauteur de la lisse du navire, selon un rythme fixe qui fut répété plusieurs fois. À bord du cotre on manipulait une lanterne en espérant une réponse à terre.

— Essayons de repérer leur complice, dit Donatien, qui balaya de sa longue-vue la bordure de la falaise.

Il ne vit rien que la ligne du terrain qui s'arrêtait au bord du vide. Les signaux du navire s'arrêtèrent puis reprirent au bout de quelques minutes. Il n'y avait personne à terre pour accueillir le vaisseau. Peut-être arrivait-il trop tôt. Mais soudain un bruit incongru le fit sursauter. C'était celui d'un cheval au galop qui fonçait vers la falaise, faisant résonner son battement sec dans la nuit. Donatien le chercha dans sa lunette. Il vit sa silhouette sombre qui traversa le champ menant à la mer et s'arrêta brusquement près du bord. Un homme sauta à terre et courut vers la falaise. Là il s'accroupit dans la neige et sortit un objet de son sac. Une lueur apparut. L'inconnu avait craqué une allumette. Il brandissait maintenant sa lanterne vers le large en lui faisant décrire des demi-cercles successifs.

— C'est leur complice, dit Savary qui avait lui aussi observé le manège de l'inconnu.

— Oui, sans doute, dit Donatien. Mais il y a quelque chose de bizarre. Pourquoi est-il arrivé au dernier moment ? Pourquoi fait-il des signaux si visibles ? C'est étrange.

— Il répond au navire, dit Savary. Attendons qu'ils débarquent.

— Attendons, dit Donatien, qui était saisi d'un mauvais pressentiment.

Il braqua sa lunette sur le cotre, espérant voir un canot halé par-dessus bord et mis à l'eau. Mais rien ne venait. De longues minutes se passèrent pendant que l'inconnu continuait d'agiter sa lanterne. Puis Donatien, atterré, vit les matelots serrer les écoutes, le vaisseau pivoter et les voiles se gonfler dans le vent.

Au lieu de lancer son canot, le navire laissait porter pour reprendre sa route. Il vira lentement lof pour lof et se dirigea vers le large. L'inconnu de la falaise éteignit sa lanterne, remonta à cheval, fit claquer sa bride et repartit au galop sans que les gendarmes pussent réagir.

— Ventredieu ! cria Savary, quel est ce maléfice ? Le messager leur a fait signe de partir. Nous sommes refaits !

— Ils ont eu une information, dit Donatien. Quelqu'un les a prévenus de notre présence. Le messager leur a signifié le danger. Ils repartent en Angleterre. Ou bien pire, ils vont débarquer sur un autre point de la côte. Vos gendarmes ont sans doute été vus...

— Mes gendarmes ont pris toutes les précautions ! répondit vivement Savary. Ils sont habitués aux missions délicates.

— Nul n'est infaillible. Ou alors le jeune Troche a su qu'il était surveillé.

— Mais non ! Là aussi nous avons usé de toutes les prudences. Il était entouré par des agents en civil.

— Alors on a vu vos gendarmes.

— Pas plus, commissaire Lachance, leur présence ne pouvait éveiller aucun soupçon. Nous sommes à quelques lieues de Boulogne, ne l'oubliez pas. L'armée bivouaque à une heure d'ici. Les habitants savent que la côte est surveillée en permanence. La présence des gendarmes est la chose la plus naturelle sur cette portion du rivage.

— Il a bien fallu que quelque chose se passe. L'arrivée du messager ne peut pas être fortuite.

— Et pourquoi la fuite viendrait-elle de la gendarmerie ? La police aussi savait. Quelqu'un a pu bavarder.

— Non. Je suis le seul à savoir qu'ils débarquent à Biville, avec vous, Bonaparte et Mouton. Et Mouton est un homme absolument sûr, qui est rompu aux opérations secrètes.

— Il a pourtant bien fallu que quelque chose se passe, commissaire, reprit Savary.

Donatien regardait dans sa longue-vue le cotre se fondre dans la nuit. Il était ébranlé. Un instant il pensa à Aurore, à qui il avait dit que son enquête avançait. Mais il n'avait livré aucun nom, aucun lieu, aucune heure, aucune précision. Il chassa le soupçon aussitôt conçu. Il avait d'ailleurs rencontré Aurore chez le Premier consul. Comment une espionne serait-elle arrivée à la Malmaison ? Et c'était lui, et non elle, qui avait voulu la revoir. Leur conversation nocturne dans le fiacre avait été un douloureux conflit. Aurait-elle souhaité entrer dans son intimité qu'elle aurait dissimulé son irritation et ses blessures. Il avait fallu l'entremise de Juliette pour renouer cette relation. La passion qu'elle exprimait, de plus, avait tous les accents de la sincérité. Non, tout cela était invraisemblable. La fuite venait des gendarmes, il en était sûr.

— Il ne reste plus qu'à faire arrêter ce Picot, dit Savary. Au moins nous aurons un prisonnier.

— D'après le message décodé, il n'apparaîtra à la Cloche d'Or que dans une semaine.

— Prenons toutes les assurances. Alertons vos policiers pour le cas où il se montrerait.

— À moins qu'il soit lui aussi prévenu. Rentrons à Dieppe, je donnerai les ordres.

— Il faut envoyer un cavalier à Lille, où on actionnera le télégraphe de M. Chappe, dit Savary. Nous gagnerons une journée.

— Vous avez raison, dit Donatien, qui reconnut que Savary, brutal et simple, était parfois avisé.

Le message arriverait avant celui des conspirateurs, s'il y en avait un.

— Nous aurons Picot. Au moins pourrons-nous apporter cette nouvelle au Premier consul. Il m'a enjoint de lui faire rapport, quoi qu'il arrive. Nous partirons dès demain matin.

Le lendemain, passant la colline d'Outreau au terme d'une chevauchée le long de la mer, Savary et Donatien eurent une vue sur le camp de Boulogne qui s'étalait sur les deux rives de la Liane, un peu en arrière d'une côte bordée de falaises et de plages de galets. Donatien fut fasciné par le spectacle.

C'était un spectacle grandiose, sans doute jamais vue depuis le temps des camps romains. Au fond de la vallée, une vaste ville émergeait de la brume matinale, faite de centaines et de centaines de maisons en bois, toutes bâties sur le même modèle, disposées en rectangles séparés par des rues et des avenues, réparties de chaque côté de la rivière qui se jetait dans la Manche en longeant le petit port serré autour de sa cathédrale.

De la petite hauteur où ils s'étaient arrêtés, Donatien et Savary contemplaient ce tableau prodigieux qui faisait de Bonaparte l'émule de César retranchant ses troupes à Alésia pour vaincre les tribus gauloises. Avec cette différence : on n'attendrait pas l'ennemi dans le camp, on s'élancerait sur les flots pour arracher à Londres la paix qui se dérobait sans cesse. Quelque cent mille hommes étaient réunis en arrière du port de Boulogne, où devait s'ameuter une immense flotte de bateaux à fond plat armés de canons qui transporteraient au jour dit l'armée française, ses bataillons, ses chevaux et son artillerie, sur les côtes sans défense de l'ennemie éternelle.

Cantonnés depuis bientôt un an, ces hommes avaient bouleversé le paysage. Jusque-là, Boulogne était un port d'échouage seulement capable d'accueillir quelques centaines de pêcheurs avec leurs embarcations modestes. Or on avait calculé qu'il fallait, pour transporter l'armée, plusieurs milliers d'unités mues par la voile et l'aviron. Ces prames, ces barques et ces canonnières étaient en cours de fabrication dans tous les chantiers navals de France, de Belgique et de Hollande. Au fur et à mesure de leur construction, on les dirigeait le long des côtes vers Boulogne qu'on avait flanqué de deux havres secondaires à Étaples et à Ambleteuse, de manière à concentrer la flotte à l'endroit de la Manche le plus propice au passage. À l'exemple des légionnaires, les soldats réunis à Boulogne s'étaient faits terrassiers, menuisiers, maçons et charpentiers, pour creuser, déblayer, couper, tailler, scier, clouer et assembler sans relâche. Trois forts avaient été érigés à l'entrée du port pour prévenir les attaques de la marine britannique, acharnée à entraver autant que possible la constitution de cette force d'invasion. Une ville entière avait été construite à l'aide du bois pris dans les forêts environnantes, avec ses habitations, ses cantines, ses infirmeries, ses bâtiments administratifs et ses tentes d'état-major. En arrière du port, le cours de la Liane avait été élargi en immense bassin à flot capable de recevoir la flottille en construction. Et comme si ces travaux herculéens ne suffisaient pas, les soldats étaient constamment appelés à manœuvrer sous l'œil de leurs officiers, parfois sous celui de Bonaparte lui-même, de manière à former une troupe irrésistible qui irait au-delà de la mer dicter les conditions d'une paix glorieuse.

Savary et Donatien descendirent de la colline pour traverser le camp. Le vent de la Manche forcissait et les nuages s'ameutaient à l'horizon. Le soleil brillait encore mais le mauvais temps s'annonçait. Ils entendaient le bruit des marteaux, des pioches et des pelles, ils observaient les allées et venues de ces soldats changés en ouvriers et en artisans, ils admiraient l'alignement parfait des constructions, la richesse des parcs d'artillerie et des haras de chevaux à la crinière taillée.

— Le Premier consul sait ce qu'il fait, dit Savary, mais j'ai encore du mal à comprendre comment notre armée échappera à la croisière anglaise. Comment ces bateaux pourraient-ils résister à une flotte de haut bord ?

— Il y a plusieurs manières d'y parvenir, dit Donatien, qui avait gardé de son séjour à Granville, pendant le siège, quelques notions marines. La flottille peut marcher à l'aviron. Si le vent tombe pendant deux jours, elle traversera sans que les vaisseaux anglais puissent la rejoindre. Elle peut aussi franchir le détroit en hiver par temps de brouillard, hors de la vue des vigies ennemies. Mais le moyen le plus sûr, c'est la réunion en Manche d'une escadre française suffisamment puissante, qui tiendrait le détroit pour quarante-huit heures.

— Elle serait immanquablement détruite...

— Elle livrerait bataille, avec des chances inférieures. Mais pendant ce temps, cent cinquante mille hommes auraient traversé, avec chevaux et canons. Une fois à terre, rien ne leur résisterait : les Anglais n'ont pas d'armée, ils ont consacré toutes leurs ressources à la marine.

— Ainsi ce n'est pas une chimère.

— Assurément non. C'est la raison du complot de Cadoudal. Le gouvernement de Londres ne sait plus quel expédient trouver pour échapper à son destin.

Ils suivaient le cours de la Liane, où des centaines de terrassiers en uniforme maniaient la pelle pour évacuer les tonnes de vase qui gênaient l'évolution des bateaux. Un peu plus loin sur l'eau, à bord des longues barques pontées, les marins jetaient des ancres et doublaient les amarres en prévision de la tempête qui menaçait. Au bout de l'avenue principale de cette ville éphémère se dressaient deux cabanes plus vastes qui se découpaient sur le ciel et dont les fenêtres s'ouvraient de l'autre côté sur la Manche. C'était l'habitation personnelle et le quartier général de Bonaparte, qui venait régulièrement à Boulogne presser l'exécution de son projet.

Ils se firent annoncer par le lieutenant de hussards qui montait la garde avec ses hommes devant les deux baraques de l'état-major. Un aide de camp juvénile et sérieux aux favoris frisés vint les chercher et les conduisit vers la plus grande où Bonaparte avait fixé son quartier général. Ils pénétrèrent dans une grande pièce en planches réchauffée par une cheminée de pierre construite sur le petit côté de la baraque. Plusieurs officiers généraux occupaient déjà la salle, assis sur leur fauteuil ou bien penchés sur une grande table où s'étalaient des cartes marines.

— Le Premier consul est en inspection dans le camp, voulez-vous attendre ici, dit le jeune homme en désignant deux chaises adossées à la paroi en bois.

Ils s'assirent docilement et patientèrent. Donatien fut frappé de voir que la pièce ressemblait en tout point au bureau des Tuileries où il avait conféré plusieurs fois avec Bonaparte, une petite salle des cartes sur la droite, deux bibliothèques à l'opposé, une table surmontée d'un encrier en or avec une chaise haute pour le secrétaire et, au milieu de la pièce, sous un lustre qui pendait du plafond, l'étrange bureau en forme de violon où le Premier consul travaillait, ses dossiers passant de la gauche sur la droite au fur et à mesure que les affaires étaient arrêtées. Les officiers parlaient à voix basse ou bien observaient à travers les vitres la progression de la tempête sur l'étendue grise de la Manche.

Quelques minutes s'écoulèrent dans cette atmosphère studieuse et feutrée, puis un bruit de chevaux qui soufflaient et battaient le sol de leurs sabots se fit entendre à l'extérieur. Les officiers se levèrent ou se redressèrent, attendant au garde-à-vous l'arrivée du maître. Bonaparte entra, affairé, le visage fermé sous son chapeau noir, sa capote grise encore sur les épaules, ses bottes salies par la boue, une petite cravache à la main. Avant d'apercevoir Donatien et Savary, il s'adressa d'un ton rogue à l'officier le plus chamarré, qui l'observait, roide, le bicorne à la main.

— Que signifie cette désobéissance, Berthier ? jeta Bonaparte. J'avais ordonné une sortie de la flottille, je vois que les bateaux sont encore à l'ancre.

— L'amiral a contremandé l'ordre, dit Berthier d'un ton piteux, la tempête menace, il a préféré laisser les chaloupes au mouillage dans le port.

— Il a préféré ignorer mes ordres ? rétorqua Bonaparte. Depuis quand ce genre de préférence l'emporte-t-elle sur des instructions claires et formelles ?

— Il a invoqué les risques de naufrage et de collision dans la flottille, reprit Berthier.

— Diable ! Est-ce le choix d'un soldat ? Au combat, il y a des risques. Si on en a peur pendant la paix, que fera-t-on pendant la guerre ?

— ...

— Vous ne répondez pas, Berthier.

— Je ne saurais expliquer plus ces choses de la marine, citoyen consul.

— Alors qu'on aille chercher l'amiral Bruix. Je ne laisserai pas passer pareille couardise.

Bonaparte attendit en marchant de long en large, frappant ses bottes de sa cravache. Quelques minutes plus tard, l'amiral entra dans la pièce, son grand uniforme mouillé par la pluie qui commençait à tomber.

— Monsieur l'amiral, dit Bonaparte, pourquoi n'avez-vous point fait exécuter mes ordres ?

— Citoyen consul, une horrible tempête se prépare.

— La marine, cria le Consul exaspéré, a toujours ses baromètres et leurs fâcheux pronostics pour refuser d'exécuter les ordres !

— Mais vous pouvez le voir comme moi. Le mauvais temps arrive. Pourquoi exposer inutilement la vie de tant de braves gens ?

— Monsieur, j'ai donné des ordres. Les conséquences me regardent seul. Obéissez !

Tancé devant l'état-major, l'amiral sentait son honneur attaqué. Il se raidit.

— Citoyen consul, je ne saurais le faire. Les choses de la mer commandent à tous.

— Monsieur, vous êtes un insolent !

Bonaparte hors de lui marcha sur l'amiral et leva sa cravache. Bruix recula d'un pas et saisit la poignée de son épée.

— Citoyen consul, prenez garde !

Un silence consterné se fit dans la pièce. Interdits, les généraux et les aides de camp ne savaient comment éviter le drame. Pendant plusieurs secondes, la cravache resta en l'air tandis que Bonaparte braquait sur l'amiral un regard terrible.

Puis il se ravisa et jeta sa cravache sur le sol. L'amiral laissa son épée, retira son chapeau et attendit le résultat de l'affrontement.

— Soit, amiral, vous avez un scrupule de conscience. Mais je maintiens mon ordre. Le contre-amiral Magon l'exécutera.

Bonaparte laissa sortir l'amiral puis jeta un coup d'œil circulaire sur l'assistance. Les officiers assemblés se détournèrent et reprirent leurs occupations. Le Consul vit Donatien et Savary qui assistaient à la scène, muets et immobiles.

— Ah, dit-il, mes deux policiers ! Je suis aise de vous voir. Vous avez chevauché jusqu'ici. M'apportez-vous des nouvelles ?

Puis il se tourna vers son état-major assemblé.

— Messieurs, lança-t-il, je suis au regret de vous demander de nous laisser. Je dois conférer d'affaires importantes avec ces deux limiers.

Son ton s'était brusquement radouci et il leur parlait en hôte courtois, comme s'ils avaient été conviés dans le salon de la Malmaison. Donatien le considéra avec curiosité. Comment s'était-il radouci en une seconde, après une colère aussi théâtrale ? Bonaparte vit son étonnement. Il attendit que ses généraux fussent sortis puis il s'approcha de Donatien.

— Lachance, vous avez l'air déconcerté. Vous vous étonnez de me voir si calme.

— Je ne m'étonne de rien avec vous, dit Lachance.

— Mais si, mais si. Sachez que tout cela est une comédie. Une utile comédie, mais une comédie tout de même. Regardez, tâtez mon poignet. Vous verrez que je suis serein comme le sage dans sa grotte.

Donatien lui prit le poignet comme il le demandait. Il sentit que son pouls battait lentement, comme si rien ne s'était passé.

— Vous voyez, reprit gaiement Bonaparte. Je suis maître de moi dans mes plus grandes colères. Ainsi va le commandement. Il faut parfois faire peur pour se faire obéir. Ces marins ont toujours une excuse de vent ou de courant pour rester au port. C'est une seconde nature chez eux. Avec de tels amiraux, nous serons encore à l'ancre dans deux ans. Il faut les houspiller ou bien ils vous expliqueront toujours que les vagues ou les nuages empêchent les mouvements qui peuvent sauver la patrie.

Puis, soudain grave :

— Alors quelles informations avez-vous ? Ce méchant complot est-il enfin éventé ?

— Pas tout à fait, dit Donatien.

— Mais vous avez progressé ?

— Oui. Nous voyons maintenant bien les ramifications, les réseaux, l'enchaînement des complicités.

— C'est un peu vague, Lachance. Il ne suffit pas de voir, il faut encore tenir.

— Nous tiendrons bientôt, dit Savary.

Les deux hommes racontèrent alors leur enquête à tour de rôle, chacun dévoilant ses résultats, la falaise de Biville, l'horloger Troche, les caches qu'ils se faisaient fort de découvrir sur la route de Paris, l'enquête à l'hôtel de la Cloche d'Or, la complicité des hôteliers, le message secret, la venue probable de Picot, la souricière qu'ils monteraient pour le prendre.

— Fort bien, dit Bonaparte. J'avais vu juste. La police avait failli, vous avez redressé la barre. Mais vous les avez manqués à Biville...

— Oui, dit Savary, l'homme à la lanterne a prévenu le vaisseau.

— Ne pouvions-nous prendre ce vaisseau si près des côtes ?

— Non, il repartait déjà vers le large. La poursuite aurait été vaine.

— Que s'est-il passé, selon vous ?

— Une indiscrétion ou une imprudence a averti nos ennemis, dit Donatien.

— C'est fâcheux, répondit le Premier consul. Notre enquête n'est plus sûre. Quelqu'un la perce à jour.

— L'information était rigoureusement secrète, dit Donatien.

— Mes gendarmes ont été discrets, dit Savary.

— Redoublez de précautions, messieurs. Ces affaires ténébreuses mettent toujours en scène des agents doubles ou des nigauds. Ne dites jamais rien. Un secret éventé est un secret qu'on a confié à une personne. Je déduis de tout cela qu'il faut précipiter les choses. Nous ne pouvons plus attendre. Il faut confondre les conspirateurs et prévenir leur action. Agissez, messieurs. Savary, saisissez ces Troche de Biville et faites-les parler. Nous remonterons la filière jusqu'à Paris. Quant à vous, Lachance, il faut prendre ce Picot. Je compte sur vous. Il doit venir à cet hôtel de la Cloche d'Or, disiez-vous...

— Dans cinq jours, selon le message. Mais ceux qui ont empêché le débarquement vont sans doute le prévenir. Il va se terrer.

— C'est juste. Mais alors nous sommes bloqués. Que faire ?

— J'ai mon idée, dit Donatien.

— Ah ! Quelle est-elle ?

— La logique de ces messages cryptés est implacable, commença-t-il. À ce stade, les conspirateurs n'ont pas l'idée de ce que nous savons. Ils peuvent mettre la surveillance de Biville sur le compte des aveux de Querelle, qui nous a désigné l'endroit, s'ils ont deviné que Querelle a parlé, ce qui est possible.

— Ils le croient mort, fusillé.

— Je n'en suis pas sûr. Ce sont des Blancs, ils sont accoutumés à nos ruses. Pendant les guerres de l'Ouest, nous avons plusieurs fois simulé des exécutions pour mettre les traîtres qui nous parlaient à l'abri des représailles. Ils ont fini par s'en apercevoir. Ils peuvent supposer que Querelle a bénéficié du même stratagème, qu'il nous a parlé et qu'il est maintenant caché quelque part, ce qui est la vérité.

— Ce sont décidément de redoutables combattants, Lachance. Que ne dispensent-ils leur savoir-faire au service de la France !

— Par contre, reprit Donatien, je compte qu'ils ont encore confiance dans leur code et leurs communications. Rien ne leur indique que nous les avons percés à jour. Je ferai remettre un message à la Cloche d'Or demandant à Picot de venir. Il viendra.

— Un message de vous ? Mais comment le croirait-il ? Il ne peut accorder crédit qu'à des messagers sûrs, connus de lui.

— Il viendra, répéta Donatien.

— Et pourquoi diable ? lança Bonaparte, irrité de ne pas deviner les méandres de l'esprit policier.

— Parce que le message sera codé selon leurs propres principes. Cela vaudra toutes les signatures. Seuls des conspirateurs peuvent user de cette méthode de cryptage. Un message élaboré avec le même code gagnera leur confiance.

— Cela me paraît bien fragile, dit Bonaparte.

— Au contraire, c'est aussi sûr qu'une combinaison d'échecs.

— Ainsi ma vie repose sur un calcul de joueur.

— Il viendra, dit Donatien.

9.

Savary et Donatien firent diligence. Le lendemain matin à l'aube, accompagnés d'un escadron de gendarmes, ils saisirent l'horloger Troche et son fils au saut du lit, dans leur petite maison de Biville, au pied d'une église de pierre et de brique. Interrogé sur place, Troche raconta que les conspirateurs étaient arrivés depuis l'été précédent par groupes de six ou sept, en quatre débarquements successifs. Une trentaine de chouans étaient maintenant cachés dans Paris, attendant le signal pour se réunir et accomplir leur mission. Troche donna le signalement de quelques-uns, mais de la manière la plus imprécise. Pressé de questions, il se déclara incapable d'en dire plus, suscitant l'irritation de Savary. Quand l'horloger déclara qu'il ignorait aussi où se trouvait la ferme qui formait le premier relais pour les conjurés, le jeune général se leva d'un bond.

— C'en est assez, dit-il, ce drôle veut se jouer de nous. Il faut changer de manière.

— Comment cela, dit Donatien, changer de manière ?

— Il doit parler. S'il ne parle pas, il doit en subir la conséquence.

Il posa son pistolet sur la table, demanda un tournevis, dévissa le chien, enleva la pierre à feu, fit attacher Troche, puis plaça le pouce de l'horloger entre la platine et la vis qui fixait la pièce. Donatien tira Savary par la manche et ils sortirent ensemble sur la route enneigée, au bord d'une mare où l'on voyait deux cygnes qui nageaient tranquillement.

— Je réprouve ces méthodes, dit le policier au gendarme. Nous obtiendrons ce que nous voulons par l'astuce et le calcul, non en martyrisant les témoins.

— Ce sont les méthodes de la police, qui prend son temps. Nous sommes dans l'urgence. Les méthodes de la gendarmerie sont différentes. Laissez-moi faire.

— Je m'y oppose, dit Donatien. Je demande à emmener le témoin. Nous saurons le confondre.

— Nous n'avons pas le temps, Lachance, dit Savary d'un ton coupant.

— Alors je m'oppose à ces méthodes barbares qui défigurent notre action.

— Ce qui défigure notre action, c'est l'échec, dit Savary.

— Cela ne sera pas, dit Donatien.

— Cela sera ! cria Savary hors de lui. J'ai des ordres du Premier consul.

— Je veux les voir.

— Les voici, dit Savary en sortant une lettre cachetée et signée du paraphe illisible que Donatien avait déjà vu au bas des ordres de Bonaparte.

Il dut laisser faire.

Le général rentra et s'assit devant l'horloger.

— Alors, vas-tu parler, Troche ?

— J'ai tout dit.

Avec un grognement de colère, Savary tourna plusieurs fois la vis du pistolet. L'horloger poussa un hurlement.

— Vas-tu te décider à dire ton histoire ? dit Savary.

— Je vous ai tout dit, répondit Troche.

Savary enfonça encore la vis. Rien n'y fit. Troche hurlait mais ne parlait pas, soit qu'il était d'un courage hors du commun, soit qu'il n'en savait pas plus.

Une demi-heure plus tard, Savary abandonna, exaspéré par la résistance du suspect. Les deux pouces de Troche n'étaient plus que moignons sanglants mais il était toujours conscient, pâle comme la mort, suant et haletant. Avec un air terrible, Savary fit venir le fils Troche qui arriva entre deux gendarmes. Le général qui avait remonté son pistolet le braqua sur la tempe du gamin.

— Troche, parle ou bien ton fils meurt.

— Je ne sais rien de plus, citoyen général, dit Troche d'une voix mourante, je ne sais rien de plus. Vous m'avez martyrisé, je n'ai rien dit. Cette douleur est infernale. N'importe qui parlerait.

— Parle ou je tire.

— Non ! Pour l'amour de Dieu. Je suis le seul responsable. Mon fils a été contraint. C'est moi qui lui ai donné l'ordre de se charger des voyageurs ! Tuez-moi, mais pas lui ! Pas lui ! Je ne sais rien de plus ! Je ne sais rien de plus ! Nous avons tout dit ! Pas lui ! Pas lui !

— Non, père, dit le gamin, le regard grave. J'ai agi volontairement. Nous aidons les ennemis de l'usurpateur. C'est l'honneur qui nous le commande. Vive le roi !

— Ne l'écoutez pas, c'est moi qui ai tout fait !

Devant ce concours d'héroïsme familial, Savary hésita. Ces deux-là, il commençait à le penser, n'en savaient pas plus. Il maintint le pistolet encore une minute sur la tempe du fils Troche. Ni lui ni son père ne bronchèrent. Le général rangea son pistolet, fit signe aux gendarmes de saisir les deux suspects et sortit dans la rue silencieuse du village.

— Ce Cadoudal est un diable, dit-il à son aide de camp. Il a fanatisé ces gens et fait en sorte que son réseau soit entièrement étanche, étape après étape. Nous allons avoir plus de peine que prévu...

Le lendemain, Donatien était à Paris pour remonter les ressorts du piège qu'il avait conçu. Il avait voyagé à cheval en relayant dans les gendarmeries, muni d'un sauf-conduit de Savary, pour arriver avant que des nouvelles de Biville ne soient parvenues aux conjurés. Quand ils apprendraient l'arrestation de Troche, ils changeraient sans doute leurs caches le long du trajet et donneraient peut-être l'ordre aux hôteliers de la Cloche d'Or de disparaître. Mais ces nouvelles ne pouvaient arriver que par un messager qui chevaucherait de Biville à Paris. Donatien avait calculé qu'il avait une journée d'avance.

Dans son bureau de l'hôtel de Juigné, il convoqua Caniolle, un de ses policiers les plus habiles. Il avait gardé sur une chaise son habit fripé et sali par le voyage, ainsi que le cheval de son dernier relais, attaché dans la cour, lui aussi couvert de boue et de poussière. Caniolle dut revêtir l'habit en écoutant Donatien. Puis Mouton, le spécialiste des codes, fit son entrée dans le bureau.

— Mon cher, lui dit Donatien, nous allons vérifier vos talents. Je vais vous dicter un texte. Vous devez le crypter selon le code que vous avez percé à jour et le transcrire en encre sympathique sur un papier blanc. Il me le faut dans une heure.

— Fort bien, c'est possible. Nous avons ces encres ici. Celle que vous avez recopiée transparaît à la chaleur, n'est-ce pas ?

— Oui. La flamme d'une bougie révèle le texte.

— Parfait. Vous aurez cela. Quel est le texte ?

— Prenez ce papier, sur le bureau. Êtes-vous prêt ?

— Oui.

Donatien dicta en phrases courtes son message, dans le style de ceux qu'il avait trouvés dans le bureau de l'hôtel de la Cloche d'Or : « Des arrestations ont eu lieu à Biville. Danger. Celui qui vous apporte le message doit voir Picot au plus vite. Faite-le venir. Le messager attendra sur place. »

— Parfait, dit Mouton, dans une heure.

Donatien s'adressa au policier qui était maintenant vêtu de ses habits de voyage maculés. Il lui expliqua les aveux de Querelle, le fonctionnement du réseau Cadoudal, le rôle de l'hôtel de la Cloche d'Or, la personnalité des propriétaires, le signalement de Picot. L'autre écoutait, concentré et immobile.

— Je remets le message et je reste là, dit-il.

— Oui. Cela inspirera confiance. Un faux messager partirait

au plus vite pour ne pas être confondu. Vous devrez soutenir une conversation. Répondez avec ce que vous savez. Pour le reste, invoquez des consignes de sécurité. Le réseau est très cloisonné, ils sont habitués à agir sans connaître le reste de la filière. Je ne sais qui leur apporte les messages habituellement, mais l'urgence expliquera que ce soit un nouveau messager. Tout repose sur le code. Ils ne savent pas que nous l'avons. Pour eux, celui qui a le code est forcément de confiance.

— Si je suis découvert ?

— Vous vous échappez. Nos hommes sont autour de l'hôtel. Il y en a aussi dans un appartement en face. Vous serez protégé. Au besoin criez. Nous entrerons aussitôt.

— Et que ferai-je quand ce Picot arrivera ?

— Nous le saisirons dans la rue et nous investirons l'hôtel.

— Et s'il y a un mot de passe ou un signe de reconnaissance quelconque qu'ils utilisent ? Je serai découvert dès mon arrivée.

— C'est un risque. Mais Querelle n'a rien dit de tel. Je crois qu'ils s'en remettent à la sécurité du code.

Une heure plus tard, muni du message confectionné par Mouton, Caniolle partit à cheval pendant que Donatien rejoignait les policiers en faction autour de l'hôtel de la Cloche d'Or. Il avait accru les effectifs, une dizaine d'hommes en civil se tenaient à proximité, dans des portes cochères, assis sur une charrette ou balayant mollement la chaussée. Arrivé sur place, Donatien monté dans l'appartement de surveillance vit Caniolle approcher au trot, s'arrêter tranquillement, attacher son cheval à un poteau devant l'entrée et pénétrer dans l'hôtel. C'était le moment décisif.

Les minutes passèrent. Donatien imaginait Dessertine recevant le messager, le considérant d'un œil méfiant, prenant son message, allant dans son petit bureau le passer à la flamme. Serait-il rassuré par l'apparition du texte codé ? Il lui fallait encore un moment pour décrypter le texte. L'hôtel restait calme, ce qui était bon signe. Si Caniolle avait été découvert, il aurait crié ou bien serait déjà sorti. Le temps s'écoula, interminable.

Les fiacres passaient de temps à autre, éclaboussant les murs en roulant sur la neige fondue, quelques passants marchaient la tête rentrée dans les épaules à cause du froid. La tension montait dans la petite pièce où quatre policiers étaient entassés, le regard braqué vers l'extérieur. Donatien s'efforçait de rester calme, confiant dans la logique de son raisonnement. Soudain il sut qu'il avait gagné.

Une jeune fille sortit de l'hôtel, serrée dans un manteau, un bonnet blanc sur la tête, et se dirigea d'un pas pressé vers le bas de la rue de Varenne. Donatien partit aussitôt avec un autre policier. Il suivit la jeune fille de loin pendant que son collègue courait par une rue adjacente pour la précéder. Vieille règle policière : on ne suit bien quelqu'un qu'en le précédant. La jeune fille se retourna. Donatien tourna dans la première rue, sûr que son collègue avait pris la suite. Il courut vers la Seine et rattrapa la jeune fille au moment où elle traversait le pont du Louvre. Il jeta son chapeau pour changer son aspect et marcha en regardant par terre. Son acolyte l'attendait devant le Châtelet. Il prit le relais. Donatien suivit de loin, invisible pour la jeune fille, puis il revint à sa hauteur en prenant une rue parallèle. Arrivée au milieu de la rue Vieille-du-Temple, elle jeta des regards méfiants alentour avant d'entrer sous un porche. Donatien remonta la rue. Passant devant la cour d'un pas pressé, il eut le temps de constater qu'elle abritait une compagnie de diligences. Plusieurs voitures étaient rangées sous des auvents et trois chevaux étaient attachés devant un abreuvoir. Il continua puis tourna dans la rue suivante, s'arrêtant au coin pour observer l'entrée. Le relais de diligences était un bon subterfuge, se dit-il. Personne ne pouvait s'étonner des allées et venues qu'on y voyait. Il attendit encore dix minutes pendant que son collègue prenait faction sous une porte cochère. À ce moment-là, un jeune homme râblé à l'allure d'un paysan, blouse bleue, démarche balancée et cheveux blonds en bataille, sortit pour prendre la rue Saint-Martin dans l'autre sens.

— À la bonne heure ! se dit Donatien.

L'homme qui marchait vers la Seine correspondait au signalement de Picot. Le piège se refermait. Il était inutile de risquer de se faire voir en le suivant. On connaissait sa destination. Au contraire, il fallait tranquilliser Picot, probablement intrigué par l'arrivée d'un messager inconnu, quoique assez confiant dans le code pour obtempérer. Donatien appela l'autre policier, lui demanda de monter une souricière autour de la cour avec des renforts, puis trouva un fiacre pour regagner la cache devant l'hôtel de la Cloche d'Or.

Picot arriva rue de Varenne. Il fut aussitôt ceinturé par trois policiers pendant que sept autres entraient dans l'hôtel et arrêtaient le couple Dessertine et les domestiques. Quelques minutes plus tard, une vingtaine de policiers envahissaient le relais de diligences, se saisissant de quatre hommes supplémentaires. Décidément, pensa Donatien, la chasse était bonne. Huit arrestations, deux refuges de conspirateurs éliminés, la ligne des relais avec Biville interrompue, le patron de la compagnie de diligences, manifestement un des chefs du réseau, ainsi que le valet de Cadoudal, en prison. C'était un début. Mais il y avait des dizaines de chouans dans Paris, bien cachés, armés, protégés par des complices. Donatien se souvint d'un ordre du jour de l'armée d'Italie rédigé par Bonaparte : « Nous n'avons rien fait, puisqu'il reste à faire. »

Les prisonniers avaient été enfermés au Temple, chacun dans une cellule. Donatien vit Picot le premier. Retors, l'œil farouche, le front buté, le valet de Cadoudal fit semblant de collaborer en indiquant que la police trouverait une trentaine d'uniformes de hussards à l'auberge de la Cloche d'Or. Ils étaient destinés à habiller la bande qui devait enlever Bonaparte sur le chemin de la Malmaison. Mais dès qu'il fut question de Cadoudal, Picot se referma comme une huître. Une heure se passa en vaines questions. Donatien décida d'y revenir le lendemain.

— Faut-il lui serrer les pouces ? demanda Bertrand quand il sortit de la cellule.

— Non. Nous verrons demain. J'interroge d'abord le patron du relais. Il est peut-être plus tendre.

Quand il entra dans la deuxième cellule, Donatien vit tout de suite qu'il avait une chance. Bien mis, coiffé avec soin, un air de gentilhomme et des bottes bien cirées, l'homme le regarda la terreur peinte sur le visage. Blanc comme un linge, un léger tremblement aux mains, il était assis, prostré, sur le bord de son bat-flanc, de toute évidence persuadé qu'il allait être torturé ou fusillé sous peu. Une idée vint à Donatien. Il sourit et fit un large geste.

— Mes collègues vous ont jeté dans un lieu sordide, dit-il, sortons, nous serons plus à l'aise pour discuter dans le salon du gouverneur.

L'autre se redressa avec un air ébahi. Son regard éteint se chargea d'espoir. Il suivit Donatien dans les couloirs sinistres jusqu'à l'appartement où logeait Clément, le responsable du Temple. Ils s'assirent dans de grands fauteuils, devant une cheminée flambante et Donatien fit apporter du café.

— Monsieur, dit Donatien, Picot nous a donné l'adresse de votre relais et nous avons arrêté tout le monde. Mais il nous dit aussi que vous jouez un rôle mineur dans cette affaire. Causons entre gentilshommes. Si vous êtes honnête, vous vous en tirerez bien. Nous saurons faire jouer l'indulgence consulaire, à condition que vous nous révéliez ce que vous savez.

Picot n'avait rien dit, évidemment. Mais la tirade de Donatien avait sa vraisemblance. Picot pouvait chercher à protéger ses complices en minimisant leur rôle. Un instant, l'homme laissa paraître sa surprise. Puis il se mit à réfléchir avec une telle ostentation que Donatien pouvait suivre le mouvement de sa pensée sur son visage. Voilà bien un naïf, se dit-il.

— Monsieur, quels sont vos noms et qualités, je vous prie ?

— Athanase Hyacinthe Bouvet de Lozier, dit-il. Je tiens ce relais de diligences. La Révolution a forcé les gens de qualité à prendre un état. Celui-là en vaut bien un autre.

— Ceux qui ont affaire à la race chevaline exercent une noble profession, dit aimablement Donatien.

— C'est ainsi que j'ai connu cette bande, continua Bouvet de Lozier. Ils m'ont demandé des facilités de transport, je les leur ai données. Voilà mon crime.

— C'est peu de chose, en effet, cependant dans les circonstances présentes, cela peut vous conduire à l'échafaud.

Bouvet de Lozier pâlit. Il se récria :

— Mais j'ignore ce qu'ils font exactement, ils vont et ils viennent, je ne leur parle pas ! J'ai cru conforme à l'honneur de venir en aide à ceux qui ont partagé mon infortune sous la Terreur.

— Vous avez réchappé de cette infortune, manifestement.

— Oui, mais j'ai tout perdu, terres, maisons, revenus. Je me sens solidaire de ceux qui ont combattu de ce côté.

— Il s'agit toujours de complicité avec les brigands, dit Donatien d'un ton plus dur, en reprenant le vocabulaire des temps de guerre civile. Mais vous pouvez encore vous racheter. Dites-moi ce que vous savez.

— Ma seule attache est avec ce Picot, qui demande des voitures mais qui est muet comme une carpe sur le reste.

— Que font-ils toute la journée ?

— Des allées et venues. Ils m'empruntent une diligence et un postillon de temps en temps.

— Picot est le valet de Cadoudal. Le saviez-vous ?

— Non ? De Georges ? Ah çà ! Voilà un personnage considérable ! Il est à Paris ?

— Il prépare un attentat.

— Un attentat ? Quelle folie ! Ces querelles sont dépassées. Le Concordat et le ralliement de la noblesse ont fait faner cette cause.

— Ce ralliement est-il sincère ?

— Pour certains oui. Pour d'autres il découle de la nécessité. Mais le résultat est le même. Ces conspirateurs sont d'un autre âge. Le Premier consul pourvoit à l'ordre et réconcilie les classes. Que peut vouloir la noblesse dans ces conditions, sinon retrouver son pouvoir, du moins son illustration au service de la France ? Voilà mon idée.

La péroraison de Bouvet de Lozier sonnait faux. Eût-il cru à ce raisonnement qui entrait si bien dans les vues officielles qu'il se fût tenu à l'écart de chouans aussi compromettants. Donatien résolut de porter son attaque. Il se leva et parla d'un ton froid.

— Monsieur, pardonnez-moi mais je ne crois pas ce que vous dites. Vous en savez plus que cela. On ne se lie pas avec des conspirateurs aussi aguerris sans connaissance de cause. Réfléchissez. Si vous en restez là, je vous renvoie devant un tribunal militaire, qui n'aura pas mon indulgence. Entre-temps, j'aurai transcrit cette conversation et elle paraîtra dans les journaux. Vous ne m'avez pas dit grand-chose mais assez pour persuader vos amis chouans que vous trahissez leur cause. Alors vous aurez tout perdu. La vie et l'honneur.

Donatien appela les gardes et tourna les talons, laissant Bouvet de Lozierà ses méditations. Il était tard. Il rentra chez lui à pied, épuisé par ces nuits sans sommeil.

Olympe lisait un livre dans le salon de leur appartement quand il entra. Elle se leva mais une froideur étrange se lisait dans ses yeux.

— Où étais-tu ? Voilà des jours que j'attends en vain mon mari. Que fait-il ?

— L'enquête, mon amour, l'enquête. J'avance, nous sommes sur les dents. Je n'ai pas dormi depuis deux jours. J'étais sur la côte normande puis au Temple.

— Ah... Ces brigands sont-ils arrêtés ?

— Nous en tenons huit, dont deux sont des pièces maîtresses. Nous les interrogeons.

— Interrogeras-tu aussi cette duchesse chez qui tu as dîné avec Talleyrand et Moreau ? dit-elle tout à trac.

L'offensive était rude. Obnubilé par son investigation, Donatien n'avait plus pensé à cette soirée coupable chez Aurore, pour laquelle il n'avait imaginé aucune explication satisfaisante. Il était pris par surprise.

— Un dîner ? Ah oui, chez cette duchesse d'Enghien qui a des occupations si incongrues...

— Mais comment la connais-tu ?

— Je l'ai rencontrée à la Malmaison. Elle m'a convié à ce dîner étrange où nous avons subi les entreprises d'un médecin charlatan.

— Je sais, Moreau me l'a raconté. Il s'est étonné de te voir seul, sans ta femme.

— J'étais là-bas pour des raisons professionnelles... Un policier doit fréquenter tous les milieux.

— Et toutes les femmes ?

— Je la connais à peine.

— Vous sembliez pourtant proches, m'a dit Moreau.

— C'est une mauvaise langue.

— C'est un général sans apprêt et droit, me semble-t-il, il ne médirait pas.

— Je te dis que je connais à peine cette duchesse.

Olympe le regarda d'un air inquisiteur, laissant un long silence s'installer. Puis elle se leva et marcha vers la chambre.

— Je vais dormir. Au moins je suis heureuse de te voir en vie. C'est déjà quelque chose. Je dois me lever tôt. J'imagine que tu veux te reposer après cette vie policière et mondaine frénétique. Tu dormiras dans la deuxième chambre.

Elle disparut, laissant Donatien planté au milieu du salon, penaud et décontenancé, terrorisé à l'idée que sa femme puisse percer le mystère de ses autres vies. Puis la fatigue reprit le dessus. Il se sentit las. Il alla se coucher seul, en se disant qu'il rétablirait la situation le lendemain.

À sept heures, un saute-ruisseau de la police vint tambouriner à la porte. C'était un message du Temple l'exhortant à revenir au plus vite à la prison. Un peu ahuri, Donatien se dit que son stratagème avec Bouvet avait abouti plus vite qu'il ne le pensait.

Arrivé au Temple, il croyait voir le prisonnier qu'il avait si bien su impressionner. Ce fut le gardien qui le reçut.

— Notre homme a voulu se pendre, dit-il, il s'est attaché à l'armoire de sa cellule avec sa cravate, son mouchoir et un fil de fer qu'il a pris sur le tuyau du poêle. Mais il a fait du bruit, le gardien Savart est entré et l'a détaché alors qu'il râlait déjà. Il est dans le salon du gouverneur. Il veut vous parler.

Donatien courut au salon. Bouvet de Lozier était étendu sur un canapé, immobile, la tête renversée en arrière, une trace brune autour de la gorge. Voyant Donatien, il se releva.

— Vous voilà, dit-il. Je reviens du royaume des ombres. Je veux soulager ma conscience.

Le ton mélodramatique de la déclaration était compensé par la réalité de la tentative de suicide. L'esprit tourmenté de Bouvet de Lozier n'avait pas évolué comme le pensait Donatien. Moins couard que prévu, le conspirateur piégé par son interrogateur, mortifié que ses complices connaissent sa trahison, avait préféré la mort au déshonneur. Mais la mort n'avait pas voulu de lui. Maintenant il voulait vivre.

— Il y a trop de lâcheté et de mensonges dans cette affaire, continua Bouvet. Je ne peux plus me taire. Les félons qui nous perdent ne méritent plus qu'on les protège. C'est un homme encore couvert des ombres de la mort qui demande vengeance de ceux qui, par leur perfidie, l'ont jeté, lui et son parti, dans l'abîme où il se trouve.

Donatien comprit que Bouvet de Lozier avait trouvé une bonne raison de donner ses complices à la police, comme ces soldats qui s'enfuient du champ de bataille en criant « trahison ! » pour justifier leur désertion.

— Parlez, Bouvet, dit-il, il en va du salut de l'État.

Bouvet le regarda. Une résolution allumait son regard. Donatien appela un greffier qu'on réveilla. Une fois le tabellion installé avec une plume et du papier, Bouvet commença son récit. Ce qu'il raconta en deux heures de temps décupla l'effroi de Donatien.

Bouvet était au cœur du complot. Avec son ami et complice Charles d'Hozier, il avait organisé le réseau parisien sur lequel s'appuyait Cadoudal. Le relais de diligences servait aux transports d'armes et de matériel dans Paris. Les deux hommes avaient loué et aménagé plusieurs appartements où les chouans pouvaient se tenir des semaines à l'abri de la police. Un menuisier, Spin, maître de son art, y avait construit des caches invisibles où ils pouvaient échapper aux perquisitions. Dans l'un de ces refuges, où Cadoudal avait habité plusieurs semaines, une trappe dissimulée sous un tapis permettait de descendre du premier au rez-de-chaussée sans passer par l'escalier et, par là, de gagner la rue. Dans un autre, situé rue du Four, Spin avait accroché à la façade une énorme enseigne en forme de fleur – c'était la boutique de Caron, parfumeur – capable de cacher deux hommes et dans laquelle on pénétrait par un passage secret. Dans une grande maison d'un quartier ouest prêtée par une aristocrate amie, dit encore Bouvet, un tunnel qui s'ouvrait derrière des bosquets conduisait à cent mètres de là sur une place tranquille devant un hôpital. Cadoudal y avait séjourné à son arrivée à Paris, au mois d'août, avant de changer de repaire.

Georges avait débarqué à Biville avec ses compagnons muni d'une ceinture où il transportait un million en lettres de change, somme énorme susceptible de financer le complot pendant des mois. À Paris, Cadoudal avait présidé à la distribution des subsides, au recrutement de nouveaux complices, à la répartition des conjurés dans les caches. Le plan consistait effectivement à enlever Bonaparte. Ces aristocrates concevaient mal de participer à un simple attentat. L'enlèvement avait le mérite de les affranchir de l'accusation d'assassinat pur et simple. On garrotterait Bonaparte et on l'enverrait à Londres par le même itinéraire qu'on avait suivi pour venir. Mais bien entendu, s'il résistait ou si son escorte se battait, on n'hésiterait pas à tirer, quitte à le tuer. Sa mort serait attribuée à un semblant de bataille qui sauverait hypocritement les apparences. Il fallait ensuite cueillir le fruit de la conspiration, c'est-à-dire prendre le pouvoir. Seuls, les monarchistes ne le pouvaient pas : ils auraient contre eux les anciens Jacobins et la plupart des officiers de l'armée du Consulat, attachés aux conquêtes de la Révolution, notamment à cet avancement au mérite qui les avait faits colonels ou généraux. Il fallait des alliés aux conspirateurs. Où les trouver, sinon parmi ces militaires mécontents du tour que prenait ce régime qui pactisait avec l'Église et penchait de plus en plus vers une monarchie nouvelle ? Tant qu'à restaurer un roi, ils préféreraient le souverain légitime, qui était prêt, en échange de leur concours, à leur garantir grade et fortune en même temps qu'un régime constitutionnel qu'on instaurerait à la faveur d'un compromis national.

— Qui sont ces officiers prêts à comploter ? demanda Donatien.

— Le premier, c'est Pichegru.

— Pichegru ? dit Donatien abasourdi. Le vainqueur de la Hollande ?

Quelques années plus tôt, Pichegru, brillant général républicain, avait réussi une campagne modèle en Hollande, battant à plate couture les armées de la coalition et faisant prisonnière, au terme d'un raid de cavalerie, une flotte entière prise dans les glaces du Helder, cas unique dans l'histoire militaire. Mécontent de la Convention, Pichegru s'était ensuite tourné vers les Bourbons. Il avait commencé à correspondre en secret avec la Cour en exil. Sous le Directoire, en fructidor, soupçonné à raison de vouloir la perte du régime, il avait été déporté en Guyane, pour s'en échapper au cours d'une évasion épique et rejoindre Londres et les émigrés. Pichegru avait ensuite débarqué à Biville avec d'autres conjurés issus de la plus haute noblesse, le marquis de Rivière, Jules et Armand de Polignac, accompagnés d'un autre général, Lajolais, qui devait lui aussi servir de lien avec l'armée.

Comme Bouvet parlait, le complot gagnait, à chaque phrase, en gravité et en importance. Les liens avec l'armée donnaient du crédit à la tentative de prise de pouvoir, même si ces alliés ne s'entendaient sur rien d'autre et cherchaient à jouer chacun leur carte. La présence de fils audacieux des grandes familles françaises montrait que les princes en exil soutenaient de toutes leurs forces l'entreprise de Georges, financée de surcroît par l'or anglais. Une coalition redoutable s'était ainsi ameutée contre Bonaparte avec de grandes chances de réussite. C'était un danger mortel, bien plus étendu et complexe que ce que Donatien avait cru à l'origine.

— Y a-t-il d'autres complices notoires dans l'armée, demanda-t-il.

Bouvet se débondait. Il ne fit aucune difficulté pour répondre.

— Oui. Moreau.

— Moreau ? Êtes-vous sûr, monsieur ? Moreau lui-même ?

— Oui. C'est Lajolais qui a pris attache avec lui à travers son secrétaire Frémière qui a parlé au général.

Donatien connaissait ce Frémière qui avait été employé naguère par Fouché. Il trouva étrange qu'un ancien agent du ministre de la Police se lie avec une bande de chouans.

— Et qu'a répondu Moreau ?

— Il a déclaré à Frémière son intérêt.

— Moreau ?

— Oui, Moreau, qui nous trahit néanmoins.

Donatien avait peine à croire cette extraordinaire révélation. Quoi ? Moreau ? Le premier général de l'armée, tout auréolé de la gloire de Hohenlinden, jugé par beaucoup meilleur stratège que Bonaparte lui-même, Moreau le général sans peur et sans tache, idole de ses soldats du Rhin, figure de proue de tout ce que l'armée comptait de républicains !

— Oui, Moreau, continua Bouvet, Moreau qui est mécontent de son sort, Moreau qui s'ennuie sans emploi sur sa terre de Grosbois, Moreau qui soupçonne Bonaparte de visées tyranniques, Moreau qui est mené par sa femme et sa belle-mère, encore plus ambitieuses que lui, Moreau qui peut prendre la tête d'un soulèvement militaire au nom de la fidélité aux idéaux de 1789 et qui possède assez de prestige pour faire accepter par l'armée un compromis honorable avec les Bourbons.

Bouvet poursuivit son récit. Les conjurés, trouvant incommode de parler à Moreau à travers Frémière, comptaient sur Lajolais pour établir un contact direct. Le 28 janvier au matin, soit deux semaines plus tôt, Lajolais était allé voir Moreau à Grosbois. Il revint en annonçant aux conjurés qu'une entrevue aurait lieu entre Pichegru, Cadoudal et Moreau, le soir même à neuf heures.

À l'heure dite, Pichegru se rendit place de la Madeleine avec Bouvet et y trouva Moreau qui faisait les cent pas en habit bleu et chapeau rond. Bouvet les attendit dans sa voiture. Les deux militaires se saluèrent cordialement et commencèrent à parler. Moreau approuvait le projet et se voyait fort bien prenant la tête du pays en remplacement de Bonaparte. Il décrivit l'état d'esprit de l'armée, le mécontentement dans une partie du pays, les tendances autoritaires du nouveau régime. Mais soudain Cadoudal apparut, sorti d'un fiacre rangé un peu plus loin. Moreau eut un mouvement de recul.

— Allons sur le boulevard où nous serons moins visibles, dit-il. Que diraient les soldats républicains s'ils savaient que j'ai rencontré un chef chouan ?

Les trois hommes avaient alors marché ensemble, malgré la gêne de plus en plus nette éprouvée par Moreau. On parla d'un gouvernement provisoire, des garanties à offrir à l'armée, des acquis de 1789 à conserver. Mais quand il s'agit de savoir qui gouvernerait, le désaccord éclata. Moreau se voyait dictateur à la place du dictateur. Cadoudal rappela qu'ils étaient réunis pour restaurer les Bourbons, qui sauraient récompenser leurs nouveaux alliés. Dans le directoire temporaire, dit-il, ils seraient trois, Moreau, Pichegru et lui, Cadoudal. Moreau expliqua qu'un tel triumvirat serait rejeté par l'armée. Il voulait bien offrir l'amnistie aux chouans, et leur procurer des places. Cadoudal serait général. Mais pas plus. L'ambiguïté du plan se brisait sur ces volontés divergentes.

— Envoyé pour soutenir la cause des Bourbons, dit Bouvet, je me voyais obligé ou de combattre pour Moreau ou de renoncer à une entreprise qui était l'unique objet de ma mission.

— Y a-t-il eu d'autres entrevues ?

— Oui, une ou deux, sur les Champs-Élysées et dans la grande maison de l'Ouest. Mais elles n'ont pas abouti. Nous voulions les Bourbons, Moreau voulait Moreau. Il n'y avait plus d'entente possible.

— Vous voulez dire que le complot a échoué ?

— Non. Cadoudal espère encore l'arrivée d'un prince du sang qui prendrait la tête du coup d'État après l'enlèvement de Bonaparte.

— Un prince du sang ? Lequel ? Le comte d'Artois ? Le roi lui-même ?

— Je ne sais. Sans doute aucun des deux. Louis XVIII est bien loin, en Prusse. Quant à son frère, il n'a jamais voulu prendre le risque de venir en France. Tout cela est incertain. Quand Cadoudal est allé sur la côte accueillir Rivière, Pichegru et les Polignac, il a demandé : « Amenez-vous le prince ? » Le marquis de Rivière a répondu : « Hélas non ! » Cadoudal a pris sa tête dans ses mains et s'est écrié : « Alors nous sommes perdus ! » Mais je crois qu'il espère encore. Il devait y avoir un autre débarquement, ces derniers jours.

Donatien se dit que le prince en question était peut-être sur le bateau de Biville que le cavalier mystérieux avait éloigné des côtes avec sa lanterne. Décidément, l'indiscrétion dans l'enquête coûtait cher à la police. Il pensa aussitôt à Aurore de Condé à qui il avait fait par mégarde une confidence. Était-il possible qu'elle fût du complot ? Il avait écarté cette hypothèse, dans la mesure où il ne lui avait livré aucun nom, aucun lieu, aucune précision. Mais un détail venait de le frapper, qu'il avait relégué loin dans son esprit et qui soudain prenait une acuité terrible.

— Bouvet, dit-il, connaissez-vous cette maison de l'ouest de Paris où Cadoudal a séjourné ?

— Oui. Fort bien. J'y suis allé pour reconnaître les lieux.

— Pouvez-vous la décrire ?

— C'est une grande maison au bord de la Seine, défendue par une grille d'un côté, avec un tunnel de l'autre, qui conduit à la place Sainte-Perrine par les anciennes carrières, à travers la colline de Chaillot. Cette particularité m'a semblé utile.

— Mais encore, vous souvenez-vous d'un détail qui vous aurait frappé ?

— Oui. Il y a une curiosité. À gauche de l'entrée, dans un salon attenant, j'ai vu un grand baquet en bois qui contenait des morceaux de ferraille. Je ne sais pas ce que c'est ni ce que cela signifie. Mais enfin c'est suffisamment étrange pour qu'on s'en souvienne.

— Et savez-vous à qui appartient cette maison ?

— Bien sûr. J'ai négocié l'usage des lieux avec sa propriétaire.

— Qui est...

— Aurore de Condé, celle que nous appelons la duchesse d'Enghien.

10.

Les calmes révélations de Bouvet de Lozier tombaient comme un couperet sur Donatien. Il resta étourdi et muet, écrasé par la signification du nom qu'il venait d'entendre. Péniblement, il se leva et mit fin à l'entretien en confiant au greffier la tâche de faire relire et signer sa déposition par Bouvet. Puis il quitta le Temple et marcha dans les rues sombres sans même savoir où il allait.

Il était un policier habile, madré, éprouvé : il était tombé dans un piège pour naïfs. Aurore l'avait manœuvré comme un enfant. Chargé d'une enquête où le Premier consul jouait sa vie, il avait livré à l'ennemi un renseignement décisif. Grâce à Aurore qui lui avait soutiré sans y toucher une information essentielle, la découverte de la filière de Cadoudal de la côte à Paris, le *Vencejo* avait déjoué le piège tendu par Savary. Il était même probable qu'elle avait, par la même occasion, empêché la capture du prince qu'espéraient les conspirateurs, maintenant reparti vers l'Angleterre. Donatien était mortifié, furieux, découragé. Son habileté policière avait été surpassée par une jeune femme envoûtante à l'intelligence supérieure. Pis, il en était tombé amoureux, vivant une aventure brûlante où il jouait le rôle de la dupe ridicule, plein de confiance et de fatuité. Il ne savait quel sentiment le faisait souffrir le plus, le dépit ou l'humiliation. Cette amoureuse était perfide, sa maîtresse était son ennemie. Espion machiavélique, il avait été le jouet d'une espionne plus machiavélique encore. Face à cette Dalila de la noblesse, il avait été un Samson fat et ridicule.

Il reconstitua l'intrigue, remonta les mécanismes, rassembla les indices qui auraient dû, depuis longtemps, éveiller ses soupçons. Il s'en rendait compte : c'est Aurore qui avait provoqué la rencontre grâce à Juliette, Aurore qui avait sans doute demandé à être raccompagnée depuis la Malmaison, Aurore qui avait si bien joué les grandes dames offensées, tout en sachant que son charme opérait et que le policier habitué aux conquêtes féminines reviendrait vers elle. Une fois les soupçons éventuels de Donatien endormis par cette froideur initiale, elle avait simulé à la perfection une sorte de coup de foudre qui nouait avec lui des liens étroits propices aux confidences. Quant au dîner avec Talleyrand, Moreau et l'ambassadeur de Courlande, c'était une comédie qu'elle lui avait jouée. Il lui revint à l'esprit que Moreau s'était absenté avant de passer à table. L'affaire était soudain limpide : le général était monté à l'étage et avait vu Cadoudal, qui habitait secrètement chez Aurore, comme Bouvet venait de le révéler. Les chouans avaient conspiré avec Moreau sous ses yeux !

Il se dit que pour Bonaparte aussi, les révélations de Bouvet étaient cruciales. Le complot était bien plus qu'une entreprise criminelle ; il y avait derrière lui une combinaison mortelle. Alliés, même provisoirement, monarchistes et républicains pouvaient abattre Bonaparte et installer en France un régime nouveau, qui ferait, sous une forme inédite, la synthèse entre Ancien Régime et Révolution. Habile, pragmatique, Louis XVIII, une fois le crime politique accompli, réunirait les deux France à son profit. L'intrigue n'était pas seulement celle de chouans revanchards. Elle était fondée sur une pensée politique qui rendait son accomplissement vraisemblable.

Démoralisé, il s'aperçut qu'il avait marché sans s'en rendre compte jusqu'au Châtelet dont la masse noire dominait la Seine. L'aube pointait au-dessus des toits blanchis par la neige. Il fut saisi par le froid humide et le vent qui courait dans les rues encore sombres. Il fit effort sur lui-même et s'obligea à arrêter ses lamentations intérieures. L'aveu de Bouvet de Lozier commandait d'avertir Bonaparte. Une trentaine d'assassins étaient dans Paris ; ils espéraient l'arrivée d'un prince du sang qui légitimerait leur coup de main ; ils avaient des attaches dans l'armée, même si Moreau jouait une carte personnelle ; jusqu'où remontaient leurs complicités ? Il n'osait l'imaginer, tant l'écheveau de la politique révolutionnaire était emmêlé. Si Moreau conspirait, pourquoi pas des sénateurs, des conseillers d'État, des ministres même ? Tout reposait, dans l'édifice fragile du Consulat, sur le génie d'un homme. Une fois cet homme abattu, les ambitions pouvaient se réveiller. Le complot semblait étrange, hasardeux, reposant sur des alliances contre nature. Financé par l'Angleterre, confié à des fanatiques implacables, fondé sur un calcul politique retors, il était diabolique.

Il marcha le long du quai encore désert jusqu'aux Tuileries. Il saisirait Bonaparte au réveil. Il savait que le Premier consul, habitué aux horaires militaires, se levait dès l'aube. Il se présenta une demi-heure plus tard à la grille du palais endormi dans le petit matin. Guidé par un majordome, il marcha dans des couloirs sonores et vides. Accueilli par une bonne chaleur et l'odeur d'un feu de bois dans l'appartement consulaire, il vit Bonaparte en chemise tendant sa gorge au valet Constant qui tenait un rasoir ouvert. Le savon blanc recouvrait ses joues et ses cheveux mouillés étaient plaqués sur son crâne.

— Alors Lachance, vous voilà bien matinal ! Vous avez de bonnes nouvelles ?

— Des nouvelles, citoyen consul.

Donatien jeta un regard sur Constant et fit une moue interrogative.

— Vous pouvez parler, commissaire, je n'ai pas de secret pour Constant !

— Citoyen consul, nous avons débrouillé l'intrigue. Un des brigands a parlé au Temple. Le complot réunit Cadoudal, un prince du sang et des généraux républicains parmi lesquels figure Moreau.

Bonaparte bondit, manquant de se faire couper par le rasoir de Constant. Il regarda Donatien en mettant son index devant sa bouche pour lui intimer le silence. Puis il saisit une serviette et essuya le savon.

— Passons dans mon cabinet, l'affaire est grave, dit-il à voix basse. J'avais bien dit que la police ne tenait pas un quart de l'affaire.

Bonaparte ferma la porte derrière lui et se mit à marcher de long en large, les mains croisées derrière le dos.

— Moreau ! Moreau ! disait-il. Mais comment Moreau s'est-il abouché avec ces chouans ?

Il alla à la fenêtre, regarda le ciel et fit un signe de croix.

— Madone, c'est un danger mortel. Contez-moi cela par le menu, Lachance.

Donatien lui rendit compte de l'enquête dans tous ses détails, interrompu par les exclamations du Consul. Quand il eut fini, Bonaparte était livide. Sa voix tremblait, de peur ou de colère.

— Suis-je donc un chien qu'on peut abattre dans la rue ? La méchanceté d'Albion est sans limites. Ces assassins sont prêts à toutes les infamies. Nous devons frapper, Lachance, et vite. Il faut rendre coup pour coup. Ces gens-là doivent savoir ce qu'il en coûte de conspirer contre la nation. Ah ! Il est facile de prêcher l'honneur quand on arme de tels sicaires ! Il faut faire un exemple terrible.

Bonaparte marcha de long en large puis s'assit à son bureau, comme si Donatien n'était plus là. Il prit une plume d'oie et se mit à écrire. À onze heures, il présidait un Conseil extraordinaire dans la salle des Tuileries que Donatien connaissait, avec son horloge, ses lustres en cristal et sa grande table en forme de U. Les deux autres consuls l'entouraient, Cambacérès avec son air ennuyé, Lebrun sincèrement ému. En face à droite, Talleyrand impassible et Régnier, le grand juge, qui jetait des coups d'œil inquiets autour de lui. À gauche Murat, gouverneur de Paris, tapotait le tapis vert qui recouvrait la table. Savary, revenu de Normandie après avoir fait chou blanc, lisait les rapports que Donatien lui avait donnés à son entrée dans la salle pour mettre ses gendarmes de la Garde au niveau de la police dans sa connaissance du complot.

À côté de lui, un personnage pâle et maigre se tenait immobile, ses cheveux frisés avançant sur son front, le regard gris et clair comme une flaque d'eau, ses yeux comme morts. C'était Fouché, soudain rappelé au Conseil alors qu'il avait été relégué au Sénat un an plus tôt. Bonaparte se souvenait de son avertissement – « l'air est rempli de poignards » –, métaphore hardie mais éloquente. Le savoir-faire de l'ex-ministre de la Police était appelé en renfort. Fouché revenait en grâce, rétabli par Cadoudal. Voyant Donatien, il lui adressa un demi-sourire de complicité, que celui-ci lui rendit volontiers, en souvenir des années passées ensemble au ministère. Le jeune commissaire s'était assis sur un banc en retrait du Conseil, adossé au mur tapissé de velours.

— Lachance, asseyez-vous avec nous, vous êtes l'homme de l'art. Prenez place, résumez votre enquête.

Donatien s'assit et fit le compte rendu de ses découvertes, allant droit au fait sans omettre les détails importants. Bonaparte reprit la parole après lui.

— Ainsi trente coquins sont dans Paris prêts à m'assassiner, payés par l'or de l'Angleterre. Nous devons réagir aujourd'hui. Moreau est leur complice. Il s'appuie sur les mécontents de l'armée et sur tous ces exagérés qui ne songent qu'à la perte du gouvernement. Je propose que Moreau soit mis en arrestation au plus vite. Les autres, Pichegru, Georges et ses brigands, méritent l'échafaud. Ils se terrent, il faut les trouver. Mais nous pouvons atteindre Moreau. Je ne veux pas le condamner d'emblée. C'est un général plein de vanité et de jactance, mais honnête. Il peut être remis sur le droit chemin. Je le verrai. S'il se repent, je suis prêt à exercer la clémence d'Auguste. Mais avant de pardonner à Cinna, il faut le saisir. Ce sera un premier exemple, qui démontrera l'énergie du gouvernement. L'opinion doit savoir que nous serons justes mais implacables. Arrêtons Moreau, obtenons son repentir. La France nous suivra.

Ainsi Bonaparte avait dressé son plan, à la fois pratique et politique. Il voulait montrer sa force en arrêtant Moreau, de manière à impressionner l'opinion et à décourager les conspirateurs. Mais pour désarmer l'opposition prévisible des militaires, il le traiterait ensuite avec clémence.

— L'arrestation de Moreau heurtera l'armée, dit Cambacérès, l'un des rares à savoir s'opposer à Bonaparte. Il vaudrait mieux mettre la main sur Pichegru, sur Cadoudal ou sur un autre conspirateur avant de nous attaquer à Moreau. La réalité du complot serait évidente aux yeux de l'opinion. Si nous allons trop vite, on nous soupçonnera de menée politique. Si j'ai bien compris, Moreau a été réticent à entrer dans la conspiration. Il n'a rien fait de tangible et sa culpabilité est soutenue par les déclarations d'un comploteur que rien ne vient corroborer. On dira que nous voulons éliminer un rival politique sans preuves.

— Comment cela, sans preuves ? dit Bonaparte. Lachance vient de vous éclairer. Les aveux de ce Bouvet de Lozier sont sans appel. Moreau conspire. Son attitude depuis longtemps est celle de la sédition. Il a rencontré Georges, le chouan le plus redoutable. Cela me suffit.

— Nous ignorons l'étendue des complicités, dit Cambacérès. Attaquer Moreau, c'est inquiéter beaucoup de républicains, qui peuvent se tourner contre nous. Pourquoi ne pas attendre d'avoir pris Georges ou Pichegru ? Notre position sera plus forte.

— Mon expérience m'incline à déconseiller les arrestations prématurées, dit Fouché vers qui tout le monde se tourna comme vers un oracle. Il faut laisser l'essaim se poser. Alors nous le prendrons d'un coup.

— Moreau conspire, dit Murat qui n'aimait pas le général républicain plus glorieux que lui, il faut réagir. Tout le reste est faiblesse.

— En arrêtant Moreau, dit Savary, nous alerterons l'opinion.

Nous pourrons ensuite prendre toute mesure de contrôle pour prévenir les conspirateurs et les pourchasser plus efficacement.

— Lachance, dit Bonaparte, où en sommes-nous des autres arrestations ?

— Elles sont imprévisibles aujourd'hui. Nous enquêtons. Nous interrogeons sans relâche. Mais le réseau de Cadoudal est morcelé, les compartiments sont bien séparés. Je ne peux rien garantir à ce jour.

— Si nous ne pouvons pas les prendre, il faut tout de même les enfermer dans une cage, dit Bonaparte. Nous allons placarder des avis dans tout Paris, organiser des rondes, promettre des récompenses à toutes les mouches et fermer les barrières pour les empêcher de s'échapper.

— Je lance le branle-bas dans la gendarmerie immédiatement, dit Savary.

— La police fera son devoir, dit Donatien, qui était de l'avis de Fouché : il valait mieux attendre pour présenter à l'opinion des preuves plus tangibles. Mais il sentait que Bonaparte penchait pour la manière forte.

— Comme toujours, dit Fouché, c'est le renseignement qui primera. Ces hommes ont besoin de caches et de complices. Une forte récompense fera taire les scrupules et déliera les langues. C'est ainsi que nous les aurons.

— Nous tenons tout de même huit hommes sous les verrous, nous pouvons avoir plus de renseignements, dit Régnier, le grand juge, qui dirigeait encore nominalement la police, même s'il était clair aux yeux de tous que Fouché et Lachance reprenaient la main.

— Au besoin, faites-leur serrer les pouces, jeta Bonaparte. C'est un cas de force majeure. La sécurité de l'État est menacée par des fripons sans principes. Nous sommes affranchis de toutes les timidités.

— Cette méthode n'a rien donné avec Troche, dit Donatien qui commençait à trouver ce recours à la torture difficile à supporter et mauvais pour la réputation même du régime.

Savary lui jeta un regard noir.

— Parfois nous n'avons pas de choix, dit le général. Nous sommes en guerre.

— Oui, dit Bonaparte, nous sommes à la guerre. La guerre civile, la pire de toutes, ajouta-t-il.

— Quel est ce prince dont Bouvet a parlé ? demanda Talleyrand d'une voix doucereuse, peu soucieux de se prononcer sur l'usage de la torture.

— Bouvet ignore son identité, répondit Donatien, il a écarté des suspects le ci-devant comte de Provence et le comte d'Artois. Le premier est en Prusse, trop loin pour agir directement ; le second ne souhaite pas se compromettre en France.

— Celui qui se fait appeler Louis XVIII est un impotent hypocrite, dit Bonaparte. Quant au comte d'Artois son frère, c'est un poltron. Il aurait dû cent fois se porter à la tête des troupes pendant les guerres de Vendée. Cette famille ne mérite plus la Couronne. Ce sont des pions de l'Angleterre. Pire, des pions qui restent en arrière de l'échiquier au lieu d'être en première ligne.

— C'est donc quelqu'un d'autre, reprit Talleyrand, qui poursuivait une idée. Pourquoi pas ce duc d'Enghien qui séjourne à Ettenheim, dans le duché de Bade, à une journée de cheval de Strasbourg ? J'ai reçu un rapport précis de Fauche-Borel sur ce jeune homme qui vit entouré d'une coterie d'émigrés et qui est lié à l'Angleterre.

Aussitôt Donatien pensa à Aurore. Après tout, elle avait été la maîtresse de ce duc dont on parlait, le petit-fils de Condé, le dixième dans l'ordre de la succession à Louis XVI. Elle était du complot. Son ancien amant pouvait en être aussi. Comment avait-il été assez candide pour croire qu'elle rejoignait le régime, alors que des liens si étroits l'attachaient à l'ancienne monarchie ?

— Le duc d'Enghien est si proche de la frontière ? demanda Bonaparte.

— Fauche-Borel affirme qu'il se rend à Strasbourg régulièrement, peut-être à Paris, dit Talleyrand.

— À Strasbourg ? Un prince du sang ?

— Il vient incognito.

— Que fait ma police ? Que fait ma police ? s'écria Bonaparte.

Un silence s'installa. Chacun comprit que les jours de Régnier au ministère étaient comptés. Un signal s'alluma dans l'esprit de Donatien. Fauche-Borel était un agent de Fouché depuis de longues années. À chaque stade de l'enquête on retrouvait la main de l'ancien ministre de la Police, qui n'avait jamais dételé et se retrouvait de nouveau au gouvernement.

— Nous le ferons surveiller, dit Savary.

— Très bien, dit Bonaparte. Je voudrais en savoir plus sur ce jeune Enghien.

— J'envoie des instructions immédiates, dit Savary. Nous enquêterons sur place.

— Faites, Savary, dit Bonaparte. Ce prince-là est un candidat vraisemblable. Il est jeune, actif, il porte l'un des plus grands noms. Son grand-père Condé est un bon militaire. Et lui-même a combattu avec un certain courage, me dit-on.

— J'envoie Lamothe à Ettenheim, dit Savary. C'est un de mes meilleurs gendarmes. Il enquêtera discrètement. Nous saurons à quoi nous en tenir.

— Allons, messieurs, au travail, dit Bonaparte qui voulait conclure. Le salut de l'État est en jeu. Il faut frapper, frapper encore. Mon siège est fait. Moreau doit être arrêté. Savary, vous fournirez un escadron de gendarmes qui iront s'en saisir à Grosbois, dans ce château que la reconnaissance de la République lui a donné. Murat, nous passons dans mon cabinet avec Savary. Nous verrons les détails et nous rédigerons la proclamation.

Donatien se demanda tout de même comment un prince qui séjournait près de Strasbourg pouvait être attendu par Cadoudal sur les côtes de Normandie. La chose n'était guère logique. Le ministre des Relations extérieures ne pouvait pas l'ignorer. Quelle était la réalité de l'implication du duc d'Enghien ? Il y avait dans l'intervention de Talleyrand autre chose que le juste soupçon formé à l'égard d'un ennemi du Consulat, d'autant que l'information venait d'un homme de Fouché, dont Donatien avait déjà éprouvé les intrigues à double fond. Il se promit d'y réfléchir. Dans l'immédiat, il avait à faire au ministère. Et surtout, il lui fallait définir une conduite envers Aurore, dont la présence menaçait toute son enquête. Une femme aussi forte et duplice était un danger public. Il songea qu'il avait la dénonciation de Bouvet et qu'il pouvait la faire arrêter tout de suite. Mais il réalisa aussi qu'elle était encore dans une certaine quiétude. Elle ignorait que la police l'avait percée à jour. Il y avait là un levier, sur lequel on pouvait peser.

Le lendemain, Donatien accompagnait un détachement de gendarmes constitué par Savary pour aller se saisir de Moreau qu'on supposait sur sa terre de Grosbois, à quelques lieues au sud de Paris. Quand la troupe passa le pont de Charenton, Donatien vit une voiture qui venait en sens inverse, attelée par six chevaux et flanquée d'un cavalier en uniforme. Il alla à sa hauteur. Le rideau s'écarta et la vitre s'abaissa. Un homme brun se pencha à la fenêtre. C'était Moreau.

— Monsieur, dit Donatien, nous venions vous chercher. Le gouvernement souhaite vous interroger.

— Le gouvernement ? M'interroger ? Je me rends chez moi à l'hôtel d'Anjou. Je vous y recevrai volontiers.

— Malheureusement, général, je crains qu'il ne faille nous suivre. L'entretien doit avoir lieu au Temple.

Déjà les gendarmes entouraient la voiture, prévenant tout essai de fuite. Moreau regarda Donatien, considéra les cavaliers.

— Au Temple, dites-vous ? Je suis donc prisonnier.

— Non, pas à ce stade. Le gouvernement souhaite vous entendre. Le grand juge vous attend.

Bonaparte avait prévu un traitement particulier pour Moreau, qu'il voulait ménager. Il serait interrogé non par un policier ou un juge mais par le ministre de la Justice en personne.

— Je vois qu'on ne me laisse aucun choix. Je vous suis, citoyen. C'est ainsi qu'on traite un général de la République sous ce gouvernement. Je suis à la merci d'un commissaire de police. C'est la récompense des services rendus à la France.

Il se rencogna, ferma la vitre et tira son rideau.

Dans le même salon où Donatien avait confessé Bouvet, Régnier attendait assis dans un grand fauteuil devant une longue table, un greffier à sa droite, des gardes de chaque côté de la porte. Il se leva à l'entrée de Moreau et le fit asseoir en face de lui. Donatien prit place sur une chaise, un peu en arrière.

— Général, commença le grand juge, une enquête serrée nous a fait saisir les fils d'une conspiration perfide contre l'État. Je dois vous poser plusieurs questions.

— Que fais-je, grands dieux, dans cette enquête ? répliqua Moreau d'un ton coupant. Je ne conspire contre personne. J'ai mes opinions, je ne les cache pas. C'est sans doute pour cela que vous voulez me compromettre.

— En aucune manière, général. Nous avons des preuves, des indices, des témoignages. Cadoudal est à Paris avec une troupe d'assassins soldés par l'Angleterre. Il veut se défaire du Premier consul et mettre à sa place un gouvernement qui restaurerait les Bourbons. Nous savons, général, que vous avez rencontré Georges, à la fin du mois de janvier.

— Moi ? Rencontrer Georges ? Vous plaisantez, j'espère.

— Vers neuf heures du soir à la Madeleine. Vous avez conféré longuement.

— Qui a pu vous persuader d'une pareille baliverne ? Je démens tout, formellement.

— Vous connaissez Georges, néanmoins.

— Je le connais de réputation. C'est un fier lutteur qui défend la cause que j'ai toujours combattue. Comment me lierais-je avec lui ? Vous m'avez donc arrêté pour me chanter un conte fantastique. Que signifie cela ? Bonaparte veut se défaire de moi. Dites la vérité !

— Je pose les questions, général, dit Régnier avec un début d'embarras. Vous niez donc avoir vu Georges...

— Je le nie.

— Et Pichegru, votre ancien camarade, lui aussi secrètement à Paris ?

— Pas plus. Je n'ai pas revu Pichegru depuis la campagne de 1795 en Allemagne et en Hollande.

— Et Lajolais, qui est allé vous voir à Grosbois ?

Moreau hésita un instant. Il réfléchissait. Donatien eut le temps de comprendre que la venue de Lajolais avait probablement été connue des gens de Grosbois et que sur ce point un mensonge serait réfuté par des interrogatoires ultérieurs.

— J'ai vu ce Lajolais, qui est un ancien camarade et que mon secrétaire Frémière m'a envoyé. Il est venu me demander des secours au nom de notre amitié passée. Je lui ai donné quelques subsides. Il m'a aussi demandé d'intervenir en faveur de Pichegru, qui demandait à rentrer en France. J'ai accepté au nom des campagnes de la Révolution. Lajolais m'a ensuite parlé des Bourbons, de ses contacts à Londres. Je l'ai aussitôt éconduit.

L'interrogatoire dura encore une heure, en vain. Moreau prenait de haut ses accusateurs, persiflait et se moquait, ne cédant rien, niant toute implication, écrasant de mépris ses interrogateurs. Il refusa de solliciter une entrevue avec le Premier consul, n'ayant rien à se faire pardonner. L'enquête butait sur un mur. Il n'y avait contre Moreau que les propos de Bouvet de Lozier. Dans un procès public, ce serait parole contre parole, un agent royaliste louche et subalterne contre un général de la République glorieux et soutenu par ses pairs. Donatien sentait que l'affaire commençait d'échapper à Bonaparte. Sans les aveux de Moreau, le dossier était branlant.

Le lendemain, Bonaparte fit néanmoins placarder dans tout

Paris la proclamation qu'il avait rédigée et que Murat avait signée. Son style rappelait les pires moments de la Terreur :

« Cinquante brigands, restes impurs de la guerre civile, ayant à leur tête Georges Cadoudal et l'ex-général Pichegru, ont débarqué en Normandie et se sont installés dans la capitale où ils se préparent à assassiner le Premier consul. Leur arrivée a été provoquée par un homme qui compte encore dans nos rangs, par le général Moreau qui fut remis hier aux mains de la Justice nationale. Leur projet, après avoir assassiné le Premier consul, était de livrer la France aux horreurs de la guerre civile, aux terribles convulsions de la contre-Révolution. Les camps de Boulogne, de Montreuil, de Bruges, de Saintes, de Toulon et de Brest, les armées d'Italie, de Hanovre et de Hollande auraient cessé de commander la paix. Notre gloire périssait avec notre liberté ! Mais tous les complots ont échoué ; dix de ces brigands sont arrêtés, l'ex-général Lajolais, l'entremetteur de cette infernale trame, est aux fers, la police est sur la trace de Georges et de Pichegru. Un nouveau débarquement de vingt de ces brigands doit avoir lieu ; les embuscades sont dressées ; ils seront arrêtés. Dans cette circonstance, si fatigante pour le cœur du Premier consul, nous, soldats de la patrie, nous serons les premiers à lui faire un bouclier de notre corps et nous vaincrons autour de lui les ennemis de la patrie. »

C'était un précipité de propagande. Moreau était présenté comme l'âme du complot alors qu'il n'y touchait que de loin. Le gouvernement se targuait d'arrêter tout le monde alors qu'il était dans le brouillard. Le texte signé Murat reprenait le style et le vocabulaire de la Convention, pour appeler autour de Bonaparte les tenants de la Révolution et agiter le spectre d'une restauration ; l'énumération des camps et des armées était destinée aux soldats et aux officiers. On les menaçait de voir perdre les conquêtes si durement obtenues. L'émotion fut immense mais l'effet désastreux. L'opinion ne marchait pas. Personne ne croyait Moreau coupable. Les affiches dans Paris furent recouvertes d'inscriptions hostiles. « Moreau innocent, l'ami du peuple et le père des soldats aux fers ; Bonaparte, un étranger, un Corse devenu usurpateur et tyran ! Français, jugez ! » Ou encore : « Citoyens, si vous êtes assez lâches pour souffrir que Pichegru et Moreau périssent, nous vous jurons de mettre le feu dans tous les coins de Paris ! » Une anagramme particulièrement cruelle apparut sur une affiche et fut colportée dans tous les salons : « BUONAPARTE : NABOT A PEUR ».

L'opinion se sentait la dupe du régime. On refusait de croire qu'un général aussi titré, aussi probe, aussi républicain, se soit acoquiné avec des chouans. Comme la police n'avait arrêté que des comparses, on doutait même de la réalité du complot. Beaucoup en déduisaient aussitôt que le Premier consul en butte à l'opposition républicaine s'était emparé de ces vagues soupçons pour abattre Moreau, son rival dans l'armée, qui risquait de devenir la statue du commandeur des républicains. Les plus aimables disaient que le gouvernement frappait à l'aveugle faute de connaître les ramifications du complot.

Les Parisiens se raidirent encore quand on sut les mesures extraordinaires prises par Murat et par la police. Les barrières de Paris étaient fermées, surveillées par des détachements de la garde à pied. Des soldats patrouillaient le long des murs pour prévenir tout passage clandestin. On fouillait les voitures, ont contrôlait les passants, on arrêtait les coches d'eau pour vérifier leurs passagers. Dans la hâte, on fit voter au Corps législatif une nouvelle loi qui prévoyait la peine de mort pour Cadoudal, ses complices et pour toute personne qui l'aurait aidé de quelque manière que ce soit.

Donatien fut occupé tout le jour à convoquer ses indicateurs pour leur annoncer que cent mille francs iraient à quiconque donnerait une information menant à l'arrestation de Pichegru, Cadoudal, Lajolais, les Polignac ou un de leurs complices. Il diffusa une liste de soixante noms qui contenait ceux qui avaient été dénoncés par Querelle et Bouvet, et ceux qu'on soupçonnait de faire partie aussi du complot. Il fit encore placarder un signalement de Cadoudal qu'il avait tiré de sa « topographie chouannique » et dont il modifia les termes pour rendre Georges plus effrayant : « Extrêmement puissant, tête effroyable par sa grosseur, cou très raccourci, doigts courts, épais et gros, nez écrasé, comme coupé dans le haut, menton renforcé, marchant en se balançant, individu extrêmement dangereux. »

Une fois cette tâche accomplie, il songea à Aurore. Aurore qu'il n'était pas loin d'aimer et qui l'avait trahi. Aurore si capiteuse et si vénéneuse. Aurore qui était son grand échec de policier autant que d'amant. Aurore sur laquelle il fallait reprendre au plus vite l'avantage. Il eut l'idée de vérifier un point : quelle était sa vraie histoire ? Le conte qu'elle lui avait fait était-il véridique ? Sinon trouverait-on une indication dans ses antécédents ? Il descendit aux archives de la police qui occupaient la moitié du rez-de-chaussée de l'hôtel de Juigné. Camarat le reçut, un vieil homme à lorgnons et tablier gris. Donatien formula sa demande. Une demi-heure plus tard, Camarat arriva dans son bureau avec la fiche demandée. Ces fiches étaient confectionnées par le ministère depuis des décennies, on y consignait les faits notables du royaume, jour après jour, puis ceux de la République.

La fiche était jaunie mais lisible. Elle rapportait ce qui s'était passé en juillet 1789 dans la cathédrale, quand une jeune femme de la noblesse avait tiré un coup de pistolet sur son cousin au milieu de la messe de mariage. Tout y était décrit, les liens des deux cousins, la blessure du jeune duc d'Enghien, la fuite d'Aurore de Condé aidée par un cocher masqué. Au bas de la fiche, Donatien trouva ce qu'il cherchait. Dans une autre écriture, avec une encre qui avait moins pâli, on avait rajouté un codicille, daté de 1794. « Le complice de Mme de Condé, dit-on dans le pays de Vannes, selon des prisonniers bretons interrogées par un officier républicain chargé de chercher les chefs chouans, n'était autre que Georges Cadoudal, le chef de la chouannerie, qui avait entretenu très tôt des liens d'amitiés avec la famille de Condé dont il était le voisin dans sa métairie. Le jeune Georges aurait accepté d'aider son amie dans son entreprise de vengeance. »

Ainsi tout s'éclairait. Aurore et Georges étaient amis d'enfance. Ils avaient sans doute couru ensemble les mêmes grèves, mené les mêmes bateaux, visité les mêmes îles, chassé dans la forêt de Vannes ou pêché le long de la rivière d'Auray, comme deux enfants insouciants réunis en dépit des différences de condition au cœur d'une nature sauvage. Ces deux-là étaient liés par l'enfance, bientôt par le crime et la fuite romanesque à travers la lande bretonne. Ainsi le complot contre Bonaparte assemblait-il des personnages liés par bien plus que la simple identité de vues politiques. Il y avait là comme une émanation parisienne de la Bretagne profonde, avec ses liens de voisinage, de sang et de vassalité. Aurore était une pièce maîtresse de l'intrigue, d'autant plus déterminée qu'elle avait contracté vis-à-vis de Georges une dette d'honneur éternelle. Blessé dans sa fierté de policier comme dans sa vanité de séducteur, Donatien se surprit néanmoins à admirer le sang-froid d'Aurore, qui l'avait si bien abusé. Quelle ennemie ! se disait-il, fasciné par son adversaire, une fois de plus étonné que la cause de ces Bourbons sans gloire ni panache puisse susciter de tels dévouements.

Il se mit alors à réfléchir au moyen de duper en retour celle qui l'avait si bien manipulé. Après tout, elle ignorait peut-être qu'elle était découverte. Le désastre qui frappait le complot, l'arrestation de Moreau, celle de Bouvet, de Picot et les aveux qui s'étaient ensuivis l'avaient encore épargnée. Seul Donatien connaissait la dénonciation de Bouvet contre Aurore. Elle pouvait aussi bien se penser à l'abri en dépit de la chute d'une partie du réseau. Et si tel était le cas, il pouvait encore la voir et feindre d'ignorer ses activités réelles. Alors elle chercherait forcément à savoir où en était l'enquête, selon la ruse qu'elle avait déjà employée avec succès...

Il résolut d'agir. Il descendit, héla un fiacre et donna l'adresse de la maison de Chaillot. Arrivé sur place, alors que le soir commençait de tomber, il se présenta à la grille et sonna. Seul le silence troublé par le vent dans les feuilles lui répondait. Il voyait la façade à moitié cachée par les arbres : les volets en bois étaient fermés. Il sonna encore, attendit. Toujours rien. Il longea le mur couvert de lierre qui enserrait la propriété. Le long de la Seine, sa hauteur le rendait infranchissable. Mais sur le côté bordé d'un petit bois, il remarqua qu'une grosse branche enjambait le mur et surplombait le jardin. Il grimpa à l'arbre, plantant son couteau avec un caillou à mi-hauteur pour escalader le tronc, se rétablissant sur la branche et progressant à califourchon. Il franchit le mur et se laissa tomber de l'autre côté. Le jardin était silencieux. Les volets de la maison étaient fermés, les sièges de jardin empilés sous un hangar, la cheminée sans fumée. Il n'y avait pas de chien. Il fit le tour, chercha une entrée. Tout était clos.

Il allait repartir quand lui revint le détail du tunnel que lui avait décrit Bouvet et qui menait à travers la colline de Chaillot. Il pénétra dans le bosquet qui occupait l'arrière du jardin. Une sente étroite avait été ouverte dans le feuillage. Quelques mètres plus loin, une ouverture rectangulaire pratiquée dans la pierre donnait sur une salle obscure. Laissant ses yeux s'habituer à l'obscurité, il vit qu'un couloir prenait là et se perdait dans le noir. Ainsi le tunnel existait bien, nouvelle preuve de la duplicité d'Aurore, s'il en fallait une.

Il ressortit et revint vers la grosse branche qui servait de pont vers l'extérieur. Elle était trop haute pour qu'il puisse se hisser. Il se mit à la recherche d'un escabeau ou d'une chaise qui le mettrait à portée. Il trouva mieux : une échelle qu'on avait remisée dans une cabane de jardinage. Il la disposa contre le mur et monta. Arrivé en haut, il s'assit sur le mur, empoigna l'échelle et la jeta de l'autre côté. Puis il sauta au bas du mur et cacha l'échelle dans le petit bois. Le jardinier s'étonnerait sans doute de l'absence de son échelle. Il chercherait en vain, puis mettrait sa disparition sur le compte d'un larcin ou d'une négligence quelconque. Et l'échelle dissimulée à l'extérieur permettait d'entrer dans la propriété quand on le souhaiterait, sans passer par la grille.

La maison était vide. Aurore avait disparu. Sa fuite était logique : elle avait vu comme tout le monde le placard de Murat annonçant la découverte du complot. Elle s'était mise à l'abri. Pourtant il restait encore une chance : qu'elle revienne plus tard, une fois rassurée, certaine qu'elle n'était pas recherchée. Sans doute observerait-elle la maison pour vérifier qu'aucune perquisition n'y avait été faite. Il fallait attendre et tâcher de la conforter. Donatien revint au ministère. Dans mon bureau, il prit du papier pour écrire un billet, qu'il donna à un saute-ruisseau, avec pour mission de le laisser dans la petite boîte aux lettres accrochée à la grille de la maison de Chaillot. « Mon amie, écrivit-il, quand nous revoyons-nous ? L'enquête me laisse maintenant un peu de temps. Murat prend le relais. Je brûle de revivre une de ces soirées envoûtantes... »

11.

La situation se dégradait pour le gouvernement. Personne n'arrivait à croire que l'arrestation de Moreau fût autre chose qu'une manœuvre de basse police et de petite politique. On n'avait que des comparses à exhiber. Les accusations contre Pichegru, glorieux militaire, semblaient incertaines ou fabriquées. Quant à Cadoudal, il était introuvable et une partie de l'opinion se persuadait qu'on agitait sa présence comme celle d'un croquemitaine pour faire peur aux enfants. Tous ceux qui s'inquiétaient de l'évolution autoritaire du régime voyaient dans cette affaire de complot un prétexte pour justifier la dictature. Bonaparte avait beau faire donner les journaux, qu'il contrôlait ou au besoin rédigeait lui-même, il avait beau recevoir les corps constitués, peuplés de créatures amies, qui rivalisaient en protestations de fidélité pompeuses et serviles, les Parisiens, enserrés dans une nasse par la police, ne gobaient rien. Un vent mauvais de rébellion soufflait sur la ville. Reconnaissante à Bonaparte du rétablissement de la paix civile, mais rétive à l'instauration d'un pouvoir trop fort, l'opinion commençait à se détourner du régime. Seuls les affidés du Consulat s'alarmaient contre le complot, qui paraissait aux autres une mauvaise farce montée par la police et destinée à faire tomber ceux dont on se méfiait.

Il fallait du tangible, du sûr, du visible. Recevant billet sur billet des Tuileries, pressé de questions et d'instructions, Donatien retournait dans tous les sens le problème posé à la police par cette étrange situation. Mais il ne pouvait inventer les preuves, créer les témoins, produire des coupables qu'il n'avait pas. Il fallait attendre qu'une faute, qu'une imprudence ou qu'une mouche attirée par l'énorme récompense promise les livrât aux autorités. On patrouillait, ou fouillait, on interpellait, on perquisitionnait sans relâche. Mais Georges avait bien tissé sa toile, il était toujours hors d'atteinte. Donatien quitta le ministère vers huit heures et rentra chez lui, anxieux, nerveux, inquiet, à peine calmé par l'air froid qui soufflait le long du quai Malaquais. Sur la Seine en contrebas, il vit deux gendarmes qui contrôlaient à la lumière de leur lanterne un coche d'eau venant d'aborder l'île de la Cité. Au moins ces hommes faisaient-ils diligence. Il se dit que ses pièges posés partout dans la ville, par les rondes, les vérifications, les visites de maisons ou de carrosses et, surtout, les cent mille francs de récompense, finiraient bien par donner un résultat.

En montant les marches inégales de l'immeuble en brique de la place de Thionville, il se prépara à l'assaut qu'Olympe ne manquerait pas de lancer dès son arrivée. Il ignorait si elle allait parler d'Aurore ou de Moreau. Sans doute des deux. Il affûta ses arguments. Elle l'attendait dans la cuisine, affairée devant son fourneau, ayant de toute évidence renvoyé Honorine. Le signe était propice. Une conversation plus dramatique aurait exclu toute entreprise culinaire.

— J'ai pris une décision, dit-elle quand il entra. Je ne sais ce que tu intrigues avec cette duchesse, mais je veux te croire. Ce dîner était de métier. N'en parlons plus. L'enquête qui est ton excuse est sans doute embrouillée et dramatique, à en juger par ses effets extérieurs. Je ne veux rien savoir de plus sur cette ci-devant. Sache seulement que si elle reparaît dans ta vie, elle sera guillotinée. Par moi. Est-ce clair ?

— Euh... oui, répondit Donatien, déconcerté.

— En échange, je veux tout savoir sur l'enquête.

Elle se tourna vers lui avec un regard soudain dur.

— Est-ce un accord entre nous ? Elle ne reparaît plus, j'oublie et tu me dis tout sur cette enquête.

— Oui, mon amour, si tu le souhaites..., répéta Donatien d'un ton plaintif, pris à contrepied par la logique de sa femme et encore inquiet des suites que pourraient avoir ces implacables raisonnements. Il se prit une nouvelle fois à l'admirer. Une épouse banale aurait continué sa bouderie, cherché à confondre le mari suspect, marqué son mécontentement par mille avanies quotidiennes. Elle avait tout examiné, tout calculé, tout pesé, pour arriver à cette conclusion de fer : ce serait un traité de paix, accompagné d'un ultimatum. La fâcherie ne mènerait à rien, à moins de rompre, ce qu'elle avait décidé de ne pas faire. Après tout, elle aussi avait, aux temps du siège de Granville puis pendant l'affaire de la machine infernale, hésité entre deux hommes, tenu un double langage, mené une double vie. Ainsi elle exercerait une clémence conditionnelle, en échange d'une promesse de rectitude et d'une introduction au cœur de la grande affaire en cours. Pendant qu'elle tournait avec une longue cuillère la sauce qui réduisait dans sa poêle, il remarqua le rouge de ses joues, né de la chaleur du foyer, qui colorait son long visage et contrastait avec son regard aiguisé par la concentration, augmentant encore l'impression d'énergie qui lui plaisait tant chez elle. Sa taille était serrée dans une robe à plis et le tissu épousait ses reins avant de tomber sur ses jambes qu'elle avait écartées pour se tenir solidement devant la cuisinière. Ému par ce tableau d'une Vénus domestique, il s'approcha et passa ses bras autour d'elle.

— Non, citoyen, lança-t-elle, vous êtes toujours suspect. De plus je dois me concentrer. Il s'agit d'un braisé. L'affaire est sérieuse.

— Qu'est-ce qu'un braisé ? demanda Donatien, faussement innocent, qui se disait qu'un détour par l'art culinaire, la passion seconde d'Olympe, achèverait d'éloigner l'ombre embarrassante de la duchesse d'Enghien.

Olympe mettait dans la cuisine toute la soif de savoir du

XVIIIe siècle, toujours à l'affût des inventions nouvelles et des découvertes dans des ouvrages de cuisiniers.

— Un braisé ? *Ignorantus !* C'est la nouvelle cuisson théorisée par Carême, qui conserve aux viandes tout leur arôme et leur donne en sus le parfum intact des ingrédients qu'on y ajoute. On enferme la viande dans une sauce préalable. Prisonnière de cet élixir, l'osmazone n'est pas dissipée par l'effet de la chaleur, elle reste dans la viande ou vient enrichir les garnitures. C'est une action en deux temps, d'abord le rissolage, puis la cuisson proprement dite. Au fond, c'est comme une mirepoix.

— Est-ce un gros travail ? demanda Donatien, qui ne comprenait guère ces savants discours mais jugeait opportun de maintenir la conversation sur le sujet.

— *Ignorantus ! Ignoranta !* C'est du travail, pardi ! Il faut pour celle-ci douze onces de jambon de Bayonne coupé en dés, une figure de lard très gras et deux livres de rouelle de veau, du beurre fin, quatre carottes et quatre oignons, un bouquet garni, deux clous de girofle, du thym, du basilic, un peu de macis, une pincée de mignonette et une petite pointe d'ail. Et encore ai-je failli ne pas trouver les clous de girofle, à cause des restrictions de circulation sur la Seine décidées par ton Bonaparte en raison de son complot imaginaire. Il faut cuire à feu modéré, ce que je fais, puis mouiller à l'aide du bouillon que voici à ma droite.

— Quel est le but de cette manœuvre ?

— *Ignorantus ! Ignoranta ! Ignorantum !* Le rissolage produit une sauce épaisse, la « braise », dans laquelle on cuit ensuite la volaille. C'est un jus extrêmement concentré, qui enrichit la saveur de la volaille. Voilà.

— Où en sommes-nous ?

— Dans la cuisine, nous en sommes à la fin de la première phase. La volaille sera servie dans une heure. Débouche une bouteille de bourgogne, je te prie. Dans la République, nous en sommes à cette mascarade de complot, qui n'a d'autre but que d'établir ton Bonaparte en dictateur. Quelle infamie ! Attaquer Moreau, qui a sauvé la République et qui était rentré dans la vie civile tel un Washington. Et dire que tu prêtes la main à ces fourberies !

L'offensive était inattendue. Donatien dut se défendre par réflexe.

— Je ne prête la main à rien. Je connais les faits, voilà tout.

— Les faits ? Et quels sont-ils, ces faits ? De quel semblant de preuve, entièrement fabriqué, disposez-vous ?

— Les aveux d'un comploteur, qui accuse formellement Moreau. C'est suffisant.

— Quel crédit lui accorder ?

— Il est l'organisateur de Georges à Paris. Il est au cœur de la trame.

Donatien lui décrivit l'enquête par le menu, des aveux de Querelle jusqu'à l'interrogatoire de Bouvet de Lozier. Elle écoutait, grave, comprenant que l'affaire avait une tout autre dimension que ce qu'on en disait dans Paris.

— Ainsi, dit-elle, c'est un vrai complot. Les Blancs ont failli rétablir l'ordre ancien, effacer douze ans de révolution...

— Oui. Et c'est Bonaparte, ne t'en déplaise, qui est le rempart contre cette entreprise.

— Non. Les républicains sont les seuls garants. Quant à l'accusation contre Moreau, elle est mince. Il a fauté. Il a envisagé une sédition, il a vu Cadoudal. Mais si je comprends bien, il a reculé dès qu'il a compris qu'il s'agissait de restauration monarchique. Il a refusé de prendre part au complot.

— Il voulait le pouvoir pour lui, pas pour Louis XVIII. C'est une preuve très relative d'attachement à la République.

— Devant un tribunal, Moreau sera blanchi. Les preuves manquent. Mais mon plat est prêt...

Elle posa cérémonieusement la volaille sur un plat en argent. Le repas fut délicieux, la conversation tendre et piquante. Tout semblait revenu à la normale. À dix heures, ils se retirèrent dans la chambre, réconciliés, amoureux et enlacés. Ils tombèrent ensemble dans le lit et chacun se mit en devoir de déshabiller l'autre. Selon leur délicieux rituel, chaque partie de peau nue était longuement caressée. Donatien se dit en soufflant la bougie qu'il n'était pas sûr de mériter telle indulgence et telle épouse.

Le lendemain l'enquête changea une nouvelle fois de visage. Un indicateur avait trouvé Pichegru, qui logeait rue de la Loi au Cercle des Étrangers tenu par un certain Rolland. Donatien avait fait distribuer un signalement précis du général en fuite, « cinq pieds, six pouces ou six moins quelque chose, le dos un peu courbé, visage un peu basané, figure un peu large, à peu près comme un mulâtre, l'œil très vif, cheveux châtain-brun ». La mouche, un marchand de vin nommé Koch, l'avait repéré quand il sortait dans la rue de la Loi. Un peu plus tard, un policier guidé par Rolland était entré dans l'hôtel. Il avait vu Pichegru qui logeait dans une chambre dont la porte était surmontée d'une vitre. Le général était allongé sur son lit et lisait. Le policier était revenu une demi-heure plus tard avec un peloton de gendarmes. Mais Pichegru méfiant avait déjà décampé.

L'hôtelier Rolland raconta à Donatien que Pichegru était saisi d'accès de mélancolie, qu'il supportait fort mal la clandestinité. Devant lui, il avait même pris un pistolet et se l'était appliqué sur la tempe en signe de désespoir. Vieille gloire de la République, général impétueux, Pichegru entraîné dans le complot n'était plus qu'un conspirateur anonyme et traqué, déchu de tous les honneurs et menacé du couperet. Un peu plus tard, une autre mouche, Leblanc, vint dire à la police que Pichegru s'était réfugié auprès d'un nommé Treille, franc-maçon comme lui, qui était convenu de l'aider. Décidément la prédiction de Fouché se réalisait : la récompense rendait la vie des conjurés impossible. À chaque pas, ils tombaient sur un indicateur amateur, motivé par l'énorme récompense. Rien n'était sûr pour eux dans Paris.

Pichegru s'était éclipsé, en disant toutefois à Treille qu'il reviendrait. Donatien confirma à Leblanc que son information lui procurerait les cent mille francs de la récompense s'ils arrêtaient Pichegru. Leblanc repartit, promettant de livrer le fugitif. Donatien mit en alerte un groupe d'inspecteurs et attendit.

Il dut abandonner la piste de Pichegru : on lui apporta un billet cacheté qu'il ouvrit fébrilement. C'était Aurore : « Mon ami, j'ai compris en lisant les affiches que ton enquête avait bien avancé. Voyons-nous ce soir, si tu le veux bien. Nous pourrions dîner chez Procope, qui sert de bons plats. C'est un café philosophique, il te siéra... » Ainsi elle se sentait encore à l'abri et, avec audace, elle renouait le lien avec Donatien.

Il réfléchit quelques minutes et décida de jouer le jeu. Il répondit qu'il viendrait. Comme elle ne l'avait pas deviné, elle était vulnérable. Il irait chez Procope, même si le café, situé rue des Fossés-Saint-Germain, près du carrefour de Bussy, était dangereusement proche de son domicile de la place de Thionville... Il fit un mot à Olympe en invoquant une obligation soudaine imposée par l'enquête qui le tiendrait hors de chez lui pour la nuit, ce qui n'était pas tout à fait faux.

Le soir, en remontant la rue Mazarine qui conduisait au carrefour de Bussy, il se demanda pourquoi Aurore l'avait convié dans un café et non chez elle. Il eut aussitôt la réponse. En face du Procope, vieil établissement où jadis Voltaire et Rousseau avaient leur rond de serviette, il vit un homme en noir coiffé d'un tricorne, le visage à moitié caché par une écharpe, qui observait l'entrée, immobile et vigilant. Donatien passa devant lui et entra chez Procope. Mais au lieu de pénétrer dans la salle du café, il resta dans le vestibule, derrière la porte vitrée et jeta un coup d'œil discret de l'autre côté de la rue. L'homme était toujours là. Il scrutait la rue des Fossés-Saint-Germain dans chaque direction, dévisageant les passants, observant les fiacres et les charrettes. Puis il se tourna vers un point que Donatien ne voyait pas et il fit un signe de la main. Une minute plus tard, un cabriolet tiré par un cheval s'arrêtait devant le café et Aurore en descendait. Ainsi elle avait vérifié grâce à son complice que Donatien était seul et qu'aucune souricière n'avait été tendue par la police. Les hommes de Cadoudal n'avaient donc renoncé à rien. Leur organisation était toujours sur pied et leur habileté intacte.

Donatien entra plus avant dans le café et demanda la table

réservée par Mme de Condé. Il s'asseyait quand Aurore le rejoignit. Il lui prit la main et la baisa.

— Mon ami, dit-elle, nous arrivons ensemble. Je suis heureuse de te voir enfin.

— Le bonheur est pour moi, répondit Donatien qui fouillait son regard en tentant d'y trouver une arrière-pensée, une hésitation. Elle soutint l'examen et sourit de sa grande bouche sensuelle.

— Tu as plus de temps, dit-elle.

— Oui, il y a une pause dans l'enquête, pour ce soir, en tout cas.

— Vous avez marché vite, ce Moreau est donc bien coupable. Le Premier consul dispose d'une police efficace menée par des gens avisés.

Donatien se demanda s'il y avait une pointe d'ironie dans ce compliment, mais rien ne trahissait Aurore.

— Nous avons eu de la chance, dit-il seulement.

— Cette chance me convient, dit Aurore. L'idée de ces gens est folle. La nation ne veut plus de désordres. Renverser le gouvernement, c'est priver la France d'un grand homme et rouvrir toutes les plaies de la guerre civile. Les familles qui prêtent la main à ces crimes sont bien coupables. Elles ne voient pas où est l'intérêt du pays. Ni le leur, d'ailleurs.

Elle parlait d'un ton simple et assuré. Donatien l'observait avec une admiration horrifiée. Elle jouait parfaitement son personnage de duchesse ralliée au régime, trouvant les mots justes pour exprimer le contraire de ce qu'elle pensait. Son sang-froid était extraordinaire, sa duplicité merveilleuse de naturel. Le maître d'hôtel interrompit leur dialogue. Il apportait une carte longue comme une liste de proscription qu'ils se mirent en devoir de lire avec attention.

Le Procope était un café rendu célèbre par la fréquentation des philosophes du temps de Voltaire. On y avait réfuté la religion, dénigré l'absolutisme, disputé du « Grand Horloger de l'univers », des techniques agricoles et des découvertes de Bougainville, passé à l'examen public toutes les convictions du temps et envisagé par la conversation plusieurs articles de l'*Encyclopédie* de Diderot et d'Alembert. En un mot, on y avait préparé la Révolution, jusqu'à ce que les révolutionnaires en fissent à leur tour un quartier général. Danton, Desmoulins, Condorcet ou Couthon avaient été ses clients. Le club des Cordeliers s'était ouvert à quelques mètres et dans la ruelle à l'arrière du café se tenait l'imprimerie de Marat. Le café avait brièvement fermé sous la Terreur, puis était ressuscité après Thermidor dans l'atmosphère de jouissance née de la chute de Robespierre. Le patron l'avait élevé à la dignité de restaurant, achetant le concours de cuisiniers que l'émigration des nobles avait privés d'emploi. Procope proposait depuis un service à la russe riche et raffiné, digne de Beauvilliers et du Rocher de Cancale, tout en restant ouvert tout le jour pour garder son statut de café philosophique.

Ils prirent un potage d'orge perlé, une barbue accompagnée d'une sauce aux crevettes, un filet de bœuf à la napolitaine comme relevé, des truffes à l'italienne et un gâteau Mazarin à l'ananas. Donatien avait laissé Aurore composer le menu. Il choisit le vin, du condrieu avec le poisson, une bouteille de bordeaux avec les viandes. Le maître d'hôtel parti, elle prit discrètement sa main et frotta contre lui sa jambe sous la table. Ils échangèrent un regard complice qui lui fit le plus étrange effet, tant il mesurait la capacité de mensonge de sa maîtresse qui était son ennemie. Il résolut de jouer sa comédie avec la plus grande conviction, sachant que sa ruse, préparée avec le concours de ses hommes pendant tout l'après-midi, ne se déploierait que plus tard.

— On dit partout que Bonaparte se dispose à asseoir un peu plus son pouvoir, reprit-elle. Le complot lui sert de levier pour consolider sa dictature.

— Le complot est réel. Il faut des mesures énergiques pour en couper les ramifications... Et puis nous sommes en guerre.

— Mais qu'en penses-tu ? Après tout, tu as lutté dix ans pour un régime de liberté. Bonaparte aujourd'hui veut la dictature.

Donatien décida de ne rien dissimuler de ses pensées. Avec une adversaire aussi rusée, le moindre faux pas ferait tout manquer. Il devait mentir en toute sincérité.

— J'en pense ce qu'en pensent les républicains. Nous avons renversé les rois et les nobles, soutenu une guerre civile et dix guerres étrangères pour arriver à notre point de départ. Quelle ironie ! En même temps, une monarchie nouvelle ne serait point le retour au passé. Bonaparte a rationalisé le gouvernement, trouvé le compromis avec les Églises, assuré l'accès aux places. Je peux m'y retrouver, si Bonaparte assure l'égalité.

— Ce sera un roi dans la Révolution.

— Peut-être. Et toi, qu'en penses-tu ? Les gens de ta condition seront-ils prêts à servir ce régime ?

— Je vois que ton métier de haute police ne te quitte jamais, lança-t-elle en riant. Tu évalues la situation politique à travers moi.

— Nous disputons... C'est un plaisir.

— Et une chose utile.

Le maître d'hôtel enleva les assiettes du potage et servit la barbue. Le vin blanc de Condrieu échauffait leurs esprits et leurs sens. La jambe d'Aurore se faisait liane autour de la sienne. Elle le mangeait des yeux. Il se dit qu'il y avait, tout de même, derrière la ruse de guerre, une attirance véritable. Du moins il s'en flattait, projetant sur sa compagne ce qu'il ressentait lui-même. Dommage qu'elle soit une espionne, se dit-il, et de la pire espèce. Pourtant, peu à peu, au fil de la conversation, il avait du mal à la haïr, trouvant même dans sa trahison raffinée un motif d'admiration. Elle était décidément l'inverse exact d'Olympe, aussi tortueuse que sa femme était d'une pièce.

— Si le complot renforce Bonaparte, dit-il, si le régime en sort conforté, Georges et ses complices auront été les dupes de l'histoire. Ils auront tiré les marrons du feu pour qu'un autre les mange. Ils veulent abattre Bonaparte. Ils le confortent.

— Cela rend leur entreprise encore plus folle, jeta Aurore dont le regard s'était soudain durci.

Elle avait parlé d'une voix blanche, comme si elle découvrait une réalité inattendue qui ruinait ses plans. Un silence se fit. Le maître d'hôtel apporta le filet de bœuf et les truffes, un sommelier leur versa du bordeaux pendant qu'Aurore laissait sa pensée flotter avec un air de profonde nostalgie. Il la regardait, sûr que cette fois la tragique réalité de la situation politique le touchait à son point faible.

— Mais toi, dit-il pour faire diversion, comment vois-tu ta situation sous le pouvoir de Bonaparte ?

Elle sembla se réveiller d'un rêve et le regarda comme si elle découvrait sa présence. Elle réfléchit quelques secondes.

— Oh ! Le Premier consul nous réserve une place de choix. Il a besoin d'illustration autour de lui, il lui faut gagner l'onction de l'ancienne société pour dominer la nouvelle. Nous servons à cela. Si nous abandonnons nos vieilles fidélités, notre destin est tout tracé.

Il se demanda soudain si elle n'éprouvait pas, au fond d'elle-même, les affres de l'hésitation. Après tout, elle venait de décrire le futur brillant et sûr qui l'attendait si elle jouait la carte du régime. Peut-être se retournerait-elle, même s'il devinait que son lien avec Georges était à la fois celui de l'enfance et de l'honneur. Il lui prit la main, presque ému des risques qu'elle courait par fidélité à son passé. Elle le regarda encore, comme on regarde un sauveteur.

— Notre lien est donc assuré, dit-il pour pousser son avantage et l'ébranler un peu plus. Tu seras un des principaux ornements du régime avec ton amie Juliette. Si je réussis dans mon enquête, le Premier consul me devra quelque chose. Nous serons sur le même rang, toi avec l'avantage du nom et moi celui de la politique.

— Ainsi tu nous vois dans l'avenir ? demanda-t-elle avec un ton d'espérance.

— Pourquoi pas ? Il faut sortir de cette intrigue dangereuse. Une fois hors de l'imbroglio, nous pouvons maîtriser le destin.

Il se dit qu'il y avait là, décidément, beaucoup d'hypocrisie.

Il venait de se réconcilier avec Olympe. Certes, il agitait des projets comme un leurre sous les yeux d'Aurore. Mais les nécessités de son enquête avaient aussi bon dos. Il se demanda s'il parlait finalement à son ennemie ou à sa maîtresse. Il avait planté dans son esprit la graine d'un ralliement sincère. Mais il était bien tard. Il en savait trop sur elle pour pouvoir encore la sauver. Pour l'instant, il fallait la duper. C'était l'objet de cette soirée. Il y revint avec une pointe de douleur dans le cœur.

Le dîner continua sur le ton des confidences. Aurore parlait d'elle, de ses goûts, de ses lectures, de ses soirées à l'Opéra où elle allait une fois la semaine avec la société de Juliette Récamier. Le vin et la chaleur du Procope aidant, ils voulurent écourter le repas, jugeant que la table trop large opposait un obstacle irritant à leur désir. Ils sortirent bras dessus, bras dessous.

— J'ai une voiture, dit-elle.

Sur le chemin de Chaillot, le silence se fit, troublé seulement par des froissements et des soupirs, pendant qu'Aurore libérée par l'intimité du cabriolet l'assaillait de caresses de plus en plus insistantes. Ils sortirent de la voiture devant la grille de Chaillot, coururent presque pour aller dans la maison et montèrent quatre à quatre l'escalier qui menait à l'étage pour se jeter sur le lit. Ce fut une nouvelle bataille, comme celle que livrent les amants de fraîche date, les corps tendus l'un vers l'autre.

Une fois apaisés, ils s'allongèrent côte à côte et parlèrent encore en écoutant le vent gémir dans la grande maison. Puis Donatien porta son attaque d'un ton négligent.

— Puis-je dormir ici ? commença-t-il. Je ne me lève pas très tôt. Nous serons ensemble demain matin, mon amour.

— Reste, dit-elle, j'ai besoin de toi. Aurons-nous la matinée pour nous ?

— Oui. J'ai une grande opération demain, mais c'est à la fin de la journée. Demain soir, nous aurons pris l'homme clé. Demain soir, Bonaparte me devra beaucoup. Il m'écoutera si je parle de toi...

Il avait enroulé son information dans un raisonnement plus large, comme s'il comptait sur ses exploits pour améliorer sa situation à Paris et faciliter leur amour. Il la regarda en coin et surprit sur son visage une expression soudain soucieuse. Elle réfléchissait, cherchant manifestement comment elle pourrait réagir à l'indice essentiel qu'il venait de lui concéder sans y prendre garde, du moins en apparence. Il se garda d'interrompre sa méditation, laissant le silence s'installer.

— Malheureusement, dit-elle au bout d'une longue minute, il me revient que tu ne pourras pas rester longtemps, demain matin. Mon amie la comtesse de Boigne me rend visite à dix heures. Je ne voudrais pas qu'elle te surprenne au saut du lit.

— Je partirai quand tu le voudras, chassé du paradis terrestre...

Elle sourit avec un air rassuré. De toute évidence, elle avait trouvé le moyen de réagir dès le lendemain à l'information qu'elle venait de surprendre. Le piège de Donatien était tendu. Il se refermerait le lendemain vers dix heures... Tous deux s'endormirent avec des pensées opposées, amants si éloignés et si proches ennemis.

Il se réveilla à huit heures. Ils burent du café et mangèrent de larges tartines de beurre et de confiture. C'est le dernier repas de la condamnée, se disait-il, pendant qu'elle mordait à belles dents dans le pain croustillant. À neuf heures, il l'enlaça, serrant très fort ses bras dans une étreinte qui était aussi le baiser de la mort et sortit de la maison pour marcher vers la grille. Un soleil froid se levait loin à l'est, jetant sur la Seine ses rayons dorés tandis qu'une légère brume enveloppait encore la rive opposée. Il ouvrit la grille et marcha en observant les alentours. Un peu plus loin sur le quai, il vit un cantonnier avec son balai qu'il reconnut pour un inspecteur de la préfecture. Derrière lui, une charrette était arrêtée près de l'eau. Elle portait deux paysans semblant attendre un bateau au bord du fleuve et qui étaient en fait les deux adjoints de Donatien au ministère. Il savait que dans une rue perpendiculaire au quai deux gendarmes en civil attendaient aussi, prêts à prendre Aurore en filature quand elle sortirait.

Il s'arrêta. Devant lui, un fiacre était rangé, qu'il n'avait pas prévu dans son dispositif. Intrigué, supposant un excès de zèle de ses hommes, il alla vers la voiture. Comme il s'en approchait, la porte s'ouvrit. Une jeune femme descendit et marcha sur lui. C'était Olympe, enveloppée dans un grand manteau, le visage blanc, l'œil terrible.

— Ainsi tu as menti, dit-elle. Félon ! Je t'ai vu par hasard hier soir dans la rue Mazarine. Tu as choisi un restaurant qui est au pied de notre maison. Quelle impudence. Je t'ai vu entrer chez Procope, ressortir avec elle. Et ne me dis pas qu'elle est une mouche. On n'enlace pas ses mouches, même dans la police de Fouché. J'ai suivi votre fiacre et j'ai attendu toute la nuit pour être sûre de mon fait. C'est une trahison, claire, nette, sans échappatoire. Tu vas maintenant en payer le prix.

Elle fit demi-tour, monta dans le fiacre et claqua la porte après avoir jeté un ordre au cocher. Effaré, stupide, interdit, Donatien regarda la voiture disparaître dans la brume du matin.

12.

Donatien resta de longues minutes au bord du fleuve, désemparé. Il saisissait trop bien la terrible ironie de la situation. Il avait construit un piège pour prendre Aurore ; il s'y était jeté. Olympe l'avait surpris en pleine traîtrise. Il eut beau jeu de se dire que c'était une traîtrise patriotique, qu'elle était nécessaire à l'enquête. Comment pourrait-elle un jour le comprendre ? Comment pourrait-elle pardonner, alors que la veille, dans un élan du cœur, elle avait surmonté ses doutes, écarté ses soupçons, restitué sa confiance ? Tout cela pour être de nouveau trahie le soir même... Donatien pouvait tenter toutes les explications du monde, invoquer toutes les nécessités, énumérer tous les devoirs d'un policier, elle ne le croirait jamais : la vérité était incroyable.

Utile et délicieuse, cette nuit avec Aurore allait lui coûter son mariage. Le coup était mortel. Pâle, atterré, il s'accusa avec amertume. Les nécessités du service avaient bon dos. Sa liaison avec la duchesse espionne était plus trouble qu'il ne se l'avouait maintenant. Mal dissimulée par les impératifs de l'État, sa culpabilité apparaissait en filigrane de l'intrigue. En fabriquant ce conte à Aurore, il avait aussi trouvé son plaisir. Il avait joui de son stratagème. Comment pourrait-il s'innocenter ? Mais il se dit aussi qu'il y avait une raison derrière son apparente fourberie. La ruse employée avait sa justification. Elle devait clore l'enquête par un coup de tonnerre. Il y gagnerait la gloire. Il y perdrait sa femme.

Puis sa logique et son sens de l'action reprirent le dessus.

Malgré la catastrophe, et peut-être pour garder une chance de réparer, il fallait maintenant réussir. C'était le seul moyen de convaincre un jour Olympe, si c'était encore possible. Seul le succès pouvait effacer sa faute. Égaré par la douleur, il se maîtrisa et concentra son esprit sur sa tâche. Avec Olympe, il jouerait le tout pour le tout mais il devait d'abord arriver à ses fins.

Il regarda la maison de la duchesse. Le piège était tendu. Aurore y tomberait-elle ? Il s'écarta du quai pour se dérober aux regards, au cas où l'on observerait d'une fenêtre et marcha sur le côté de la propriété, vers le petit bois où il avait dissimulé l'échelle qu'il avait trouvée la fois précédente. Cinq minutes plus tard, juché sur le dernier échelon, il jetait un coup d'œil prudent par-dessus le mur. Il apercevait la maison à travers les arbres, silencieuse. Le jardin était désert, seul le bruit du vent dans les feuillages sifflait à ses oreilles. Un peu de fumée sortait de la cheminée, signe de vie ténu dans le calme du matin. Immobile et transi sur le haut de son échelle, il attendit.

Vingt minutes plus tard, il sut qu'il avait vu juste. La porte de la maison s'ouvrit, Aurore revêtue d'un long manteau noir apparut sur le seuil, ses cheveux relevés sous un chapeau de feutre. Le majordome referma la porte. Elle jeta un regard alentour. Il avait prévu ce coup d'œil de précaution et s'était baissé.

Quand il releva la tête, il vit qu'elle n'avait pas emprunté le chemin qui menait à la grille. Elle avait contourné la maison pour aller vers le bosquet qui fermait le jardin à l'arrière. Arrivée à la petite sente qui s'ouvrait dans le feuillage, elle écarta de la main les branches des arbustes et disparut. De toute évidence, elle sortait secrètement pour prévenir ses complices.

Donatien scruta la maison puis sauta de l'autre côté du mur et courut à demi courbé vers le bosquet. Il s'enfonça à son tour dans la sente. Il s'arrêta pour écouter. Il entendit devant lui le pas d'Aurore qui résonnait dans la salle obscure qui servait d'antichambre au tunnel, puis il perçut un léger cliquetis et le bruit d'une allumette qu'on enflamme. Elle avait pris une lanterne, sans doute dissimulée dans la pièce. Le silence se rétablit. Il avança prudemment, entra dans la salle à son tour. Elle était vide. Il alla à l'entrée du tunnel. Il vit à une vingtaine de mètres une lumière sourde qui oscillait tandis que les pas d'Aurore résonnaient sous la voûte basse du tunnel. Il s'engagea à sa suite, dissimulé par l'obscurité, seulement guidé par la lueur qui tanguait devant lui. Il se cogna à une pierre puis se frotta à la paroi qui faisait un léger coude. Il mit ses mains en avant et continua d'avancer, l'œil toujours fixé sur la lanterne qui se balançait dans le noir. Une odeur de terre et d'herbe pourrie flottait dans le tunnel, ses bottes s'enfonçaient dans la terre meuble. Ils marchèrent dix minutes l'un derrière l'autre, Aurore rapide et décidée, Donatien progressant par à-coups, les bras tendus pour suivre la paroi humide et détecter les obstacles à tâtons.

Enfin il vit au loin un carré de lumière blanche qui fut un instant occulté par la silhouette d'Aurore. Il marcha vers la sortie. Sur le côté la lanterne éteinte était posée sur une étagère en bois. Au-dehors on n'apercevait que les branches entremêlées d'un bouquet d'arbres. Il s'approcha, risqua un regard. Tout semblait calme. Il progressa sous le couvert des feuillages et déboucha dans un jardin désert. Aurore avait ouvert une grille avec une grosse clé et la refermait derrière elle. Elle disparut. Donatien courut vers la grille. À travers les barreaux, il eut juste le temps de la voir tourner sur sa droite dans une rue qui allait vers la Seine.

Ainsi, comme Bouvet l'avait dit, le tunnel donnait sur un jardin attenant à la place Sainte-Perrine, en face de l'hôpital. La grille n'était pas haute. Il la franchit, sauta sur le pavé et marcha vers l'entrée monumentale. Sur le trottoir, un policier l'attendait près de deux chevaux attachés à une borne de pierre.

— Vous l'avez vue ? Elle vient de traverser la place.

— Oui, commissaire.

— Bien. Je prends un cheval pour la suivre. Allez prévenir les autres, sur le quai. Nous suivrons l'arrangement habituel.

Donatien tira son cheval par la bride vers la rue qu'avait prise

Aurore. Elle arrivait sur le quai. Il attendit. Elle se posta près du fleuve et héla un fiacre. Donatien était rassuré. Il savait qu'autour d'Aurore huit policiers, chacun dans un déguisement différent, se relaieraient pour la suivre, parfois en la précédant, parfois derrière elle, les uns sur une charrette, d'autres à pied, d'autres encore dans un fiacre à numéro jaune que la police avait réquisitionné pour cet usage. Il monta en selle et avança à son tour vers la Seine. Il avait enrôlé ses meilleurs agents dans l'opération, Caniolle, qui avait si bien joué son rôle d'agent provocateur à l'hôtel de la Cloche d'Or, Petit et Destavigny, qui avaient organisé la surveillance d'Aurore avec maestria, ou Buffet, jeune recrue courageuse qui venait de rejoindre le service et qu'il avait pris en sympathie.

Le fiacre d'Aurore suivait le fleuve, remontant de l'ouest campagnard vers le centre de la ville. Arrivé au Châtelet, alors que les policiers l'entouraient d'un filet invisible, il tourna sur le pont Saint-Michel, et prit à gauche dans la rue Saint-Séverin, pour s'arrêter dans la rue Galande qui la prolongeait. Aurore descendit, paya le cocher et entra dans une maison étroite à étages dont l'arrière donnait sur l'église Saint-Julien-le-Pauvre.

Donatien resta caché à l'entrée de la rue et attendit. Aurore ne reparaissait pas. Il envoya Caniolle interroger le patron de l'auberge qui faisait le coin à l'autre extrémité. L'inspecteur revint avec un bon renseignement. La maison n'avait que trois habitants, une famille de tonneliers au rez-de-chaussée, une vieille femme impotente au premier et un homme seul nommé Le Ridant qui occupait l'étage du haut. « Le Ridant est mystérieux, avait ajouté l'aubergiste, on ne comprend pas ce qu'il fait alors qu'il va et vient tout le jour. On sait seulement qu'il est venu de la Vendée. »

Toujours en faction, Donatien envoya Petit consulter sa « topographie chouannique » au ministère de l'autre côté de l'île de la Cité. L'inspecteur revint une demi-heure plus tard. Le Ridant était répertorié comme un lieutenant de la chouannerie, actif pendant la première guerre mais rangé depuis, sans ennui avec la police pendant les dix dernières années, ce qui expliquait qu'il se présentait sous son vrai nom.

Soudain Aurore ressortit. Elle marcha d'un pas vif vers la place Saint-Michel et prit un fiacre. Donatien se cacha en plongeant dans l'ombre d'une porte cochère. Elle passa à deux mètres de lui sans le voir, altière et décidée dans son grand manteau noir, le visage durci par sa coiffure, ses cheveux relevés sous son chapeau.

Il dut trancher un dilemme. Il pouvait filer Aurore pour s'en saisir, ou bien rester devant chez Le Ridant en espérant atteindre Georges. Il voulait arrêter Aurore, par esprit de revanche d'abord, ensuite pour donner à Olympe une preuve de ses dires. Mais il suivait une piste, passant d'un suspect à l'autre pour remonter la filière. C'était comme un passage de relais. Et désormais Le Ridant pouvait le conduire plus loin, peut-être jusqu'au but final. Il hésita un instant. Puis il vit que le fiacre reprenait le pont Saint-Michel. Il supposa qu'Aurore rentrait chez elle après avoir averti l'homme qui maintenait la liaison avec Georges. Il ordonna à deux inspecteurs de la suivre et revint à son poste à l'angle de la rue Galande.

L'attente fut interminable. Le Ridant restait invisible pendant que le temps s'écoulait, impitoyable pour les nerfs. Immobile au coin de la rue Saint-Séverin, Donatien sentait le froid pénétrer tout son corps avec le vent qui s'engouffrait dans la ruelle. Vers quatre heures, il n'y tint plus et alla place Saint-André-des-Arts dans un café qu'il connaissait pour boire un vin chaud. Il reprit sa faction.

À sept heures, comme le soir tombait, un fiacre qui portait le numéro 53 entra dans la rue Galande et s'arrêta devant la maison. Un jeune homme brun et décharné sortit aussitôt. Il paya le cocher, échangea quelques mots avec lui et prit sa place. Il fouetta le cheval qui démarra prestement. Les policiers faillirent être pris en défaut. Heureusement, Buffet, qui attendait à l'autre bout de la rue, vit passer le fiacre et se mit à courir derrière en lui laissant un peu d'avance. Ils traversèrent la place Maubert et commencèrent à gravir la rue de la Montagne-Sainte-Geneviève vers le Panthéon. Donatien qui connaissait le quartier entraîna Caniolle et Destavigny dans la rue des Carmes qui montait elle aussi à flanc de colline. Pris de vitesse, il avait laissé son cheval attaché dans la rue Saint-Séverin. Si le fiacre allait loin, ils ne pourraient pas tenir la distance.

Mais quand ils débouchèrent en haut de la rue, devant le transept nord du Panthéon, à quelques mètres de l'église Saint-Étienne-du-Mont, ils virent le fiacre arrêté et Le Ridant qui entrait chez un marchand fruitier dont l'étal ouvert sur la rue était à moitié vide. Les cinq policiers se postèrent autour de la place, bientôt suivis par le fiacre qu'ils avaient réquisitionné pour l'opération et qui se gara devant le Panthéon. Donatien fut rassuré. Son dispositif était reconstitué. Ils pouvaient encore suivre Le Ridant longtemps si nécessaire. Il n'eut pas besoin de se poser la question. Le Vendéen venait de ressortir de la boutique. Derrière lui marchaient une petite fille menue aux yeux louches et un gros homme qui se dandinait dans une blouse bleue de fort des Halles, coiffé d'un chapeau rond. C'était Cadoudal.

Comme Le Ridant prenait place sur le banc du cocher et que Cadoudal grimpait dans la cabine, Donatien mit ses mains autour de la bouche en porte-voix et cria : « Au voleur ! » Puis il se rua sur le fiacre. Les policiers l'imitèrent tandis que les passants se retournaient interloqués. Cadoudal se tourna vers Donatien. Il comprit aussitôt, lui lança un regard furieux, tendit un paquet à la petite fille et dit :

— Sauve-toi petite malheureuse ou tu es perdue !

Puis il lança à Le Ridant :

— Fouettez, fouettez fort !

— Pour aller où ? répondit Le Ridant.

— Je n'en sais rien mais il faut aller !

Le cocher frappa son cheval d'un grand coup de fouet. Le fiacre s'ébranla à la seconde où les policiers l'atteignaient. Ils s'accrochèrent aux portières mais la voiture accélérait, ils durent lâcher prise. Donatien était derrière le fiacre. Il agrippa les ressorts qui tenaient la cabine et balança ses pieds à l'opposé pour se maintenir. Il résista aux cahots et resta accroché sous la cabine dans son étrange posture. Le Ridant fouettait de plus belle, laissant les policiers en arrière, sans voir que l'un d'eux était sous la voiture. Il enfourna la rue des Jacobins vers la Seine, poursuivi par les quatre inspecteurs qui criaient « Arrête ! Arrête ! » à l'intention des passants, puis tourna dans la rue des Fossés-Monsieur-le-Prince. Il dut ralentir pour prendre la rue de l'Observance qui descendait sur les Cordeliers. Buffet, le plus jeune, qui courait sans fatigue, le rattrapa et saisit la bride du cheval. Cadoudal sortit un pistolet et tira. Buffet s'écroula sur le pavé, la tête en sang. Le fiacre continua sa course.

Toujours blotti sous la cabine, appuyé sur les ressorts, Donatien sentit que la voiture ralentissait. Le cheval se mit au trot, puis au pas. Donatien sauta à terre et contourna le fiacre. Il vit que ses occupants l'avaient abandonné. Caniolle et Destavigny le rejoignirent.

— Ils sont à pied, leur dit-il, ils vont essayer de se perdre dans la foule.

À cette heure les passants étaient nombreux, rejoignant leur foyer ou musardant entre les cafés et les boutiques du Quartier latin. Donatien courut vers la rue des Cordeliers où Cadoudal avait dû sauter. C'était une rue commerçante bordée de vitrines et d'enseignes, où une foule déambulait sans hâte, tout près du couvent où Danton réunissait naguère son club. Donatien scrutait chaque passant, se retournait pour surprendre un mouvement, jetait des regards angoissés loin devant lui pour tenter d'apercevoir un fuyard. Puis il se dit que Georges était de sang-froid et marcherait calmement pour ne pas attirer l'attention. Il comptait néanmoins sur sa silhouette massive, impossible à manquer. Il arriva au coin de la rue des Fossés-Saint-Germain, près de ce café Procope où il avait dîné avec Aurore. Il hésita. À droite on allait vers la Seine et le Pont-Neuf, à gauche vers Saint-Germain-des-Prés. Mais derrière l'église s'étendait le faubourg Saint-Germain, truffé d'hôtels particuliers et désert après huit heures.

Donatien se dit que Georges irait forcément vers le centre, plus populeux, où il pourrait se fondre parmi les passants. Au moment où il s'engageait dans la rue, il aperçut dans un éclair, près du Procope, un pan de blouse bleue tendu par une épaule musclée, vite cachée par un passant. Il allait se mettre à courir quand il se ravisa. À sa droite prenait un passage, dit du Commerce-Saint-André, qui débouchait à quelques mètres du carrefour de Bussy. Il courut, emprunta comme une flèche le passage et surgit dans la rue Saint-André-des-Arts qui menait au carrefour. Il s'avança jusqu'au croisement et vit Georges qui descendait la rue des Fossés-Saint-Germain, à dix mètres de lui.

À l'autre bout de la rue, Caniolle et Destavigny apparurent, essoufflés et agités. Eux aussi avaient vu Georges. Caniolle se mit à hurler : « C'est lui ! C'est lui ! C'est Georges ! » Cadoudal se retourna un instant puis poursuivit sa route tranquillement, comme si l'affaire ne le concernait pas. Mais déjà un passant s'était arrêté et le dévisageait, puis un autre qui se mit aussi à crier : « C'est Georges, c'est lui ! » D'autres s'attroupèrent, on le prit par la manche. « Êtes-vous Georges ? »

Cadoudal marchait calmement, écartant les curieux d'un geste ferme mais sans brutalité, prenant l'air de celui qui ne comprenait pas ou qui était victime d'un malentendu. Au carrefour de Bussy, Donatien l'attendait, tourné contre une porte cochère. Quand le chouan passa à sa hauteur, il lui prit le bras et dit : « C'est toi, Georges. » Il s'attendait à une lutte. Cadoudal le toisa avec un regard indifférent, jeta un œil derrière lui, considéra les passants qui s'ameutaient, puis d'une voix douce, il dit seulement : « Oui, c'est moi. »

Caniolle arriva, passa une corde autour des poignets de Cadoudal et lui ôta son poignard et son pistolet. Escortés par vingt personnes qui criaient : « C'est Georges, nous l'avons pris, c'est lui, il est fait ! », ils marchèrent jusqu'à la préfecture où Georges fut enfermé dans un bureau, garrotté, pendant que les policiers se congratulaient dans les couloirs. Donatien félicita Caniolle, Destavigny et les autres. Il prit des nouvelles de Buffet, mais il était mort sur le coup, la tempe fracassée par la balle du chef chouan.

Les deux policiers chargés de suivre Aurore revinrent. Ils l'avaient perdue. Elle n'était pas rentrée dans la maison de Chaillot. Elle avait sauté du fiacre au Châtelet et s'était perdue dans les ruelles qui montaient vers le nord.

Donatien entra dans la pièce où Georges attendait. Il le voyait pour la première fois de près, après l'avoir pourchassé pendant des années. Il dut convenir que son apparence ne correspondait en rien au signalement horrifique qu'il avait lui-même rédigé et fait placarder dans Paris. Il lui trouva une figure pleine au teint frais, le regard assuré, un air doux aussi bien que sa voix. Quoique très replet de corps, ses mouvements étaient dégagés, la tête toute ronde, les cheveux bouclés très courts, point de favoris – il avait dû les couper à cause du signalement. Rien de l'aspect d'un chef de complot.

Il s'assit en face de lui, le greffier à sa gauche, sans susciter d'autre réaction qu'une curiosité placide.

— Vos nom, âge et qualité, dit Donatien d'un ton froid.

— Cadoudal, Georges, âgé de trente-six ans, fermier en Morbihan, soldat du roi.

— Georges, vous avez été arrêté au carrefour de Bussy après une fuite de la montagne Sainte-Geneviève. Vous étiez dans Paris pour un forfait contre l'État. Vous portiez sur vous deux pistolets, un poignard et la somme de soixante mille francs en billets à ordre. Reconnaissez-vous ces faits ?

— Oui, si vous le souhaitez.

— Vous avez tué le policier Buffet qui tentait de vous arrêter.

— Certes, si c'est son nom. Il cherchait à se saisir de moi, j'ai dû me faire jour. C'est un mort de la guerre. Ce fut malheureux mais inévitable.

— L'inspecteur Buffet était père de famille, rétorqua Donatien qui avait pris en amitié le jeune inspecteur. Mesurez-vous votre crime ?

— La prochaine fois, faites-moi arrêter par un célibataire.

Donatien accusa le coup, tout en s'efforçant de rester impassible. Non seulement Georges était un combattant fier et retors, mais il avait suffisamment d'esprit pour ridiculiser le meilleur interrogateur. Il y avait dans ses réponses comme une indifférence méprisante, sans pour autant qu'on puisse y voir de la morgue. Cadoudal semblait un homme plein de fatalisme, attaché à son devoir mais sûr, au fond, que sa cause était perdue, que sa course touchait à sa fin, qu'il n'arriverait pas à son but mais qu'il devait y tendre néanmoins, par fidélité à sa foi et, surtout, pour l'honneur.

— Où avez-vous logé ?

— Je ne veux pas le dire.

— Pourquoi refusez-vous de le déclarer ?

— Parce que je ne veux pas augmenter le nombre des victimes.

— Quel est le motif qui vous a amené à Paris ?

— J'y suis venu dans l'intention d'attaquer le Premier consul.

— Quels étaient vos moyens d'attaque ?

— L'attaque devait être de vive force.

— Où comptiez-vous trouver cette force-là ?

— Dans toute la France.

— Il y a donc dans toute la France une force organisée à votre disposition ?

— Ce n'est pas ce qu'on doit entendre par la force dont j'ai parlé.

— Que faut-il donc entendre ?

— Une réunion de forces à Paris.

— Où cette réunion existe-t-elle ?

— Elle n'est pas encore organisée ; elle l'eût été aussitôt que l'attaque aurait été définitivement résolue.

— Quel était votre projet et celui des conjurés ?

— De mettre un Bourbon à la place du Premier consul.

— Quel était le Bourbon désigné ?

— Louis Stanislas Xavier, ci-devant Monsieur, reconnu par nous pour être Louis XVIII.

Donatien se dit qu'à ce stade, on ne pouvait retenir contre lui que le délit d'intention. Il glissa sur un terrain plus personnel.

— Qu'avez-vous fait du portrait de Louis XVI qui se trouvait en votre possession ?

Cette fois Cadoudal se redressa et fixa Donatien droit dans les yeux, la voix frémissante.

— Et toi, l'Ange du Diable, qu'as-tu fait de l'original ?

Le rappel des violences passées fit frémir Donatien. Il s'arrêta et fixa Cadoudal.

— Georges, ce sont de vieilles histoires aujourd'hui. La paix civile revient. Vous voulez la rompre et rouvrir toutes les plaies. Voilà pourquoi la police vous cherchait. Vous êtes au milieu d'un complot séditieux contre la République.

— Contre la République ? Mais la République a disparu sous le Consulat. Vous avez tué un roi pour sacrer un usurpateur. Belle réussite ! Louis XVIII est le seul souverain légitime du royaume de France. Je ne sors pas de là.

— Est-il vrai qu'un prince du sang devait vous rejoindre pour prendre la tête de la sédition ?

— Oui. Je l'ai attendu en vain. Sans lui, nous n'étions pas prêts. Ce complot était un projet, il n'a jamais été mis à exécution.

— Qui était ce prince ?

— Je ne sais. Si je le savais, je ne vous le dirais pas. Le Corse lancerait contre lui sa vendetta...

— Avez-vous eu lien avec le général Moreau ?

— Non. Je ne connais pas ce général, qui est républicain, que je sache.

— Pourtant vous l'avez rencontré place de la Madeleine.

— Non. Je n'en ai pas souvenir.

— Connaissez-vous le général Pichegru ?

— De réputation. C'est un bon militaire, qui a rejoint la cause des Bourbons. Il est en Angleterre.

— Non, il est à Paris, et complote avec vous.

— Je n'en ai pas connaissance. Vous me faites un roman.

— Tout cela est déclaré par des témoins, consigné sur papier officiel.

— Je n'en sais rien.

Cadoudal répondait avec calme, sans hargne ni hésitation. De toute évidence, il protégeait les autres conjurés, comme il l'avait dit lui-même, ne voulant pas allonger la liste des victimes. Donatien comprit qu'il n'en saurait pas plus. Il leva la séance.

À peine sorti, on lui annonça que Leblanc, l'indicateur qui se faisait fort de provoquer l'arrestation de Pichegru, avait tenu parole. Le général venait d'être saisi et enfermé au Temple. Il dînait chez Treille, franc-maçon comme lui, avec Leblanc, qui proposa de le cacher dans un appartement qu'il possédait au 39 de la rue Chabanais. Pichegru accepta, Leblanc demanda un moment de délai pour préparer l'appartement et alla droit à la police. Puis il revint achever le dîner.

À neuf heures du soir, le ménage Treille accompagna Pichegru et Leblanc au 39 de la rue Chabanais, une maison d'angle assez lugubre où l'appartement, plutôt misérable, était au deuxième étage, au-dessus de l'entresol. Leblanc installa Pichegru dans son lit, lui laissa la clé et sortit.

Un peloton de gendarmes d'élite attendait en bas. Mais il fallait une autre clé. On monta au sixième réveiller la domestique qui en possédait une. La fille redescendit avec les gendarmes pour ouvrir la porte. Mais Pichegru avait entendu le manège et fait barrage avec une commode. On bouscula l'obstacle. Pichegru en chemise se retourna et chercha à prendre son pistolet. On sauta sur lui. Mais c'était un athlète, fort et vindicatif. Il fallut un quart d'heure de lutte, à coups de poing et à coups de crosse pour le maîtriser. Finalement, il se fatigua. Quatre gendarmes le saisirent, le garrottèrent et le roulèrent dans une couverture. Il fut emporté comme un ballot, cheveux hérissés et pieds nus dépassant de la couverture, et déposé sur le parquet du salon du Temple. Malgré le ridicule de sa position, il retrouva ses esprits. Il nia, ne savait rien, refusa de signer la déposition

« étant ligoté » et refusa les questions des policiers, « posées de manière insidieuse ».

Donatien se promit de l'interroger dès le lendemain. Mais il avait plus urgent à faire en dépit de l'heure tardive. Un message était arrivé entre-temps. Averti de l'arrestation de Cadoudal, Bonaparte réunissait un Conseil extraordinaire à minuit.

13.

Un peu avant l'heure, quand Donatien fut introduit dans le cabinet de Bonaparte, la pièce était vide. Les fiches d'un rapport étaient dispersées sur le bureau en forme de violon, la redingote grise et le chapeau noir étaient posés sur un fauteuil, la pièce était chaude et une odeur de bois brûlé flottait dans l'air. Interloqué, le policier resta debout près de l'entrée, son bicorne à la main. Il entendit dans la pièce attenante un bruit de papier qu'on remuait. Il fit quelques pas vers une porte ouverte. Penché sur un grand tiroir, Bonaparte fourrageait dans une pile de feuilles cartonnées, soulevant les unes et projetant les autres par-dessus son épaule. Déjà plusieurs d'entre elles jonchaient le sol à ses pieds

— Foutre ! cria-t-il. Où est cette carte ? Il y a là le plan de toute l'Europe, à l'exception de la partie qui m'intéresse. C'est une malédiction !

Il fulminait, ses mains tremblaient, il soulevait une à une les cartes rangées en piles, incapable de trouver celle qu'il cherchait.

— Et Méneval, continua-t-il, la voix coupante, il a disparu ! Quand j'ai besoin de lui, il n'est plus là. Je suis servi par des fripons et des jean-foutre !

Derrière Donatien, Méneval soudain réapparu traversa le cabinet et entra dans la salle des cartes avec une figure angoissée.

— Vous êtes là, enfin, jeta Bonaparte. Vous pensez que le service de la République est une sinécure. Je vous emploie pour me seconder, pas pour vous mettre en travers de ma tâche.

— Citoyen consul, j'ai pris ma pause réglementaire. Je suis là depuis cinq heures ce matin.

— Moi aussi Méneval, je suis là depuis cinq heures. Je n'ai pas songé à une pause. Nous en disputerons plus tard. Trouvez-moi une carte de l'Alsace et du grand-duché de Bade, au sud de Strasbourg. Je veux y voir la ville d'Ettenheim et la route d'Ettenheim à Strasbourg.

Il revint dans le cabinet, penché en avant, les mains derrière le dos. Il faillit se cogner à Donatien.

— Ah ! Vous êtes arrivé, Lachance. Fort bien. Je suis content de vous. Vous avez fait diligence. L'arrestation de Georges est une réussite, celle de Pichegru également. Nous avons brisé l'intrigue et saisi les brigands. La police a rehaussé sa réputation, la République vous doit beaucoup, je m'en souviendrai.

Il continua, comme parlant à un public invisible.

— Cette fois, la France devra nous croire. Les persifleurs ne pourront plus insinuer que je manœuvre contre Moreau, que la police invente les conspirations qu'elle prétend découvrir. Le complot est mis à nu, les preuves sont éclatantes, elles brillent comme le soleil. Quelle engeance que ces chouans ! Et ces familles à qui j'ai ouvert les digues de la générosité publique ! Pour qui se prennent-elles ? Croient-elles être d'essence supérieure, et pouvoir m'attaquer sans jamais rien risquer ? Qu'est-ce qu'un émigré, au fond ? Un conspirateur à particule ! Il faut faire des exemples terribles. Mais asseyez-vous. Nous avons encore à travailler. Nous n'avons saisi que la moitié de l'intrigue.

Donatien prit place sur une chaise de velours de l'autre côté du bureau. Bonaparte rassembla une liasse de papiers et la poussa vers lui.

— Lachance, j'ai ici deux rapports qui nous dévoilent l'autre partie du complot. Le premier est du maréchal des logis Lamothe. C'est le sous-officier que Savary a dépêché à Ettenheim pour surveiller le duc d'Enghien. Vous le lirez. Il en ressort que ce prince, qui a déjà porté les armes contre la France, est entouré dans cette ville de Bade d'une coterie d'émigrés acharnés contre nous, qu'il séjourne à quelques heures de la France et qu'il est effectivement, comme l'avait dit Talleyrand, venu plusieurs fois à Strasbourg, peut-être même à Paris, dans les deux derniers mois. Il a aussi dans son entourage – c'est encore plus éloquent – le général Dumouriez.

— Dumouriez ? s'exclama Donatien. Le traître de la campagne d'Allemagne ?

— Si fait, Dumouriez le vainqueur de Valmy, passé à l'ennemi, qui a voulu naguère entraîner l'armée contre la Convention pour restaurer les Bourbons. Déjà... Il est passé d'Angleterre en Allemagne, pour rejoindre Enghien. Ainsi le crime porte une nouvelle signature, également illustre. L'autre rapport émane de vos services. C'est l'interrogatoire de ce Le Ridant, qui a tout dit ou presque. Il rapporte qu'un jeune prince du sang devait rejoindre les conspirateurs pour se mettre à leur tête, que ce prince est déjà venu à Paris pour conférer avec eux. N'est-ce pas ce que Georges, Querelle, ou Bouvet vous ont déjà avoué ?

— En partie, citoyen consul. Ils ont tous parlé d'un prince mais aucun n'a dit qu'il était déjà venu Paris pour conférer avec eux.

— Il est pourtant venu, c'est ce que dit le rapport de Lamothe, confirmé par Le Ridant. Ce prince, c'est ce duc d'Enghien, qui se bat depuis dix ans contre la République.

— Citoyen consul, le prince dont a parlé Georges devait arriver d'Angleterre à Paris en suivant la chaîne des repaires qui vont de Biville à la capitale. Nous cherchons à l'Est un homme qui doit venir de l'Ouest.

— Cela ne m'a pas échappé, Lachance. Mais c'est une fausse contradiction. Ils ont pu redoubler leurs chances en prévoyant deux renforts au lieu d'un, un prince venu d'Angleterre, un autre d'Allemagne. Ainsi si l'un ne pouvait rejoindre, le second ferait l'affaire. Le duc d'Enghien complète la machine. Dumouriez et le petit-fils du prince de Condé s'abouchent eux aussi pour former une coalition contre moi. Tout cela forme une trame unique, conçue à Londres et appuyée sur des généraux perdus et les rejetons de cette famille déchue. Nous avons supprimé la première partie de l'intrigue. Il faut maintenant anéantir la seconde.

Le calcul de Bonaparte parut solide à Donatien. La présence de Dumouriez dans l'entourage du duc d'Enghien lui donnait son crédit. Ce général un moment glorieux, qui avait sauvé la République naissante à Valmy en arrêtant à coups de canon les colonnes prussiennes, puis en menant une brillante campagne en Allemagne, pouvait avoir conservé un prestige auprès des officiers. Il s'était ensuite vendu aux Bourbons. C'était en échange de la promesse d'une promotion éclatante. Ce même troc pouvait séduire des généraux ou des colonels. Ceux-là aussi avaient vaincu les ennemis de la France. Ils supportaient mal la tutelle de Bonaparte, qui n'était après tout, à leurs yeux, que l'un d'entre eux, un peu plus chanceux. Louis XVIII était habile. Il pouvait attirer à lui des révolutionnaires en leur faisant miroiter une place de choix au sein d'un régime de compromis, une sorte de monarchie à l'anglaise qui amadouerait l'armée en conservant certains acquis des temps nouveaux. Après tout, c'était déjà la politique de Bonaparte, celle d'une concentration nationale qui refermerait les plaies et assurerait à chacun sa place, blanc ou bleu.

— Le raisonnement correspond à ce que nous savons, dit Donatien. Si Moreau et Georges ont pu envisager de collaborer, pourquoi pas Enghien et Dumouriez ? Quant à cette famille de Condé, ajouta Donatien, dont l'orgueil blessé par la ruse d'Aurore trouvait là un exutoire, c'est l'une des plus enragées contre nous.

— Les conspirateurs ont déjà fait venir à Paris les Polignac et Rivière, poursuivit Bonaparte satisfait du soutien de Donatien. Voilà la marque de l'intérêt des ci-devant de la famille royale pour l'entreprise. Le comte d'Artois devait arriver par la Normandie avec Pichegru, le duc d'Enghien par l'Alsace avec Dumouriez. Deux Bourbons se faisaient accompagner par deux généraux célèbres. Nous tenons la moitié de la bande et non l'autre. Mais avec Enghien, la mer ne peut pas m'arrêter...

Une demi-heure plus tard, se tenait un nouveau Conseil autour de la grande table en U de l'aile nord des Tuileries. Bonaparte ne pouvait contenir son agitation. Pendant que Talleyrand, Fouché, Régnier, Murat, Cambacérès et Lebrun prenaient place, il relisait fébrilement les rapports qui avaient justifié son raisonnement, compulsant ses feuilles avec des gestes saccadés. Il avait encore une fois assis Donatien à sa gauche, en face de Savary, lui aussi concentré sur ses rapports.

Bonaparte ouvrit la réunion par une de ces diatribes qui le rendaient si terrible.

— J'apprends, messieurs, que le duc d'Enghien est à quatre lieues de ma frontière organisant des complots. J'ai ici la preuve qu'il s'est lié à Georges, à Polignac, à Pichegru et Moreau, à tous ceux que ma police vient d'arrêter dans leur entreprise criminelle. Lachance, ici présent, a bien travaillé. Nous avons prévenu ces brigands, qui répondront de leurs actes. Mais c'est une partie de l'affaire. Il nous manque le tout, dont Enghien est la pièce maîtresse. Ces gens-là sont des assassins qu'il faut frapper sans pitié. Car à la fin, suis-je un animal que l'on peut assommer tandis que mes meurtriers sont des êtres sacrés ? On m'attaque au corps, je rendrai guerre pour guerre. Je saurai punir leurs complots. La tête du coupable m'en fera justice. Les Bourbons croient qu'on peut verser mon sang comme celui des bêtes. Mon sang vaut bien le leur. Je vais leur rendre la terreur qu'ils veulent m'inspirer. Je pardonne à Moreau sa faiblesse et l'entraînement d'une sorte de jalousie. Mais je ferai impitoyablement fusiller le premier de ces princes qui me tombera sous la main. Je leur apprendrai à quel homme ils ont affaire...

Il y avait dans la véhémence du Premier consul des accents sincères. Il était indigné que l'ancienne famille royale emploie des moyens si obliques pour l'abattre, que ces grands seigneurs supérieurs recourent à des sicaires et à des complots de basse canaille pour le tuer. Il voulait également défendre la dignité de la République, quand bien même il la tenait en piètre estime, préférant le pouvoir d'un homme seul s'il s'appelait Napoléon. Mais on sentait, dans sa frémissante colère, l'instinct du Corse habité par la vendetta, le sentiment élémentaire de l'aventurier qui doit tuer pour ne pas être tué, qui exige le sang en échange du sang pour être respecté parmi ses pairs en ambition et, en même temps, la colère de l'homme de la Révolution devant la morgue impunie des puissants qui faisaient agir des hommes de main en continuant à boire leur thé avec des marquises, entourés de leurs gens et bardés de leurs privilèges, considérant de haut les hommes comme lui, sans particule, qui avaient pourtant sauvé la France plusieurs fois et étendu son territoire au-delà des frontières léguées par la monarchie.

Le Conseil resta muet, écrasé par ce réquisitoire où se rejoignaient la cruauté du bandit corse et la passion de Robespierre. Un vent de drame soufflait sur la grande salle. Bonaparte reprit la parole.

— Le crime est trop grave pour s'arrêter à des scrupules de forme. Je demande au Conseil la décision de saisir à Ettenheim le comploteur Enghien et le traître Dumouriez et de les ramener à Paris pour qu'ils répondent de leurs actes. Nous enverrons au grand-duc de Bade une lettre d'excuse pour avoir fait irruption sur ses terres. Il l'acceptera. Il a besoin de la France sa voisine et veut que soient reconnus les enfants de son second lit dans la ligne de succession, ce qu'il ne peut faire sans nous. Nous ne l'avertirons pas : il serait dans le cas de refuser, ce qui lui aliénerait la France, ou d'accepter, ce qui le mettrait au ban de l'Europe. Messieurs, voici ma demande. J'écoute vos avis.

Le silence s'épaissit devant l'énormité de la mesure. Enlever un prince du sang en territoire étranger et le juger, par le simple fait accompli, sans aucun respect des formes diplomatiques, c'était défier l'Europe et ravaler le gouvernement de la France à un simple pouvoir de fait, étranger à tout usage. Et surtout, chacun voyait bien que l'arrestation du duc d'Enghien et son jugement mèneraient inévitablement à son exécution. Et la

France consulaire redoublerait le défi que la Convention avait naguère lancé aux souverains du monde en guillotinant Louis XVI. En tuant maintenant un Bourbon, on retrouvait les extrémités de la Terreur, les crimes des Jacobins, la manière sanglante de Saint-Just et Robespierre, alors même que l'équilibre politique du Consulat reposait sur la concorde retrouvée.

— Citoyen consul, dit Cambacérès, toujours le plus courageux en dépit de ses manières doucereuses, c'est ce gouvernement-ci qui se retrouvera au ban de l'Europe. Ce geste peut sembler légitime. Mais il nous conférera ce caractère de violence dont nous cherchons à nous extraire depuis Brumaire. Il est déjà grave d'arrêter et de fusiller un prince de sang royal pris sur le fait en territoire français. Mais nous irions le chercher sur un sol étranger, contre toutes les règles des nations, ce qui serait se donner le visage odieux d'un abus de la force.

— Ce n'est plus un prince, rétorqua Bonaparte, c'est un conspirateur ! Il faut sévir ou périr. Il n'y a pas de milieu.

— Citoyen consul, reprit tout de même Cambacérès, votre gloire personnelle et l'honneur de votre politique souffriraient de cette violation du droit. Le crédit de votre gouvernement tient à sa sagesse et à son équilibre. Vous avez rendu la paix et la loi à la République. Pourquoi ternir d'un coup cette immense entreprise ?

Bonaparte écoutait son ministre en contenant sa colère.

— Cambacérès, je vous vois soudain bien avare du sang des Bourbons ! lança-t-il.

La réplique fit mouche. La majorité de ceux qui étaient assis autour de la table avaient, dix ans plus tôt, voté la mort du roi.

— Mais justement, répondit Lebrun, ancien conventionnel lui aussi, doté d'un utile bon sens, vous êtes innocent de nos crimes. Votre prestige tient à votre modération, qui n'est pas une faiblesse mais une sagesse. En prenant la vie d'un Bourbon, vous descendez à notre niveau.

Les deux autres consuls condamnaient la mesure exigée par

le premier. Bonaparte écoutait, attentif, mais son visage fermé montrait que sa résolution ne faiblissait pas.

— Attendons qu'un prince, celui-là ou un autre, pénètre en territoire français, reprit Cambacérès, dont le ton animé montrait l'alarme. Alors nous aurons le droit pour nous. Cette arrestation sera juste et facile à défendre devant les Français.

Talleyrand choisit ce moment pour se dévoiler.

— Il ne faut plus l'espérer, dit-il. Georges et les agents de la conspiration sont arrêtés. Le complot est démantelé. Aucun prince ne se risquera plus en France pour s'exposer à des dangers certains, inévitables. Cette famille est perdue pour l'honneur et pour la France, continua-t-il. Nous sommes autorisés à user envers ses fils égarés de la plus grande rigueur. C'est la logique de la situation. Le salut de l'État interdit la clémence, dont ils se sont exclus en recourant à des moyens indignes.

— En allant à Ettenheim, ajouta Fouché, on prendra aussi Dumouriez, ses complices et les papiers qui prouveront la culpabilité d'Enghien et faciliteront un procès régulier. Nous ne pouvons souffrir que les émigrés continuent à conspirer dans l'impunité. Sans risquer la rigueur des lois républicaines, ajouta-t-il, ils recommenceront tous les jours à intriguer contre nous. Les Blancs ont besoin d'un avertissement. Nous rentrerons ensuite dans la politique de clémence qui nous est naturelle.

Donatien réfléchissait que cette politique de clémence serait bien étrange si elle commençait par une exécution. En même temps, il lui semblait que la logique du Premier consul, aussi cruelle qu'elle apparaisse, correspondait à la dureté de la guerre ouverte avec l'Angleterre, à laquelle les Bourbons prêtaient impudemment leur concours. Il jeta un œil interrogatif vers Bonaparte pour lui demander s'il était séant pour lui d'intervenir dans le Conseil, alors que sa position lui commandait de rester en retrait.

— Parlez sans crainte, Lachance, vous êtes des nôtres. Vous avez tenu les fils de cette affaire depuis le début et vous les avez débrouillés. C'est un titre à s'exprimer.

— Il me semble, citoyens consuls, dit respectueusement Donatien en se tournant vers Cambacérès et Lebrun, que la présence de Dumouriez est le point clé de ce versant de l'affaire. Enghien seul porte déjà les armes contre nous. Mais sa liaison avec un homme comme Dumouriez démontre qu'il est entré dans les combinaisons de Georges et de Moreau, c'est-à-dire dans celles de l'Angleterre. C'est la manière la plus éclatante de se désigner comme une cheville de la conspiration.

— Le commissaire parle juste, dit Bonaparte. Nous saisirons Dumouriez et les papiers secrets du complot. Les preuves apparaîtront d'elles-mêmes, elles seront décisives. Aussi bien, ajouta-t-il, saisir le prince n'est pas le tuer. Une fois assurés de sa personne, nous aurons tout loisir d'examiner sa responsabilité réelle et d'agir en conséquence.

— Ne préjugeons pas, ajouta Cambacérès, qui sentait sa cause perdue mais cherchait à éviter l'irréparable, nous aurons un prisonnier qui tiendra les autres en respect.

— Nous verrons cela, dit Bonaparte. Mais si la culpabilité est avérée, la mort d'un prince qui est un homme comme les autres, comptable de ses actes, ne sera aux yeux du monde qu'une juste représaille à ce qu'on tentait contre moi. Il faut apprendre à la maison des Bourbons que les coups qu'elle dirige sur les autres peuvent retomber sur elle-même. La mort, c'est le seul moyen de la forcer à renoncer à ces abominables entreprises ! Lorsqu'on est aussi avancé, il n'est plus possible de reculer.

Bonaparte conclut le Conseil à deux heures. Il fut entendu qu'une troupe de trois cents dragons commandés par le général Ordener, munie de vivres pour quatre jours, appuyée par un autre détachement qui resterait en observation à Offenbourg, passerait la frontière à Rhinau pour se saisir du prince et de ses complices. Donatien les accompagnerait pour mettre la main sur les papiers du duc d'Enghien, les dépouiller et en faire rapport ; Caulaincourt irait de son côté en ambassade auprès du grand-duc lui expliquer les circonstances exceptionnelles qui avaient conduit la France à violer son territoire. Après avoir reçu les protestations qu'on pouvait imaginer, il examinerait avec lui tous les moyens d'apaisement possibles.

Donatien quitta les Tuileries. Il trouva sur le quai de la Seine un porte-falot qui accepta de l'accompagner place de Thionville en tenant sa lanterne devant lui. Les bords du fleuve étaient déserts, on y voyait seulement les manœuvres du port du Louvre qui dormaient emmitouflés et serrés les uns contre les autres autour d'un feu de bois qui mourait. Marchant sur le Pont-Neuf, il se demanda comment Olympe l'accueillerait. Il lui avait envoyé plusieurs mots pour tenter d'expliquer sa conduite, l'assurer de son amour, implorer son pardon. Mais c'étaient de petites notes brèves, trop sèches à son goût, tant il avait été absorbé depuis la veille par la filature de Georges, son interrogatoire, le rapport qu'il avait dû écrire, l'entrevue avec le Premier consul et le Conseil qui s'était ensuivi.

Quand il entra chez lui, l'appartement était obscur et froid. Il alluma une chandelle et alla dans la chambre. Elle était vide, le lit n'était pas défait. Il chercha ailleurs : nulle trace d'Olympe, pas même un mot sur la table du salon. Ses affaires avaient disparu ; les armoires étaient vides ; sa femme était partie. Il se dit avec douleur qu'il ne la verrait pas avant longtemps. Il connaissait trop le caractère d'Olympe, dur, franc et droit. Il s'était rendu coupable d'une trahison impudente. Il avait coupé le lien qui les unissait. Il sentit un sentiment glacial d'abandon et de solitude le gagner. Il s'assit dans le fauteuil du salon et prit sa tête entre ses mains, trop accablé pour allumer un feu, écrasé par son sort, le regard vide, transi et désespéré, comme effacé par les ténèbres qui s'épaississaient à mesure que la chandelle se consumait. Ainsi le soir même d'un triomphe marqué par les louanges éclatantes du Premier consul, il devait contempler les ruines de son foyer dévasté.

14.

Quatre jours plus tard, après que deux éclaireurs avaient visité Ettenheim pour connaître la position de la maison du duc et reconnu les moyens de défense de la ville, pratiquement inexistants, une dizaine de bateaux s'étaient réunis au soir sur la rive du Rhin, non loin de la ville frontière de Rhinau, pour faire passer dans le pays de Bade les hommes du 36e dragons venus de Sélestat en quatre heures de chevauchée. Droit sur son cheval qui soufflait, scrutant l'obscurité, le général Ordener surveillait l'embarquement de ses soldats qui pataugeaient dans la boue du rivage avant de prendre place à bord des bateaux. Les chevaux renâclaient à monter sur les embarcations qui tanguaient et s'entrechoquaient sur l'eau noire. Donatien frissonna, enveloppé de brouillard et d'obscurité. Il était à la proue du premier bateau, cherchant à apercevoir l'autre rive dissimulée par la nuit. Finalement la flottille se détacha du rivage pour affronter les courants contraires du fleuve à grands coups d'aviron. La traversée dura plus d'une heure au milieu des îles basses et des roseaux qui bordaient les grèves.

De l'autre côté, l'herbe mouillée assourdit le piétinement des sabots entourés de feutre. Sur une ligne qui s'étirait dans la nuit, les dragons prirent la route d'Ettenheim sans être aperçus. À l'aube, ils entrèrent dans la petite ville sous l'œil éberlué de quelques paysans, pour prendre position devant la maison du prince. Plusieurs dragons descendus de cheval escaladèrent la grille pour pénétrer dans le jardin. Ordener attendait un peu en arrière, au milieu de la place encore plongée dans l'ombre. Une fenêtre s'ouvrit. Un homme épaula son fusil.

— Qui commande ici ? cria-t-il.

— Nous n'avons pas de comptes à vous rendre, répondit Ordener, aussitôt mis en joue par l'homme de la fenêtre, qui portait une robe de chambre à brandebourgs.

— Monseigneur, cria Donatien, qui avait reconnu le duc d'Enghien, ce n'est pas à vous qu'on en veut ; nous ne cherchons que des émissaires anglais.

Les soldats continuaient d'envahir le jardin pendant que d'autres contournaient la maison pour garder les issues. Donatien entendit les échos d'un conciliabule dans la maison.

— Soldats, entrez de vive force ! cria Ordener.

Deux dragons qui portaient un bélier foncèrent sur la porte qui s'ouvrit du premier coup. Les soldats s'engouffrèrent à travers l'ouverture, les uns baïonnette au canon, les autres en brandissant un sabre ou un pistolet. Dans l'antichambre encombrée, Ordener et Donatien trouvèrent le prince en pantoufles et en robe de chambre. Quatre hommes faisaient rempart devant lui, entourés de soldats menaçants. Enghien avait baissé son fusil et se tenait droit, pâle et maître de lui.

— Qui est le duc ? demanda Ordener.

— Si vous avez l'ordre d'arrêter le duc, dit Enghien, vous devez sans doute le connaître.

Il parlait d'une voix forte comme s'il s'adressait à une foule. Ses paroles résonnaient sous le haut plafond du vestibule.

— C'est moi, dit un des quatre hommes qui défendaient le duc en criant encore plus fort.

Donatien se demanda s'il n'y avait pas un manège dans ce dialogue crié.

— Alors qui est-ce ? dit Ordener.

— Mais c'est celui-ci, dit Donatien exaspéré en désignant Enghien. Allons, maintenant, nous avons perdu assez de temps !

— Emmenez-moi tous ces messieurs hors de la ville et attendez-moi près du moulin, jeta Ordener aux soldats.

Ils allaient obtempérer quand Donatien entendit une porte qui claquait derrière le duc. Il le bouscula et se rua vers l'intérieur, se dirigeant au jugé vers l'endroit d'où venait le bruit. Il suivit un couloir, tourna à droite et se trouva dans une pièce de service encombrée de balais, de seaux et de serpillières qui pendaient à un mur. Au fond était une porte étroite. Il l'ouvrit. Elle donnait sur une cour minuscule elle-même fermée par une grille. Il l'ouvrit à son tour, regarda à droite et à gauche. Il vit d'abord une ruelle encaissée qui serpentait entre les maisons. Aucun soldat ne la gardait. Puis, au fond de la ruelle à moitié noyée par l'obscurité, il aperçut la silhouette d'une femme brune et mince qui s'enfuyait. Il l'aurait reconnue entre mille : c'était Aurore. Il se jeta dans sa direction mais il entendit une seconde plus tard le claquement des sabots d'un cheval qui décroissait en s'éloignant. Il cria pour demander l'aide des soldats. Il n'y en avait pas. Quand deux dragons arrivèrent, il était trop tard. Il tenait le duc d'Enghien. Mais la duchesse venait de lui échapper.

Furieux, il revint vers Ordener qui disposait des piquets de dragons autour de la maison.

— Il est bien temps de garder les issues, dit Donatien, une complice essentielle vient de s'enfuir.

— J'envoie un peloton à sa recherche, dit le colonel.

— Non, elle est à cheval. Vous ne la rattraperez pas. Nous sommes en pays étranger, nous ne pouvons pas nous lancer dans une battue. Je dois saisir les papiers du duc. Avez-vous fait cerner la maison où se trouve Dumouriez ?

— Bien sûr. Mes dragons sont là-bas. Ils doivent s'en saisir en ce moment même.

— Fort bien. Je monte chercher les papiers.

C'était une maison bourgeoise aux multiples pièces réparties sur deux étages, aux murs boisés et aux planchers couverts de tapis. Il n'eut pas à chercher longtemps. Comme souvent dans ces demeures cossues, la chambre du propriétaire était située au-dessus de l'entrée, ouvrant sur la façade. À sa droite, il trouva un cabinet de travail décoré de têtes de cerf et de sanglier, avec une bibliothèque à vitrine de verre, un classeur en acajou et un bureau recouvert de cuir noir. Il avait un grand sac à la main. Il y plaça par liasse les papiers qu'il trouva sur le bureau, dans les tiroirs, dans le classeur et sur les rayons de la bibliothèque. Il y vit des rapports, des factures, un journal tenu par le duc, un grand cahier où il aperçut le brouillon de la correspondance et une brassée de lettres personnelles classées par envoyeur. Il passa dans les autres pièces où il ne trouva rien, à l'exception d'un coffre en fer dont la serrure n'était pas fermée. Il fit une nouvelle moisson de documents puis descendit au rez-de-chaussée où il n'aperçut ni armoire, ni secrétaire, ni bureau, ni coffre. Il se dit que le duc d'Enghien vivant sereinement à l'abri d'une frontière ne devait pas faire beaucoup d'efforts pour dissimuler ses secrets. De toute manière, il fallait partir. Déjà derrière les soldats apparaissaient des habitants d'Ettenheim à la mine hostile, outrés de voir l'armée française entrer chez eux et faire des prisonniers.

Dans la cour, quatre dragons poussaient devant eux un vieil homme au profil d'aigle, digne et chenu, vêtu à l'ancienne d'une redingote de velours et d'une culotte de soie, ses bottes de cuir à revers crottées par une marche matinale, accompagné d'un valet en livrée qui regardait les soldats avec la peur dans le regard.

— Voici celui que nous avons trouvé dans la maison indiquée, dit un soldat.

— Monsieur, demanda Donatien, êtes-vous le général Dumouriez ?

— Que me chantez-vous là, jeune homme ? Et d'abord de quel droit faites-vous irruption chez les honnêtes gens sans mandat ni papier d'aucune sorte, venant d'un territoire étranger ?

— C'est en accord avec le gouvernement de Bade, dit Donatien en lui servant le conte qu'ils avaient prévu de dire aux

Badois qui poseraient des questions. Alors êtes-vous, oui ou non, le général Dumouriez ?

— Diantre, c'est une plaisanterie ! Sachez, monsieur, que je me nomme le marquis de Thumery, ami du duc d'Enghien, fidèle au roi Louis XVIII, et que vous vous repentirez de cette forfaiture sans exemple.

— Le marquis de Thumery ? dit Donatien soudain pris au dépourvu. Et vous ne cachez pas chez vous le général Dumouriez ou vous ne l'avez pas accueilli ? Prenez garde, citoyen Thumery, nos renseignements sont sûrs.

— Vos renseignements ne valent rien. Je suis le marquis de Thumery et je n'ai logé personne en dehors des amis du duc et de moi-même, dont aucun ne s'appelle Dumouriez, et pour cause...

— Ya, oui, ajouta soudain le valet qui écoutait avidement l'échange, monzieur tit la férité.

Il parlait avec un fort accent allemand accru par l'émotion. Il reprit.

— Z'est une derrible erreur ! Mon maîdre n'est pas chénéral. Z'est le marguis de Dumeurie, buisqu'il fous le tit !

Donatien le regarda soudain avec intensité.

— Voulez-vous répéter son nom, citoyen, je vous prie ?

— Le marguis de Dumeurie, monzieur, Dumeurie !

— Dumeurie, Thumery, Dumouriez... C'est la même chose !

— Ah *nein*, *nein* ! Che fous dis gue z'est Dumeurie ! Dumeurie !

Le marquis les écoutait, goguenard.

— Il semblerait que vos agents soient moins doués en langues qu'en contes pour enfants. Ils ont confondu Thumery et Dumouriez à cause de la prononciation allemande. Voilà bien l'habileté des agents de Bonaparte. Ils m'ont confondu avec un général républicain. C'est un comble !

Et il partit d'un grand rire.

Donatien se renfrogna. Thumery avait raison, sans aucun doute. Lamothe avait interrogé des gens dans le village mais il parlait fort mal l'allemand. À cause de la prononciation, il avait pris Thumery pour Dumouriez et par son erreur mystifié le gouvernement français. La théorie de Bonaparte sur Dumouriez, qui avait tant fait pour décider l'arrestation du duc, tombait comme un soufflé. Donatien contemplait stupidement le résultat de cette ridicule méprise. Son regard alla de Dumouriez à son valet, puis du valet au duc d'Enghien qui était menotté à quelques pas. Il était fort possible que le duc fût étranger à toute l'affaire. Mais le vin était tiré. Les ordres du Premier consul étaient formels : il fallait, quoi qu'il arrive, ramener Enghien de vive force à Strasbourg. Il n'y avait pas d'échappatoire.

— Nous éclaircirons tout cela avec les papiers du duc, dit Donatien à Ordener.

— Y a-t-il une erreur ? demanda Ordener.

— Peut-être sur l'identité de ce Thumery, alias Dumeurie. Mais non sur celle du duc. Nous partons.

Ils allèrent au moulin où les soldats avaient déjà conduit les autres prisonniers. Une femme en chapeau et robe plissée les attendait, ses yeux pleins de larmes, son beau visage défait par la surprise et le chagrin. Elle tenait un petit chien dans ses bras. Le chien s'échappa en jappant et courut vers le duc d'Enghien. Ordener interpella la dame.

— Madame, voulez-vous nommer les hommes que voici, puisque vous semblez les connaître.

Elle éclata en sanglots.

— C'est ma femme, colonel, dit le duc. Elle me reconnaîtra sans difficultés.

Donatien la regarda. Ainsi le duc vivait avec Charlotte de Rohan, la rivale heureuse d'Aurore, dont le mariage avait causé le drame de la cathédrale de Vannes. Les deux femmes séparées par une passion s'étaient retrouvées sous le toit du duc, réunies par les circonstances politiques. La Révolution, maîtresse dévorante, avait ainsi éteint d'autres passions, trop privées pour faire le poids face à l'Histoire. Donatien pensa à Aurore. Se pouvait-il qu'elle l'aimât en le trahissant de la sorte ? Sa ruse n'était donc pas entièrement factice. Il se dit que lui aussi, quand il avait retourné la duperie contre la duchesse, ne jouait pas entièrement une comédie. Il se souvenait avec un frisson étrange des nuits de la maison de Chaillot. Sa fureur et son humiliation n'avaient pas effacé le sentiment violent né de leur rencontre. Pouvait-on haïr et aimer à la fois ? Et lui, éprouvait-il de la haine ou de l'amour ? Ou bien ces deux sentiments se rejoignaient-ils par les extrêmes ? Il remit la réponse à plus tard.

On plaça le prince et ses amis dans une charrette après leur avoir donné du linge et quelques effets. On fit ouvrir la route par un détachement de cavaliers et entourer la charrette d'une double rangée de dragons. Quand la charrette s'ébranla, le petit chien se mit à courir à sa suite, qu'on repoussa à coups de bottes.

— Épargnez mon chien, tonna le duc, il est innocent de tout complot contre Bonaparte !

Les soldats laissèrent le chien qui continua à suivre le convoi. Arrivés à Kappel, plusieurs bateaux attendaient la troupe. On repassa le fleuve sous un soleil timide pendant que le petit chien se lançait dans l'eau à la nage.

— Mohiloff ! cria le duc. Rentre à la maison ! Mohiloff ! Rentre !

Rien n'y fit, le chien continua de nager à la suite des bateaux.

— Votre chien vous aime, dit Donatien au duc.

— Il est fidèle à son seigneur, comme nous tous, répondit le duc d'un ton mélancolique.

Arrivé sur l'autre berge, Donatien donna l'ordre qu'on laissât Mohiloff rejoindre son maître. Il se tourna ensuite vers le duc.

— Dites-moi la vérité, monseigneur, est-il vrai que vous ayez reçu le général Dumouriez ?

— S'il était venu, répondit le duc d'un ton méprisant, je ne l'aurais pas reçu. Il est au-dessous de mon rang d'avoir affaire à de pareilles gens. Mais vous, dites-moi la vérité. Pourquoi vient-on m'arrêter dans un territoire neutre, alors que je ne suis occupé que de chasser et de mener une vie bourgeoise ?

— Monsieur le duc, vous êtes militaire et vous savez que nous ne pouvons commenter les ordres qu'on nous donne, quelque pénibles qu'ils soient. Et pourquoi avez-vous demandé qui commandait ce matin quand nous sommes arrivés ?

— Je ne voulais pas tirer sur un soldat mais sur l'officier responsable.

Le soir à Strasbourg, le duc fut enfermé dans la forteresse. Rien n'était prêt pour le recevoir.

— Le télégraphe ne marchait pas à cause du brouillard, dit piteusement le commandant de la place. Mais je lui cède volontiers mon appartement que nous allons arranger.

— Que cela soit digne. Et laissez-lui son chien.

Le lendemain, Donatien décacheta les lettres et les papiers en présence du duc. Il commença à les lire pendant que son prisonnier s'installait dans un fauteuil, son chien sur les genoux. Il avait déjà identifié un texte solennel marqué aux armes des Condés : le testament du duc. Il le tendit au prisonnier qui le remercia.

— Il me semble juste d'y ajouter un codicille, dit le duc en souriant. Je ne crains rien mais on ne sait de quoi l'avenir sera fait. Pour le reste, lisez à loisir, je n'ai rien à cacher. Vous verrez que ceux qui vous ont donné des ordres s'abusent sur mon importance.

Donatien poursuivit sa lecture. Il rendit encore plusieurs lettres au duc, dont l'une avait été expédiée par la princesse Caroline de Bade, femme du Grand Électeur et qui témoignait de manière embarrassante d'une relation qui n'était pas seulement diplomatique. Donatien se souvenait de la femme éplorée qui était venue le matin au moulin près d'Ettenheim. Il ne voulut pas qu'une révélation humiliante vînt redoubler le chagrin de Charlotte de Rohan. Le duc prit la lettre, la regarda et adressa un regard de gratitude à Donatien.

Le policier parcourut ensuite une abondante correspondance qui émanait du grand-père du duc, le prince de Condé, qui avait commandé la petite armée des émigrés pendant les premières guerres de la Révolution. Le grand-père et le petit-fils communiaient dans la même exécration du cours nouveau, leur fidélité à Louis XVIII était totale et leurs préjugés les portaient à mépriser sans retenue les nouveaux maîtres de la France. Là se bornait leur action. Il n'était nulle part question de complot, encore moins de Georges, de Pichegru ou d'un assassinat. Il alla chercher dans les brouillons les textes dont les dates correspondaient aux lettres du prince de Condé. En dix minutes, il trouva ce qu'il cherchait. C'était une lettre d'Enghien à son grand-père. Il en recopia un extrait qu'il jugea éloquent : « Je ne connais pas un mot de vos histoires d'agence, ce sont un tas de bêtes puantes auxquelles je ne me mêlerai jamais. Je méprise tout cela. Moi je vais droit mon chemin et s'il faut s'exposer pour notre maître, je l'ai fait et le ferai de bon cœur sans me cacher. Je ne vais pas servir mon roi en frac, à moins que ce soit l'uniforme de la Vendée. » Ainsi le duc désavouait les complots, les manœuvres clandestines, tout ce qui n'était pas combat à visage découvert. Donatien poursuivit sa recherche. Dans une lettre récente, il trouva un compte rendu de l'arrestation de Pichegru et de Cadoudal. Il chercha le texte de réponse dans le cahier des brouillons. Il était d'une clarté limpide : « Voilà encore une des œuvres de l'éternel Pichegru. Conspiration ou non, le prétexte est pris et, à son ordinaire, il va faire des victimes et rien de plus. Le pauvre Moreau se trouve englobé dans une affaire dont, sans doute, il n'avait nulle connaissance ; car je le crois trop loyal pour tremper dans toutes ces sottises. Dieu veuille qu'il n'y en ait pas beaucoup d'autres et que cette malheureuse histoire, comme toutes celles de ce genre, passées ou à venir, ne fasse grand tort au bon parti. » Et un peu plus loin, cette phrase elle aussi sans ambiguïté : « Au reste, les arrestations qui viennent d'avoir lieu en France vont tout naturellement débarrasser la bonne cause d'un tas de demi-convertis qui n'y pouvaient que faire grand tort. » Ces lettres étaient une correspondance privée. Leur auteur ne pouvait supposer qu'elles seraient lues par un policier. Elles reflétaient sincèrement les vues du duc d'Enghien. L'affaire était clair : le duc n'avait jamais entendu parler de la conspiration de Cadoudal, dont il condamnait par avance le principe ; il n'avait de surcroît aucune estime pour ses protagonistes militaires, Pichegru ou Moreau – « des demi-convertis » – et souhaitait même les voir écartés de la cause de Louis XVIII. Il ne se défendait pas de porter les armes contre la France, de servir dans des armées étrangères et d'y aspirer encore. Mais il était innocent des faits qu'on lui reprochait à Paris.

— Monseigneur, dit Donatien, je fais un résumé de ces correspondances et je les expédie au Premier consul. Elles vous sont favorables.

— Je vous avais dit ce qu'il en était, dit le duc avec un bon sourire. Mais je suis aise qu'il y ait des hommes honnêtes dans la police consulaire. Cette affaire devrait se dissiper sous peu, entre hommes d'honneur.

— Vous aurez loisir de vous expliquer, répondit Donatien.

Il n'était pas aussi sûr que le duc de voir la vérité triompher. Il se souvenait des diatribes de Bonaparte et ne voyait pas sa colère retomber si vite. Il continua une bonne partie de la journée à compulser les papiers d'Enghien qui ne lui apprirent guère plus, sinon que le duc se morfondait – « je ne suis rien à trente ans », écrivait-il – et brûlait de s'engager de nouveau dans une armée étrangère à la faveur de la guerre avec l'Angleterre, sans que jamais trace d'un complot ne transparaisse.

À cinq heures, il reçut par le télégraphe de Chappe des instructions sur la suite des événements. Le duc serait séparé de ses compagnons et transféré à Paris au plus vite par des relais préparés d'avance, sous bonne escorte et secrètement, dissimulé sous le nom du citoyen Plessis. Les autres voyageraient plus tard dans la diligence ordinaire. Donatien devait l'accompagner et l'amener à Murat, gouverneur de Paris, qui lui désignerait un lieu de détention. Il laissa le duc dîner avec ses amis et son chien dans l'appartement du commandant de la place et se retira dans la chambre qu'on lui avait préparée dans l'autre aile de la forteresse. À huit heures, un garde en chapeau à visière et plumet vint frapper à sa porte.

— Un jeune homme vient vous voir, rapport au prisonnier. Il dit que vous le connaissez.

— Et qui est-il ?

— Le citoyen Aubin Chaillot.

— Aubin Chaillot ? Qui est-ce ?

— Il a donné un billet.

Donatien prit le papier et lut : « Vous avez fréquenté Chaillot. Je viens vous voir pour vous entretenir d'une affaire cruciale. »

La phrase « Vous avez fréquenté Chaillot » sonnait comme un mot de passe.

— Faites-le venir, je vais le recevoir.

Cinq minutes plus tard, un jeune homme mince et gracieux fit son entrée. Le garde referma la porte. Donatien regarda le visiteur. Il connaissait ces traits fins et ce visage un peu allongé à la bouche trop grande. Le garçon ôta son chapeau et enleva son manteau. C'était Aurore, vêtue d'un costume de chasse, ses cheveux coupés court.

— Aurore ? Que viens-tu faire ici ? Je vais te faire arrêter dans la minute. C'est une reddition ?

— Mon ami, dit-elle de sa voix chaude, tu feras ce qu'il te semblera juste. Mais d'abord écoute-moi.

Il hésita un moment pendant qu'elle le fixait avec un regard éploré. Il l'observa, se demandant si elle était armée, si un projet fou d'assassinat ne lui avait pas dicté cette étrange démarche. Elle restait debout, immobile, attendant son verdict. Il vit que sa veste et sa culotte de cheval étaient trop ajustés pour qu'on puisse y cacher une arme.

— Assieds-toi, finit-il par dire d'un ton rogue. Je t'écoute.

— Je viens proposer un échange. Je me livre à toi et vous libérez mon cousin, qui n'a rien à voir avec ce complot. Je te donne une coupable pour un innocent. C'est un marché honnête.

— Tu es dans une forteresse de la République. Pourquoi devrais-je faire un échange ? Il me suffit d'appeler le garde.

— Je sais. Mais je sais aussi que tu es un homme d'honneur. Et je crois savoir, ajouta-t-elle d'un ton adouci, que je suis quelque chose pour toi, malgré toutes les trahisons. Je suis femme. Je sens ce qu'il y a au fond des cœurs. En tout cas, tu ne laisseras pas condamner un homme qui n'a rien fait, serait-il un ennemi.

— J'ai des ordres formels. Je dois ramener le duc à Paris. Je le ferai.

— Mais le duc est étranger à tous les complots. Il réprouve ces méthodes qu'il tient pour déshonorantes.

— Ce qui n'est pas ton cas, jeta-t-il.

— Nous différons sur ce point. Je viens de la Vendée. La République nous a déclaré la guerre. Nous nous défendons.

— En assassinant un consul ?

— En faisant disparaître un homme qui est le seul obstacle devant nos souverains légitimes. Nous faisons la guerre, comme lui. Mais laissons là ces disputes de doctrine. L'important n'est pas là. Il se trouve que mon cousin a été arrêté pour un crime qu'il n'a pas commis. C'est là le cœur de l'affaire. Je suis venue me jeter dans la gueule du loup pour donner garantie de cette vérité. C'est un geste de soumission. J'en appelle à la magnanimité du Premier consul. Je viens à genoux offrir ma vie pour obtenir le pardon de la République, en faveur du duc d'Enghien, le plus noble et le plus pur de vos adversaires, qui récuse les moyens obliques, qui ne vous combat plus et qui n'a jamais lutté contre vous qu'au grand jour. Je m'adresse à des soldats, à des officiers, qui savent ce que les lois de la guerre signifient. Je suis comme Thémistocle qui vient s'asseoir au foyer de ses ennemis pour implorer la paix. Jugez les coupables, condamnez-les. Jugez-moi, condamnez-moi. Mais n'entachez pas votre cause d'une telle forfaiture ! Condamnez la duchesse d'Enghien. Faites grâce au duc d'Enghien !

Tout en déclamant cette tirade d'une voix altérée, elle s'était levée, plus belle que jamais, dans sa pâleur et son étrange costume de chasseur. Puis dans mouvement d'abandon, elle s'était jetée à genoux aux pieds de Donatien qui chercha en vain à la relever.

Touché au cœur malgré son ressentiment et sa méfiance, Donatien reconnaissait que le geste d'Aurore était noble. Elle courait tous les risques. Entrée dans la forteresse, elle serait emprisonnée, puis exécutée. Pourtant elle était venue, offrant sa vie contre une chance infime de sauver son cousin. Le récit de l'incident de Vannes lui revint en mémoire, quand Aurore trahie avait tiré sans hésiter sur son seul amour au milieu de la cathédrale. Après avoir tenté d'ôter la vie de son cousin, elle essayait maintenant de la lui rendre. C'était une dette d'honneur et d'amour. Troublé, l'esprit brouillé, saisi d'une émotion sensuelle à son contact, Donatien ne savait plus que faire. Il tenta de se défendre par la logique.

— Où est la preuve qu'il est innocent ?

— Dans ses papiers. Les as-tu lus ?

— Euh... Oui.

— Alors ?

— ...

— Ton silence veut tout dire ! Tu n'y as rien trouvé, évidemment.

— Non. Sinon qu'il a porté les armes contre nous, c'est-à-dire contre son pays.

— Ce sont faits anciens, qui ne justifient pas qu'on aille le prendre en territoire étranger, contre toutes les lois. Le Premier consul a déjà rallié à lui des hommes bien plus actifs contre la France pendant les guerres de la Révolution. Il a même proposé un grade de général à Georges après Brumaire, quand il était question de trouver une paix en Vendée. Le duc a combattu dans une armée régulière. Il s'est comporté en soldat. On ne peut lui reprocher que des actions ouvertes et franches, qui datent de dix ans.

Il devait admettre que ce plaidoyer était fort. En condamnant le duc d'Enghien, le Premier consul se débarrasserait d'un ennemi déclaré. Mais il tuerait un innocent. Il commettrait une telle injustice que l'opinion se retournerait contre lui. Il ne pécherait pas seulement contre la morale, fort malmenée depuis vingt ans, mais contre la politique, maîtresse de toutes choses dans ce temps de bouleversement social.

— Je ne crois pas que Bonaparte ait déjà décidé du sort du duc, reprit Donatien. Il veut être instruit de son cas. Je lui ai déjà fait rapport par le télégraphe. Nous pensions que Dumouriez séjournait aussi à Ettenheim. C'était une erreur. Or c'est en apprenant sa présence que le Consul a ordonné l'arrestation. Son absence renverse le cours des choses.

— Dumouriez ? Quelle sottise. Le duc ne fréquenterait pas cette sorte d'homme. Ainsi tu sais toi aussi que mon cousin est accusé à tort. Tu as compris l'erreur tragique que vous êtes en train de commettre. Oh ! Je savais que je pouvais faire fond sur ta logique.

— Je suis policier, je me plie aux faits.

En parlant, toujours à genoux devant lui, elle avait penché sa tête en signe de soumission supplémentaire. Il ne put s'empêcher de caresser ses courtes boucles brunes. Encouragée, elle prit sa main. Il se laissa faire.

— Je savais que tu étais droit, dit-elle doucement.

— Certes plus que toi...

— J'ai employé une ruse de guerre pour t'approcher. Mais j'y ai aussi trouvé un grand bonheur.

Elle redressa la tête et le regarda droit dans les yeux. Un silence se fit. Il la trouva magnifique dans ses pleurs et son défi. Il la releva pour l'enlacer. Elle se pressa contre lui.

— Je ne suis pas venue seulement pour mon cousin, dit-elle d'un ton de confession. Je suis venue pour toi.

Il la prit dans ses bras.

Bien plus tard dans la nuit, ils se retrouvèrent allongés dans le lit l'un contre l'autre, lui appuyé sur un oreiller, elle la tête sur son épaule.

— Finalement, dit Donatien, tu emploies toujours les mêmes méthodes pour circonvenir tes ennemis. Tu as encore réussi à me faire succomber.

— Tais-toi, grossier personnage. Je t'ai dit que cette ruse me m'a rien coûté, au contraire. Elle s'est imposée d'elle-même, par mon désir. Es-tu fondé à te plaindre ? Tu ne sembles pas souffrir de cet aspect du service...

— Bonaparte apprendrait cela qu'il me ferait fusiller sur place.

— Il oublierait que c'est grâce à tes activités sensuelles que tu as arrêté notre pauvre Cadoudal, que je pleure tous les jours.

— C'est un brigand méchant et cruel. Il n'a que ce qu'il mérite. Aussi bien, je n'ai fait que te rendre la monnaie de ta pièce.

— C'est un soldat tombé au champ d'honneur. Son arrestation, tu dois le savoir, a mis fin à tout le complot. Les chouans qu'il a réunis à Paris ne cherchent plus qu'à sauver leur peau. Tu as gagné, mon cher, et ton Bonaparte aussi. Nous sommes vaincus.

— Quand cesserez-vous cette guerre, à la fin ? La République n'aspire qu'au repos.

— Notre repos suppose la fin de la République.

— Ainsi je couche avec une ennemie de la République.

— Ce sont les plus passionnées...

Donatien pensa soudain à Olympe, perdue à cause de ce qu'il recommençait en ce moment même. Malgré sa position scabreuse, il fut pris de tristesse. Puis il se dit – consolation facile – qu'elle l'avait quitté. N'étant plus mari, il était moins coupable. C'était une excuse hypocrite. Mais il n'avait pas trouvé mieux. Il se promit d'éclaircir tout cela au matin.

— As-tu statué sur mon sort ? demanda Aurore.

— J'y ai pensé depuis un moment. Je te propose un marché. Tu me dis tout ce qui m'est utile et je te laisse partir.

Il n'avait pas le cœur, surtout dans cette intimité retrouvée, de la livrer aux soldats, c'est-à-dire à la guillotine. Sa condamnation, au demeurant, ne ferait pas avancer la cause de Bonaparte. La police avait déjoué le complot, arrêté Georges et ses principaux protagonistes, écarté le danger de la tête du Premier consul et rétabli sa position politique. L'exécution d'une femme, serait-elle duplice et dix fois coupable, heurterait le public et n'avancerait en rien la cause de l'enquête, qui touchait à sa fin. La police n'avait plus besoin de victimes.

— Je ne saurais dénoncer quiconque, dit-elle. Mais pour le reste, si tu le veux, j'accepte l'arrangement. Ce sera en remerciement de ta générosité. Ce complot est maintenant terminé. Je veux bien en décrire les rouages.

— Ne mens pas. Y a-t-il encore de hauts personnages impliqués ? Ou bien des assassins dangereux toujours en action ?

— Sur mon honneur, non. Tous sont pris ou bien sont à Londres. Il n'y a plus que des comparses.

— Y a-t-il dans l'entourage du Consul des agents ou des complices des Bourbons, comme tu l'as été ?

— À ma connaissance, non. On m'a confié cette mission de tromperie précisément parce qu'il n'y en avait pas.

Le ton semblait sincère et l'argument, en tout cas, était logique.

— Alors raconte tout. Je déciderai ensuite.

Elle prit deux heures pour décrire le complot de Georges par le menu. Elle n'apprit rien de décisif à Donatien qui s'était levé pour écrire un compte rendu. Mais il avait maintenant, par une voix de l'intérieur, le tableau complet de la conspiration. Il en ferait rapport au Premier consul, qui y trouverait d'utiles renseignements dans sa lutte de propagande avec l'Angleterre, impliquée jusqu'au détail de l'affaire, avec cynisme et minutie.

— Et qu'advient-il du duc ? demanda-t-elle à la fin de son histoire.

— Je sais qu'il est innocent. Je plaiderai devant le Premier consul et auprès du grand juge Régnier. Je dirai la vérité, ce qui devrait épargner sa vie. Au-delà, je ne veux et ne peux rien faire.

— Je m'en remets à ta sagesse de policier. J'ai appris à l'éprouver, dit doucement Aurore en se rhabillant. Je suppose, continua-t-elle, que je dois quitter ces lieux.

— Certes. Le garde trouverait étrange que je passe la nuit avec un messager.

Ils se regardèrent. Un silence s'installa. Ils avaient tous deux conscience qu'ils ne se reverraient pas. L'identité d'Aurore était connue de la police comme propriétaire de la maison de Chaillot qui avait abrité Cadoudal. Elle devait disparaître. Cette nuit était la dernière. Ils s'enlacèrent encore et restèrent un long moment réunis au milieu de la petite chambre. Puis, doucement, elle l'abandonna. Ils sortirent dans le couloir et marchèrent jusqu'au poste d'entrée. Donatien réveilla le garde et lui demanda d'ouvrir. Aurore se pencha vers Donatien et lui murmura à l'oreille :

— Adieu, mon amour.

— Adieu, monsieur, dit-il tout haut, jetant un œil vers le garde qui les observait, faites bon voyage. Ne vous écartez plus de la bonne route.

— J'y resterai désormais. Peut-être vous y retrouverai-je...

Puis elle se retourna et disparut dans la nuit.

15.

De lourds nuages gris surplombaient Paris quand la chaise de poste où le duc avait pris place passa la barrière de La Villette. Comme ils descendaient lentement la rue Saint-Martin vers la Seine au milieu d'une foule affairée, une pluie fine se mit à tomber. Le duc regardait avidement la ville qu'il n'avait pas vue depuis plus de quinze ans, à l'époque de son enfance, levant les yeux vers la haute tour du Temple, la silhouette massive du Châtelet ou la façade grise de Notre-Dame, contemplant le spectacle inépuisable de la rue, avec ses porteurs d'eau, ses rémouleurs, ses marchandes de marrons grillés, ses artisans qui travaillaient devant leur boutique, ses étals de fruits et de viandes où les marchands appelaient la clientèle à grands cris. Quand ils franchirent la Seine devant les Tuileries, Donatien vit son regard qui s'attardait longuement sur le Palais-Bourbon, la demeure historique de sa famille confisquée par la République.

La voiture s'arrêta devant le siège du gouverneur de Paris. Donatien laissa le duc sous la surveillance de deux soldats et suivit l'huissier qui le conduisait chez Murat. L'œil noir, sa longue chevelure frémissante, le gouverneur en grand uniforme tournait autour de son bureau et battait ses bottes de sa cravache.

— Lachance, vous tenez donc le duc !

— Oui, citoyen gouverneur. Il est en bas dans une voiture, sous bonne garde. Où dois-je le conduire ?

— Au château de Vincennes. Je ne sais si le commandant est

prévenu. Tout cela est brutal, précipité, irrégulier. On veut me faire jouer le rôle que je n'aime pas. Tenez, voici les ordres.

Murat tendit à Donatien un papier à l'en-tête du gouvernement consulaire.

« Le gouvernement de la République arrête ce qui suit :

« Art. 1er. Le ci-devant duc d'Enghien, prévenu d'avoir porté les armes contre la République, d'avoir été et d'être encore à la solde de l'Angleterre, de faire partie des complots tramés par cette dernière puissance contre la sûreté intérieure et extérieure de la République, sera traduit devant une commission militaire, composée de sept membres nommés par le général gouverneur de Paris et qui se réunira à Vincennes.

« Art. 2. Le grand juge, le ministre de la Guerre et le général gouverneur de Paris sont chargés de l'exécution du présent arrêté. »

— Vous avez lu ? jeta Murat. C'est un ordre d'exécution. Le duc passera ce soir devant une commission militaire qui statuera souverainement, sans appel ni cassation, sans avocat, sans témoins. Ses sentences sont immédiatement exécutoires, ce qui veut dire qu'il sera fusillé dans la nuit. C'est une folie. L'opinion sera tout entière tournée contre nous, l'Europe sera outrée. Et je dois couvrir cette infamie. C'est une tache de sang que Bonaparte veut mettre sur mon habit !

— Mais le duc est innocent ! Il y aura procès, les papiers du duc montreront qu'il ignorait tout de la conspiration de Georges. Il vivait bourgeoisement dans le pays de Bade sans s'occuper de complots qu'il réprouve. Ses écrits l'attestent.

— Êtes-vous sûr ?

— Positif. J'ai lu sa correspondance depuis dix ans. Il ne complote pas.

Murat le regarda et réfléchit.

— Ainsi vous avez le fin mot de l'affaire. Nous tenons le mauvais accusé. Vous devez voir le Premier consul. Vous pourrez peut-être le fléchir. J'ai galopé jusqu'à la Malmaison pour faire rapporter l'ordre. Bonaparte s'est buté. Il m'a menacé de destitution. Il a dit qu'il me renverrait dans mes montagnes du Quercy. Lui, mon beau-frère, me dire cela à moi, qui le suis depuis le premier jour !

— Mais il y aura tout de même procès. Les militaires ne sont pas malhonnêtes. Ils verront bien qu'il n'y a pas lieu.

— Mon cher, vous êtes trop confiant. C'est un ressort fatal qui est remonté.

Murat prit un autre papier sur son bureau.

— J'ai ici un autre arrêté, que Bonaparte m'a fait tenir après notre entrevue. Il a déjà nommé les sept membres de la commission qui doit juger. Les garnisons de Paris doivent déléguer chacune un détachement à Vincennes et prendre position sur l'esplanade du château. Vous savez que l'on fait cela en cas d'exécution d'un jugement militaire. Je vous lis la fin de l'arrêté : « Vous donnez l'ordre à vingt gendarmes de la gendarmerie d'élite et à un piquet de soixante hommes de la garnison des différents corps sous les ordres d'un capitaine, d'un lieutenant et d'un sous-lieutenant, de se rendre à Vincennes pour y faire garnison et y exécuter la sentence. Faites entendre aux membres de la commission qu'il faut terminer dans la nuit et ordonnez que la sentence, si, comme je ne peux en douter, elle porte condamnation à mort, soit sur-le-champ exécutée et le condamné enterré dans une des cours du fort. Je donne ordre à Savary de se rendre auprès de vous. Il désignera lui-même les officiers et les soldats de sa légion qui doivent composer les deux détachements et veiller sur le tout. » Voilà. Votre duc est un homme mort.

— Ce serait une tragédie. Il n'a rien fait. Il est totalement étranger à la conspiration.

— Relisez le premier arrêté. Vous verrez qu'il n'est pas question de Georges. On impute au duc d'avoir pris les armes contre la France et de vivre à la solde de l'Angleterre. On parle de complots au pluriel et non d'une affaire précise. Ces faits sont indubitables, me semble-t-il. Il ne pourra s'en défendre.

— Ce sont des affaires anciennes. À ce compte, il faudrait

fusiller la moitié des émigrés rentrés sur décision du Premier consul.

— Peut-être. Cependant il ne s'agit pas de justice mais de politique. Le Consul veut la tête d'un Bourbon. Tout est là.

— J'irai à la Malmaison. J'ai tous les papiers, tous les témoignages, toute l'architecture du complot. Le Consul m'entendra.

— Allez, Lachance. La commission ne sera pas constituée avant le milieu de la nuit. Vous avez le temps d'aller à la Malmaison et de revenir à Vincennes. Prenez un cheval dans mon écurie et volez. Il faut tout tenter. Il vous écoutera, en tout cas. Quant à vous entendre... Pour moi, je ne me sens pas bien, je dois m'aliter. Je vais demander qu'on ne me dérange pas.

Donatien laissa Murat à son indisposition, dont il pensa qu'elle devait peu à son état de santé et beaucoup au forfait d'État qui se préparait. Il revint à la voiture, donna discrètement l'ordre qu'on emmenât le duc à Vincennes et monta à cheval.

Galopant sous la pluie, le visage fouetté par les gouttes d'eau froide, il suivit la Seine, monta les Champs-Élysées, passa la barrière de l'Étoile et s'enfonça dans la forêt. Il pensa à sa rencontre avec Aurore, à leur voyage sur la même route coupée de fondrières au cœur de la nuit enneigée, à leur première attirance. Même si elle l'avait trahi de la plus belle manière, il se sentait une dette envers elle. Son geste de la veille l'avait rendue à son estime. Il gardait aussi le souvenir de leur brûlante étreinte, qui avait réveillé un sentiment qu'il pensait avoir effacé par la partie de dupes des dernières semaines. Il pensa aussi au duc, un ennemi, certes, imbu de sa cause et de son rang, mais un ennemi honorable qu'on ne pouvait abattre dans un fossé comme un traître de bas étage.

Donatien descendit de cheval devant la véranda qui servait d'entrée à la Malmaison. Il avait à peine pénétré dans le vestibule à colonnes que Joséphine, assise dans le salon attenant avec Mme de Rémusat, se leva et vint à sa rencontre.

— Commissaire Lachance. J'ignorais que vous veniez. Je suis

heureuse de vous voir. Je sais que vous avez protégé mon mari avec un grand zèle et que vos efforts ont été couronnés de succès.

Elle l'entraîna dans un coin de la grande salle et parla plus bas.

— Vous allez le voir dans une minute. Sachez qu'il se prépare une grande faute. Bonaparte est enragé contre les ci-devant. Il a chaussé les bottes de 93. Ce pauvre duc va payer pour les manigances de Georges et du comte d'Artois. Il faut empêcher cela. Ce serait un grand malheur pour la France et une tache indélébile sur notre famille. Êtes-vous de mon avis ?

— Oui, madame. Le duc n'a rien fait. Le condamner serait ameuter toute l'Europe contre nous.

— Ah ! Je savais que vous étiez homme de raison et de générosité.

— De raison, surtout, madame. On ne peut exécuter un homme sans preuves, sauf à révulser les honnêtes gens et jeter de nouveau une France contre l'autre.

— Dites-le-lui ! Dites-le-lui ! Je me suis jetée à ses pieds, Mme de Rémusat aussi ; il m'a répondu que je jouais mon rôle de femme, que le sien était celui d'un chef de gouvernement, que l'on prendrait sa clémence pour de la faiblesse, que les femmes devaient demeurer étrangères à ces sortes d'affaires et que sa politique demande un coup d'État. C'est terrible ! Nous allons vers une tragédie.

Joséphine, bouleversée, avait pris son bras et le serrait avec angoisse.

— J'ai compris votre discours, madame, croyez bien que je ferai tout mon possible.

— Allez, il vous attend.

Donatien suivit un valet en livrée à travers l'enfilade des pièces qui menait à la petite bibliothèque d'angle. Bonaparte travaillait dans la pénombre, mal éclairé par un chandelier posé sur son bureau. Il leva la tête.

— Vous venez sans convocation, Lachance. C'est donc que l'affaire est grave. Je vous écoute.

— J'ai compulsé les papiers du duc, citoyen consul. Il est

hors du complot. Il en ignorait jusqu'à l'existence. Quand il a appris l'arrestation de Moreau et Pichegru, il a écrit au prince de Condé qu'il condamnait ces entreprises, à ses yeux méprisables. Quant à Dumouriez, il n'a jamais mis les pieds à Ettenheim. On l'a confondu avec un autre à cause d'une mauvaise prononciation. Il n'y avait dans ce pays de Bade aucune conspiration dirigée contre vous ou contre la République. Voilà ma conclusion, citoyen consul. Elle est appuyée sur des preuves manifestes.

— Mais enfin, Lachance, le duc pouvait comploter sans en faire confidence dans son courrier. Ces gens sont sournois. Vous le savez comme moi.

— Non. Pas en cette occurrence. J'ai aussi le témoignage sincère d'une femme qui a connu l'intérieur de la conspiration. Elle innocente le duc.

— Qui est cette femme ?

— Une amie de Mme Récamier que vous avez reçue ici même, Aurore de Condé, celle qu'on appelle la duchesse d'Enghien.

— Et comment connaît-elle l'intérieur du complot ?

— Elle y a joué un rôle mineur. On a utilisé sa maison à Chaillot.

— Vous me la baillez belle, commissaire. Cette femme dont le souvenir me revient est la cousine du duc. Elle chercherait à le disculper, aurait-il tiré sur moi devant cent personnes !

— Non. Je suis certain de l'avoir percée à jour. Elle dit la vérité.

Bonaparte planta son regard gris dans celui de Donatien.

— C'est une belle femme, Lachance. Y aurait-il là-dessous une de vos galantes intrigues ?

— Je suis entré dans son intimité pour la confondre. C'est vrai. Mais j'en suis d'autant plus garant.

Bonaparte esquissa un sourire.

— Vous avez une conception tout épicurienne du service de la République, Lachance. Mais enfin, cela se juge aux résultats. Êtes-vous certain de votre affaire ?

Donatien soutint son regard. Il avait usé d'un demi-mensonge, ne gardant de son histoire que la seconde partie et taisant le fait que c'était surtout Aurore qui était entrée dans son intimité pour l'espionner. Mais enfin, se disait-il, il ne mentait pas tout à fait : il avait bien obtenu l'arrestation de Cadoudal en dupant la duchesse d'Enghien.

— Oui, sur mon honneur.

— Diable ! Vous voilà solennel. Est-elle arrêtée ?

— Elle s'est échappée d'Ettenheim où elle avait trouvé refuge.

— Chez le duc ? Ils étaient donc de mèche.

— Non, il l'a accueillie au nom de leurs liens de famille. Il ignorait tout de ses activités.

Bonaparte se leva, mit ses mains dans son dos et fit quelques pas dans la pièce où l'obscurité se faisait peu à peu.

— Je veux bien vous croire, Lachance, vous êtes un bon policier et un bon serviteur du gouvernement. Mais il s'agit là d'une affaire d'État qui dépasse ces considérations de police. Ce Bourbon a pris les armes contre la France, il est soldé par l'Angleterre, il est prêt à entrer en guerre au premier signal de nos ennemis.

— Certes, mais beaucoup de ceux que vous avez ralliés mériteraient le même jugement. Votre politique est celle de la concorde. Ni talon rouge, ni bonnet rouge.

— Ne me faites pas la leçon sur ma politique, Lachance. J'en suis assez bon interprète, me semble-t-il. Nous sommes en guerre, vous l'oubliez. D'ailleurs le duc d'Enghien entre dans la conspiration de Georges même sans le vouloir expressément. Il sert de symbole, de point de ralliement à tous les brigands. Il vient apporter le trouble en France, il sert la vengeance des Anglais, sa réputation militaire peut agiter l'armée ; lui mort, mes soldats auront tout à fait rompu avec les Bourbons.

Il marqua un temps, puis il laissa tomber sa cynique conclusion.

— En politique, une mort qui doit donner du repos n'est plus un crime.

Donatien se sentit soudain écrasé par le poids de ces derniers mots, qui résumaient toute la tragédie des décisions prises par raison d'État. Pourtant cette raison d'État lui semblait, justement, de mauvaise politique. Bonaparte avait rallié la France parce qu'il avait rétabli le calme et la régularité dans l'application des lois. Lui-même, ancien républicain enragé, l'avait servi en raison de ce retour à une certaine sagesse de gouvernement, qui tranchait avec les cruautés récentes. En faisant tuer le duc d'Enghien, Bonaparte risquait de dilapider ce capital politique si durement constitué. Donatien ne voulut pas abandonner la partie. Après tout, il avait une fois battu Bonaparte aux échecs, au moment des affaires de la machine infernale. Chargé de la haute police, il connaissait aussi le mouvement des pièces en politique.

— Son exécution sera tout de même regardée comme un crime par l'Europe entière. Vous allez exciter nos ennemis, inquiéter nos alliés, repousser les neutres. Et je vous connais, vous n'êtes pas méchant homme. L'indulgence vous va mieux que la cruauté. Les Français vous aiment pour cela.

— Pour être aimé, un gouvernement doit être craint. Mon indulgence serait de la faiblesse. J'acquerrai par là le droit de me rendre clément dans la suite ; je dois choisir ou de cette action décisive ou d'une longue suite de conspirations qu'il faudra punir journellement. L'impunité encourage les partis, je serai donc obligé de persécuter, d'exiler, de condamner sans cesse, de revenir sur ce que j'ai fait pour les émigrés, de me mettre dans les mains des Jacobins. Les royalistes m'ont plusieurs fois compromis à l'égard des révolutionnaires. Ma sollicitude envers eux inquiète tous les bons républicains. Elle remplit d'angoisse les prêtres jureurs, les acquéreurs de biens nationaux, les soldats qui ont battu l'Europe ameutée contre nous. Elle fait peur au cartel des votants qui ont mis à mort Louis XVI, qui sont aujourd'hui l'élite du Consulat. Tous ceux-là tiennent à la Révolution par des intérêts puissants et par leur vie même, qui serait menacée si les

Bourbons réapparaissaient. Cette action me dégagera vis-à-vis de tout le monde.

Il s'animait en parlant, comme s'il était devant une assemblée qu'il fallait convaincre. Il arpentait sa petite bibliothèque, se cognant contre les meubles, s'arrêtant à une fenêtre pour regarder le parc noyé dans l'ombre, repartant vers le fond de la pièce, plaçant sa main dans son gilet sur son ventre, puis la faisant virevolter devant lui pour appuyer ses raisonnements.

Donatien comprit que la condamnation du duc était le fruit d'une longue méditation, de celles que Bonaparte s'imposait dans les circonstances importantes de sa vie. Il était vain, se dit-il, de réfuter des arguments si longuement mûris. Il s'agissait effectivement de politique et non de police. Le duc d'Enghien était pris dans une implacable arithmétique, qui conduisait à sa mort aussi bien que deux et deux font quatre. Il fallait changer de registre, en appeler à l'homme et non au chef d'État.

— Citoyen consul, j'ai parlé au duc. C'est un ennemi, mais aussi un homme d'honneur. Il s'attend à ce qu'on le place sur ce pied. Il fera face à ses actes. Mais il est aussi accessible à la grandeur. Un geste de magnanimité vous en fera sinon un allié, du moins un adversaire loyal.

— Peuh ! Cette famille veut m'assassiner. C'est tout son but, quels qu'en soient les moyens, même les plus vils.

— Je doute que le duc d'Enghien soit dans cette opinion. Il demandera à vous voir. Pourrez-vous refuser une entrevue sollicitée avec grâce ?

Cette fois, Bonaparte était pris de court. Les considérations d'honneur le touchaient toujours. C'était même, à l'entendre, l'alpha et l'oméga de sa carrière. Il fit un tour de plus autour de sa bibliothèque, silencieux et fermé.

— Je ne saurais le voir, trancha-t-il. Je ne suis ni juge, ni policier, ni ministre. Ce serait abaisser ma fonction.

— Ou bien rehausser votre prestige. Refuserez-vous à un innocent le droit de se justifier ?

— Lachance, vous m'irritez. Vous me peignez en despote, vous attribuez à la vindicte ce qui n'est que service de l'État. Non, il aura loisir de s'expliquer devant un tribunal.

— C'est un tribunal réuni la nuit, sans connaissance du dossier, sans avocat, sans témoins, sans pièces à conviction.

— C'est un tribunal militaire, qui juge les soldats, bons ou mauvais. Les formes y sont.

— Ce tribunal agira sur ordre. C'est en tout cas ce que chacun dira.

— Alors que proposez-vous, monsieur le justicier ? lança Bonaparte exaspéré.

— Que le duc soit entendu par une instance judiciaire civile, qui écoutera son plaidoyer et vous le fera tenir. Ensuite vous jugerez en connaissance de cause.

— Cela ne changera pas mon jugement, qui est politique, Lachance.

— Cela vous prémunira contre l'accusation de cruauté et d'arbitraire.

Bonaparte se tut. Il marcha vers la porte. Donatien voyait ses deux mains nouées derrière lui qu'il triturait nerveusement.

— Soit, dit-il enfin. Le duc pourra, s'il le demande dans les formes, par écrit, être entendu par le grand juge, qui recueillera sa déposition. Voilà ma décision. Mais ne vous abusez pas, Lachance, mon siège est fait. Je dois montrer à l'Europe que je ne reculerai pas. Partirait-elle tout entière en guerre contre moi, je serai toujours l'homme de la Révolution.

— Vous le montrerez dans la clémence comme dans la sévérité.

— Assez, Lachance. Partez et faites diligence. Vous êtes bon avocat autant que policier. Vous m'avez presque retourné.

Il s'approcha de Donatien et lui tira l'oreille.

Deux heures plus tard, épuisé par sa chevauchée sous la pluie, transi et trempé jusqu'aux os, mais content de lui, Donatien passa le pont-levis à l'ancienne qui menait à la cour intérieure du château de Vincennes. Le donjon aux quatre tours d'angle se dressait menaçant dans la nuit, comme le symbole de la puissance impitoyable de l'État. Plusieurs compagnies de soldats et de gendarmes bivouaquaient autour de feux de camp sur l'esplanade, les flammes faisaient briller le canon de leurs fusils mouillés par la pluie, réunis en faisceaux et coiffés de chiffons pour protéger la poudre. Il était dix heures du soir. Le château sombre, les soldats silencieux, la lumière rare des feux de camp, les baïonnettes qui brillaient dans le noir, la pluie glacée qui transperçait tout, cela composait le décor sinistre d'une destinée condamnée.

Donatien apprit du commandant du fort, Harel, que les membres de la commission militaire n'étaient pas tous arrivés. Le duc avait dîné chez Harel, dans son appartement délabré situé dans la tour de Blois, toujours accompagné de son chien Mohiloff, à qui il avait versé dans une assiette la moitié de son repas.

— Il n'a pas mangé depuis Strasbourg, avait-il dit en forme d'excuse, pour engager ensuite une conversation avec Harel.

Le duc connaissait les bois autour du château, où il avait chassé étant jeune. Il avait proposé au commandant d'y retourner avec lui.

— Je pourrai jurer de ne pas m'échapper, avait-il dit en souriant.

Puis il s'était endormi dans une petite pièce du pavillon du Roi où Harel l'avait conduit.

— Nous devons maintenant l'interroger, dit Harel.

Ils sortirent avec six militaires, emmenés par Dautancourt, major de la gendarmerie d'élite pour marcher jusqu'au pavillon du Roi. La pluie continuait à tomber. Quelques fenêtres des pavillons étaient éclairées, seules taches de lumière dans l'ombre sinistre du château. À leur entrée, le duc se leva et s'habilla derrière un paravent. Il apparut vêtu de sa redingote vert olive, son chien dans ses bras et fit face aux officiers. C'est le lieutenant

Noirot, le visage rougeaud et grêlé de petite vérole, qui conduisit l'interrogatoire.

— Vos nom, prénoms, âge, date et lieu de naissance.

— Je me nomme Louis Antoine Henri de Bourbon, duc d'Enghien, né le 2 août 1772 à Chantilly.

— À quelle époque avez-vous quitté la France ?

— Je ne puis le dire précisément mais je pense que c'est le 16 juillet 1789. Je suis parti avec le prince de Condé, mon grand-père, mon père, ma femme Charlotte de Rohan-Rochefort, ma cousine Aurore de Condé, le comte d'Artois et ses enfants.

— Où avez-vous résidé depuis votre sortie de France ?

— J'ai passé par Mons et Bruxelles, puis nous sommes allés à Turin, chez le roi de Sardaigne, où nous sommes restés seize mois. De là je suis allé à Worms puis sur les bords du Rhin. Ensuite le corps de Condé s'est formé et j'ai fait toute la guerre.

— Où vous êtes-vous retiré depuis la paix faite avec l'empereur d'Autriche ?

— Nous avons terminé la campagne aux environs de Graz, où je suis resté environ neuf mois. J'ai demandé au cardinal de Rohan la permission d'aller dans son pays, à Ettenheim, en Brisgau.

Donatien se souvint que le cardinal de Rohan s'était rendu célèbre pour avoir été la dupe d'une aventurière dans l'affaire du collier de la reine, qui avait tant coûté à Marie-Antoinette et à la monarchie. Le duc reprit :

— Depuis la mort du cardinal, j'ai demandé à l'électeur de Bade la permission de rester, qui me l'a accordée.

— Êtes-vous allé en Angleterre et cette puissance vous accorde-t-elle un traitement ?

— Je n'y suis jamais allé ; l'Angleterre m'accorde un traitement et je n'ai que cela pour vivre.

— Quel grade occupiez-vous dans l'armée de Condé ?

— Commandant de l'avant-garde en 1796. J'étais avant cela volontaire au quartier général de mon grand-père. Je fus ensuite fait colonel de dragons par l'empereur d'Autriche.

— Entretenez-vous une correspondance avec les princes français retirés à Londres ?

— J'en entretiens avec mon grand-père le prince et avec mon père, que je n'ai pas vu depuis 1794 ou 1795.

— Connaissez-vous le général Pichegru ?

— Je ne l'ai jamais vu. Je sais qu'il a désiré me voir. Je me loue de ne l'avoir pas connu, d'après les vils moyens dont il a voulu se servir.

— Connaissez-vous le général Dumouriez ?

— Je ne l'ai jamais vu.

Donatien se dit que le duc se défendait simplement, sans détours ni esquive, reconnaissant les faits et gestes de sa carrière militaire mais montrant par des réponses sans apprêt qu'il était décidément étranger à tout complot. Il choisit ce moment pour s'adresser à lui.

— Monseigneur, je viens de voir le Premier consul, qui a accepté que vous soyez aussi entendu par le grand juge Régnier si vous en faites la demande par écrit.

— Monsieur, dit le duc, je souhaite surtout avoir une entrevue avec le Premier consul. Nous nous expliquerons alors entre officiers, dans la clarté et dans l'honneur.

— Le Premier consul a bien d'autres occupations avec la guerre. Je ne saurais vous conseiller trop de suivre sa suggestion et d'écrire au grand juge.

Le duc regarda Donatien, qui inclina légèrement la tête en clignant des yeux, pour lui faire comprendre que sa proposition était importante et qu'elle pouvait être une planche de salut.

— Alors, monsieur, j'écrirai volontiers au grand juge.

Il rédigea sa requête. Mais avant de signer le procès-verbal, il y ajouta un codicille. « Je fais avec instance la demande d'avoir une audience particulière du Premier consul. Mon nom, mon rang, ma façon de penser et l'horreur de ma situation me font espérer qu'il ne refusera pas ma demande. »

Donatien se dit que c'étaient justement son nom, son rang et sa façon de penser qui lui valaient d'être prisonnier à Vincennes et en passe d'être jugé et exécuté. Il prit la note pour le grand juge et demanda un soldat qui la porterait en hâte au ministère de la Justice, place Vendôme, où Régnier devrait accepter l'entrevue : il lui indiqua par écrit que c'était un ordre du Premier consul. Ils laissèrent le duc d'Enghien dans sa chambre et revinrent au salon du commandant Harel. En passant, par-dessus le rempart sud, Donatien vit que deux hommes creusaient à la lumière d'une lanterne un trou rectangulaire dans le fossé qui séparait les deux enceintes du château.

— Quelle est cette tombe que l'on creuse ? demanda-t-il.

— Ordre du Premier consul, dit seulement Dautancourt.

Quand ils arrivèrent dans le salon d'Harel, un groupe d'officiers y étaient déjà, attroupés autour de la cheminée. C'était la commission militaire désignée par Bonaparte pour juger le duc. Donatien en connaissait quelques-uns, notamment Hulin le président pressenti, ancien soldat du roi, ancien domestique du marquis de Conflans, qui avait mis en batterie un canon pour enlever la Bastille le 14 juillet, marché jusqu'à Versailles pour aller chercher « le boulanger, la boulangère et le petit mitron », et encore participé à l'assaut contre les Tuileries au 10 août. Il avait ensuite fait la campagne de 1793 à l'armée du Nord et pris part à la bataille de Neerwinden. Bonaparte l'avait nommé commandant des gardes à pied de sa garde. Aimé Guitton avait fait les campagnes d'Italie et d'Égypte, Barrois était fils de boulanger et volontaire de l'an II, il avait brillé aux victoires de Wattignies et de Fleurus. Donatien ne connaissait pas les autres mais il ne douta pas qu'ayant été choisis par Bonaparte, ils étaient tous soldats éprouvés, fidèles du Premier consul pour avoir servi sous ses ordres et, surtout, d'une implacable sévérité avec les Bourbons qu'ils avaient combattus toute leur vie dans les journées parisiennes comme sur les champs de bataille. Au milieu d'eux se tenait le général Savary à qui Donatien s'était opposé plusieurs fois pendant l'enquête.

— Vous êtes là ? dit Donatien.

— Je vous fais la même question, rétorqua Savary.

— Ordre du Premier consul.

— Moi de même, dit le général de gendarmerie.

Coupant court, il se tourna vers les officiers assemblés.

— Messieurs, il est temps d'ouvrir l'audience. Nous avons instruction de ne pas perdre de temps.

Savary parlait en homme qui commande. Donatien se tourna vers Harel qui le regarda en levant les sourcils et en écartant les bras pour montrer son impuissance. Savary était aide de camp du Premier consul : il était beaucoup plus haut qu'Harel dans la hiérarchie militaire. Quant à Donatien, il était civil. Les affaires de l'armée, en principe, ne le regardaient pas. On disposa une longue table devant la cheminée qui flambait, avec un fauteuil pour le président et six chaises pour les autres juges militaires. On posa quatre chandeliers sur la table et on installa une autre chaise pour l'accusé, qui ferait face au tribunal. Savary s'assit dans un second fauteuil, près du feu, derrière le président Hulin et un peu à gauche, de manière à pouvoir lire les papiers en même temps que lui.

Hulin ouvrit la séance. Aussitôt Barrois demanda la communication des pièces à charge.

— Il n'y a pas de pièces à charge, répondit Hulin.

— Les pièces à décharge, demanda Barrois.

— Il n'y a pas de pièces à décharge.

— Alors pouvons-nous voir les témoins ? dit un autre juge.

— Il n'y a pas de témoins.

— Mais alors sommes-nous habilités à siéger ? demanda Barrois.

— Nous avons la déposition du prévenu, rétorqua Hulin, cela suffit. Nous ne sommes pas en conseil de guerre mais en commission militaire. Cette juridiction spéciale a été instituée par la Convention de l'an III. Elle ne relève d'aucune règle, rien ne l'oblige aux formes légales de la justice et elle juge sans appel.

Donatien se souvint de cette loi votée par la Convention au

plus fort de la guerre civile et étrangère qui menaçait la Révolution d'anéantissement, loi d'exception qui instaurait des tribunaux militaires expéditifs et arbitraires, en dehors de tous les principes du droit. Il en avait usé lui-même pour faire juger des soldats défaillants et les déserteurs pendant la guerre de Vendée. Elle était commode aux pouvoirs et terrible aux prévenus.

— Je lis dans le procès-verbal que le duc a demandé à voir le Premier consul, dit Barrois, qui réprouvait manifestement la procédure. Cette supplique n'est pas illégitime, me semble-t-il. Je réclame un sursis à statuer, le temps que nous demandions une réponse à la Malmaison.

Contre toutes les règles, au mépris des formes élémentaires de tout procès, c'est Savary qui répondit à la place de Hulin.

— C'est contraire aux ordres, dit-il d'une voix rogue, nous devons siéger sans désemparer et terminer cette affaire avant le jour. Le Premier consul n'aimerait pas être réveillé par un messager venant l'interroger sur cette affaire.

Les juges se regardèrent, interloqués par cette interruption incongrue et coupante. Hulin se taisait, ne sachant que faire. On n'entendait que le crépitement du feu dans la salle plongée dans une demi-pénombre. Donatien voyant le désarroi de la commission choisit ce moment pour se lancer à son tour. Après tout, Savary avait commencé à rompre l'ordre normal des choses. Il pouvait bien continuer.

— Le prévenu a demandé à voir le Premier consul. C'est une chose difficile à cette heure. Mais il a aussi demandé audience au grand juge Régnier. J'ai envoyé un soldat porter la supplique place Vendôme. Il reviendra d'un moment à l'autre. Nous pouvons attendre quelques minutes sans rompre la formation de la commission.

Savary était surpris. L'audace de Donatien le laissait désorienté. Il se tourna à droite et à gauche, cherchant une aide dans le tribunal. Mais les militaires alignés ne le regardaient pas, de toute évidence embarrassés par le vide juridique dans lequel ils devaient agir, comprenant que ce jugement était un simulacre, qu'il s'agissait d'une exécution. Hulin contemplait le procès-verbal devant lui, comme s'il pouvait y trouver une réponse au dilemme qui se posait au président de ce tribunal de circonstance. Savary reprit en élevant la voix.

— Nous ne pouvons attendre ! Les ordres sont formels. D'ailleurs rien n'oblige un tribunal à se référer au ministère de la Justice. Laissez dormir le grand juge Régnier et finissons-en !

— Si, il y a une obligation, dit Donatien.

— Et laquelle, je vous prie ?

— J'ai un ordre du Premier consul.

À ces mots, les juges militaires se tournèrent tous vers Donatien.

— J'ai vu Bonaparte il y a trois heures à la Malmaison. Il a demandé que le prévenu dépose auprès du grand juge. Il veut se faire une opinion à la lecture de cette déposition.

Savary, estomaqué par la nouvelle, refusa de se rendre.

— Mais... mais... mais... avez-vous un ordre écrit ?

Cette fois, c'est Donatien qui resta court. Il avait négligé de demander un papier au Premier consul, sûr que sa parole valait toutes les missives.

— Je n'ai pas besoin d'ordre écrit. Ce que je dis est vérifiable. Irais-je inventer une instruction du Premier consul ?

— Vous n'avez pas d'ordre écrit, mais j'en ai un ! cria Savary.

Il se leva d'un bond et posa devant Hulin une lettre à en-tête. Le président la lut à haute voix. C'était le double du papier que Murat avait lu à Donatien, dans laquelle Bonaparte exigeait un jugement dans la nuit et une exécution sans délai. Rendu méfiant par les réticences de Murat, il avait redoublé ses ordres auprès de Savary. Hulin releva la tête, et se tourna vers Donatien.

— L'instruction écrite ne laisse aucune place au doute. Nous devons juger. Je suis désolé, commissaire, les militaires obéissent aux ordres. Si votre messager revient entre-temps, nous examinerons ce qu'aura dit le grand juge. En attendant, procédons.

Vaincu, Donatien se tut. Il se dit que la parole du grand juge, qui serait connue dans l'heure, devrait être écoutée. Il hocha la tête en signe de consentement.

— Qu'on aille chercher l'accusé, dit Hulin.

Le duc entra, calme et pâle, son chapeau à la main, ses cheveux bouclés mal coiffés, sa redingote mal boutonnée, le visage chiffonné par le sommeil mais digne et déterminé. Il s'assit sur la chaise qu'on lui désigna et attendit sans un geste la première question.

On refit le même questionnaire d'identité, auquel il se prêta de bonne grâce, puis Hulin se tourna vers le greffier.

— Paraît donc devant nous le ci-devant duc d'Enghien, de la famille des Bourbons, libre et sans fers, accusé d'intelligence avec les ennemis de la France. Commandant Dautancourt, veuillez donner connaissance des pièces tant à charge et à décharge, au nombre d'une.

Cette pièce unique était l'arrêté du gouvernement rédigé le matin même par Bonaparte où ne figurait ni preuve ni indice. L'expression maladroite d'Hulin faisait apparaître le procès pour ce qu'il était : une mascarade tragique où les principes élémentaires du droit étaient tournés en ridicule. Dautancourt lut ce texte martial et vide. Puis l'interrogatoire commença. Hulin alla directement au fait.

— Avez-vous porté les armes contre la France ?

— Oui.

— Le feriez-vous encore dans la nouvelle guerre de l'Angleterre contre la France ?

— Oui.

— Êtes-vous à la solde de l'Angleterre ?

— Oui.

— Quel est le montant de cette rétribution ?

— Cent cinquante guinées chaque mois, qui constituent tout mon revenu.

Hulin le regarda. Il était déconcerté par sa franchise. Donatien sentit que ses réponses nettes le plaçaient en mauvais arroi devant cette commission de soldats. Révolutionnaires sans faille, ils avaient risqué leur vie sur plusieurs champs de bataille pour combattre ces ennemis que le duc avait rejoints et qu'il disait tranquillement vouloir rejoindre encore.

— Êtes-vous certain de vos déclarations, citoyen Enghien ? demanda Hulin. Sans avocat, vivant à l'étranger, vous mesurez peut-être mal la situation de la nation, de nouveau en butte aux menées de l'Angleterre.

Hulin, de toute évidence, était gêné par la candeur du prévenu, qui sautait à pieds joints dans le premier piège tendu, rendant la tâche de la commission pour ainsi dire trop facile. Fidèle au Premier consul mais brave homme, Hulin n'aimait pas ce procès joué d'avance et cet accusé qui courait au-devant de l'accusation. Le duc comprit son scrupule.

— Monsieur, je vous comprends très bien. Je vois que vous voulez corriger quelque peu l'iniquité de ma situation. Je n'y suis pas indifférent. Mais c'est un fait que chacun connaît. Il ne serait pas honorable de le nier tout à coup. Je suis mon chemin, qui est celui de la fidélité. J'avais demandé à l'Angleterre du service dans ses armées et elle m'avait fait répondre qu'elle ne pouvait pas m'en donner, mais que j'avais à rester sur le Rhin, où j'aurais incessamment un rôle à jouer, et j'attendais.

Le duc voulait s'expliquer, il s'enfonçait. Ce « rôle à jouer » dont il parlait pouvait aussi bien être celui du prince qu'attendait Cadoudal et qui devait servir de point de ralliement au coup d'État. Sans rien y comprendre, l'accusé renforçait à chaque mot la thèse de l'accusation, qui ne reposait au départ sur rien ou presque. Donatien était accablé. Il regardait sans cesse la porte en fer qui fermait la salle, espérant voir apparaître le soldat qu'il avait envoyé auprès de Régnier. Il fallait gagner du temps, se disait-il. Après une nuit de sommeil, le duc comprendrait peut-être qu'il ne devait pas proclamer sa complicité avec les ennemis de la France et Bonaparte reconnaîtrait que cette partie du complot était une œuvre d'imagination. Savary, serein dans son fauteuil adossé à la cheminée, affichait une figure satisfaite et terrible. Hulin reprit, gagné par la sollicitude.

— Citoyen Enghien, voulez-vous relire ces dernières déclarations qui sont importantes à la commission. Vous avez loisir de corriger par écrit ce que l'expression parlée peut avoir d'incertain.

— Je vous remercie, monsieur. Mais ce que je viens de dire exprime exactement ma pensée.

— Avez-vous eu liaison, d'une manière ou d'une autre, avec le général Dumouriez ou avec Georges Cadoudal ? dit Barrois.

— J'ai déjà répondu à cette question, monsieur. Je n'ai rencontré de ma vie ni l'un ni l'autre. Je m'en félicite d'ailleurs, d'après ce que j'entends des manœuvres indignes qui se sont tramées depuis quelques semaines.

Donatien reprit un début d'espoir. Cette fois, le terrain était plus solide. Enghien n'aurait pas de mal à démontrer son innocence dans le complot en cours.

— Pourtant plusieurs témoignages vous impliquent dans cette combinaison, dit Dautancourt.

— Des témoignages ? Quels témoignages ? Vous avez lu une accusation où ils n'apparaissent en rien.

— Ils sont connus de notre police, rétorqua Dautancourt.

Le duc fatigué perdait patience. Piqué par l'affirmation gratuite du commandant, il se leva d'un bond et jeta son chapeau à terre.

— Comment cela pourrait-il se faire ? cria-t-il. Je n'ai eu aucun lien avec ces gens-là. J'en réprouve les méthodes de reîtres. Toute ma vie démontre que je suis un soldat, qui combat sur le champ de bataille et non dans les souterrains !

— Vous niez donc avoir eu des attaches avec Cadoudal, Moreau ou Pichegru ? dit Barrois.

— Sur mon honneur, je le nie !

Le silence se fit. Hulin se tourna à droite et à gauche pour solliciter d'autres questions de la commission. Aucune ne vint. Hulin écarta les mains en signe de conclusion. Le duc leva la main pour parler.

— Vous avez droit au dernier mot, dit Hulin.

— Je réitère solennellement ma demande, dit le duc. Je désire une audience avec le Premier consul pour que nous ayons le loisir de nous parler d'officier à officier. Je ne doute pas qu'il entendra mon explication et qu'il dissipera ce malentendu tragique.

— Fort bien, citoyen. La chose est consignée. La commission va délibérer. Qu'on emmène l'accusé et qu'on évacue la salle.

Le duc sorti, on referma les portes. Hulin reprit la parole.

— J'ai fait ce que j'ai pu. Mais l'animal est fier. Je ne sais pour le complot. Mais pour ce qui est des actes, ils sont patents. Cet homme est un ennemi de la République et se recommande comme tel. Nous n'avons guère de choix.

— Il a répondu aux premières questions sans hésiter. Sa trahison du pays est avérée.

Les autres juges abondèrent dans le même sens. Tous étaient bleus, tous étaient militaires et dévoués au Premier consul, ils ne voyaient pas comment faire jouer l'indulgence en faveur d'un ennemi déclaré de la patrie, Bourbon de surcroît, lié d'aussi près à l'Angleterre, dont il tirait subsistance et instructions. À l'unanimité, la mort fut votée.

Hulin dicta le jugement au greffier. Mais quand il arriva aux articles censés justifier la décision, il resta court. La commission n'ayant aucune connaissance des lois qui soutenaient son action, il ne savait que dire.

— Laissez un blanc, dit-il, nous compléterons plus tard.

Dans le texte même, le jugement apparaissait pour ce qu'il était : un acte de force mal déguisé en procès régulier.

— Nous devrions ajouter la demande du duc au bas du texte, dit Barrois. Il me paraît honorable de transmettre la demande d'audience au Premier consul. Il pourra juger en connaissance de cause.

— Cela me semble juste, dit Hulin, qui prit la plume et la trempa dans l'encrier.

Savary se leva d'un bond et lui arracha la plume.

— Votre mission est terminée, dit-il d'un ton sans réplique, maintenant le reste me regarde.

Hulin resta coi. Il regarda les autres membres de la commission ; ils ne soufflèrent mot. Savary incarnait la volonté impérieuse de Bonaparte. Ils étaient des soldats, pour qui un ordre doit être exécuté. Hulin se leva, imité par ses collègues.

Une heure plus tard, Donatien marchait au pied du donjon, à la suite des seize gendarmes réunis par l'adjudant Pelé pour mettre en œuvre la sentence. Ils traversèrent l'esplanade où les soldats étaient en bivouac, assoupis dans leur capote. Le château était sombre au-dessus d'eux, les feux de camp dispersés, la pluie tombait sans discontinuer, les canons des fusils brillaient dans l'obscurité. Ils atteignirent la tour du Diable et descendirent l'un après l'autre l'escalier qui menait aux douves plongées dans le noir. Un soldat ouvrait la marche avec une torche. Ils avancèrent dans la boue au pas cadencé, entre deux murailles qui formaient comme les parois d'un tombeau. Ils tournèrent à droite et s'arrêtèrent près de la fosse que deux soldats avaient creusée plus tôt dans la soirée. Pelé aligna les soldats sur deux rangs. Il leur dit qu'ils devaient faire justice d'un conspirateur dangereux. Ils devaient mettre en joue quand il porterait la main à son chapeau, faire feu quand il se découvrirait.

Cinq minutes plus tard Harel apparut portant une lanterne. Derrière lui, le duc marchait, impassible et droit, suivi par son chien. En haut, sur l'esplanade qui les dominait, Donatien remarqua d'autres soldats qui prenaient position derrière le parapet. Dans la lueur d'une lanterne, il vit arriver Savary, qui s'arrêta au milieu des soldats.

Quand le duc d'Enghien passa devant Donatien, il dit d'une voix faible :

— Grâce à Dieu, je mourrai de la mort du soldat.

Pelé s'avança et sortit un papier de sa poche. C'était le jugement. Harel leva sa lanterne pour qu'il puisse le lire.

— Aujourd'hui, le 30 ventôse an XII de la République, deux heures du matin. La commission militaire s'est réunie au château de Vincennes pour juger le ci-devant duc d'Enghien, accusé de trahison envers la nation. L'ayant entendu, le président a fait retirer l'accusé, le conseil délibérant à huis clos. Le président a recueilli les voix en commençant par le plus jeune en grade ; le président a émis son opinion le dernier. À l'unanimité des voix il l'a déclaré coupable et lui a appliqué l'article...

Voyant un blanc dans le texte, Pelé laissa un silence, puis il reprit :

— ... de la loi du... – nouveau silence –, ainsi conçu... – troisième silence – et en conséquence l'a condamné à la peine de mort.

Les silences incongrus observés par Pelé avaient quelque chose de grotesque et de tragique. Le duc, innocent de ce pour quoi il avait été arrêté, était condamné en vertu d'articles inconnus. La cérémonie nocturne tournait à la farce cruelle. Personne ne sembla s'en apercevoir.

Quelques secondes s'écoulèrent. Pelé allait poursuivre quand une lanterne apparut derrière le peloton. Donatien se tourna. C'était le messager qu'il avait dépêché auprès du grand juge Régnier, arrivé de la place Vendôme et qu'un garde avait aussitôt conduit sur les lieux de l'exécution.

— Alors, quelle est la réponse du grand juge ? demanda vivement Donatien.

— Je n'ai pas de réponse. Le grand juge avait fermé sa porte avec ordre de ne le déranger sous aucun prétexte.

— Vous ne l'avez pas vu ?

— Non, j'ai argumenté en vain. Les huissiers avaient des ordres formels.

— Mais vous étiez porteur d'un ordre du Premier consul.

— Ils m'ont demandé un ordre écrit, que je n'avais pas.

— Mais enfin, c'est extravagant. Il y va de la vie d'un homme !

— J'ai insisté autant qu'on pouvait. Le grand juge avait laissé des consignes absolues.

Étouffant de colère, Donatien se maîtrisa à grand-peine. Il

pensa à l'indisposition similaire dont Murat s'était prévalu pour se retirer. Ainsi les dignitaires du régime étaient-ils frappés par un mal contagieux. Le courage ne leur manquait pas sur les champs de bataille ou dans les luttes politiques. Mais ils n'avaient le cœur ni de s'associer à cette condamnation expéditive, ni de désobéir à Bonaparte. Cette maladie subite était une fuite. Bonaparte lui-même avait négligé de lui transmettre un ordre écrit, lui qui ne laissait jamais passer aucun détail. Son omission était-elle vraiment involontaire ? Il ne voulait pas décevoir un agent fidèle en paraissant intraitable. Mais il n'avait en fait aucune intention de changer d'avis. Donatien se demanda même s'il n'avait pas lui-même conseillé au grand juge de se porter pâle. Il chassa de son esprit cette supposition machiavélique, dont il ne connaîtrait jamais le fin mot de toute manière. Savary l'observait de son parapet.

— Alors Lachance, cria-t-il, vous avez votre réponse ? Nous ne pouvons balancer plus longtemps. Les ordres sont les ordres !

Donatien resta muet et immobile sous la pluie qui s'insinuait dans sa chemise. Ainsi la vie d'un homme tenait à la consigne imprudente donnée par un ministre qui voulait dormir. On ne pouvait pas réveiller Régnier : Enghien devait mourir.

— Je n'ai pas la réponse, cria-t-il à Savary. Nous devons surseoir.

— Non ! En aucune manière. Le jugement régulier est prononcé. Il est écrit que son exécution doit avoir lieu dans la nuit. Procédez, Pelé !

La mort dans l'âme, furieux contre lui-même, Donatien se résigna. Il fit un pas en arrière en signe d'acceptation. Avant même que Pelé ne lui en donne l'ordre, le duc s'avança et demanda gracieusement :

— Eh bien, que l'on m'indique mon dernier poste de bataille.

— Ici, dit l'adjudant.

Il désigna une place en avant du mur, à quatre pas, tout au plus, de la haie des gendarmes, puis il plaça sa lanterne aux pieds d'Enghien pour faciliter la tâche des tireurs. Éclairé par-dessous, l'arrière du corps caché dans l'ombre, le duc avait l'air d'un spectre.

— Veuillez vous agenouiller, dit Pelé.

— Un Bourbon ne met pas le genou en terre, dit le duc.

— Bon, restez debout.

— Que Dieu pardonne à mes juges, ajouta le duc d'une voix forte. Allons messieurs, faisons tous notre devoir. Mais au moins me sera-t-il permis d'avoir pour un instant un prêtre catholique ?

— Pas de capucinade ! hurla Savary du parapet.

Le duc ne broncha pas. Après un instant, il reprit :

— Y a-t-il parmi vous un homme d'honneur qui veuille rendre un service à un homme qui va mourir ?

Donatien s'approcha. Ils chuchotèrent un instant, puis le policier se tourna vers les soldats.

— Quelqu'un aurait-il une paire de ciseaux ?

Un gendarme ouvrit son havresac, fouilla un instant et tendit des ciseaux à Donatien qui s'en empara et le donna au duc. Enghien se coupa une mèche de cheveux, retira un anneau de son doigt, les enveloppa dans un papier tiré de sa poche.

— Me ferez-vous la grâce de remettre cela à la duchesse de Rohan-Rochefort ?

— Vous avez ma parole, répondit Donatien en reculant.

— Mes amis ! reprit le duc, qui voulait faire une dernière déclaration.

— Tu n'as plus d'amis ici ! coupa Savary.

Pelé prit le duc par le bras et le rapprocha du peloton. Les gendarmes n'avaient plus que deux pas à faire pour toucher le duc de leur fusil. Pelé sortit de sa poche un mouchoir pour lui bander les yeux.

— Monsieur, j'ai vu la mort de plus près sans être intimidé. Laissez cela. Puis-je commander le feu ?

— Refusé ! cria Savary de son parapet. Procédez !

Pelé porta la main à son chapeau. Les gendarmes épaulèrent d'un seul mouvement. Les canons des fusils alignés brillaient dans la lumière de la lanterne. On n'entendait que le bruit léger de la pluie sur les murs et sur l'herbe du fossé. Chacun restait pétrifié.

— Ah, dit le duc, qu'il est affreux de mourir de la main des Français !

— C'est assez, jeta Savary, commandez le feu !

Pelé leva son chapeau. Les flammes de seize fusils illuminèrent le fossé. Le duc tomba la face contre terre.

Pelé approcha, sa lanterne à la main. Il se pencha et tira le corps par l'épaule. Le visage du duc d'Enghien apparut dans la lumière, criblé de trous rouges.

À côté de lui, Mohiloff le flaira un instant, leva son museau et hurla à la mort.

16.

Quand Donatien entra chez lui, la vision de l'appartement vide acheva de l'accabler.

Il avait chevauché lentement depuis Vincennes, l'esprit fatigué, le corps las, enserré dans ses vêtements mouillés comme dans une camisole. Les soldats de la barrière du Trône-Renversé dormaient encore dans leur guérite avec des ronflements sonores ; il les réveilla, montra son passeport et pénétra dans Paris endormi. Les rues luisantes de pluie étaient plongées dans le noir, les réverbères qu'on voyait de loin en loin diffusaient une lumière sourde, les pas de son cheval résonnaient sur les façades obscures des immeubles. Les premières charrettes revenaient des Halles avec leur chargement de légumes ou de viande, tirées par des marchands ensommeillés ; dans le faubourg Saint-Antoine, quelques artisans décrochaient le volet en bois qui fermait leur boutique tandis qu'une odeur de café s'échappait de leur porte ouverte ; on entendait les premiers coups de marteau des ébénistes qui peuplaient ce quartier fournissant en meubles une partie de la France ; sur la place de la Bastille, trois prostituées qui se réchauffaient autour d'un feu hélèrent Donatien qui fit mine de ne pas les voir. Il longea l'île Louviers, traversa le port Saint-Paul et l'île Saint-Louis, franchit la Seine au pont de la Tournelle et suivit les berges boueuses de la Seine jusqu'au Pont-Neuf. Arrivé place de Thionville, il attacha son cheval à une borne de pierre et monta d'un pas lourd l'escalier qui menait à son appartement. En chemin il croisa un porteur d'eau monté jusque chez lui pour lui apporter un seau rempli qu'il avait laissé sur le palier. Il lui donna la pièce et entra chez lui.

Il s'assit dans son fauteuil, épuisé. Les images de l'exécution repassaient sans cesse devant ses yeux à demi fermés par la fatigue. Le courage inutile du condamné, la masse noire des soldats, les ordres implacables de Savary, l'ombre du donjon au-dessus d'eux, les trous rouges des balles qui avaient défiguré le duc, tout cela faisait un cauchemar macabre et obsédant. Il savait qu'il ne pourrait jamais effacer cette nuit-là, qui jetait bas tant d'illusions et qui le ramenait si brutalement en arrière. À la Malmaison puis dans les fossés de Vincennes, il avait vu les deux faces du pouvoir qu'il servait. La simplicité toute militaire de Bonaparte, sa bonhomie de bivouac alliée à son intelligence fulgurante, son réalisme sage et son esprit de décision puis, aussitôt, sa duplicité, sa cruauté, son cynisme, si bien servis par Savary, l'aide de camp commis aux basses œuvres. Une fois encore les souvenirs de son ancienne vie de révolutionnaire revenaient à sa mémoire. Ainsi le sang appelait encore le sang, le meurtre succédait au meurtre, l'arbitraire engendrait la sédition et seule la mort restait en scène à la fin du drame. Il avait payé d'un procès humiliant son passé de bourreau de la Vendée, échappant d'un cheveu à la guillotine. Il avait cherché l'oubli dans une carrière militaire à Toulon et en Italie, retrouvant un début d'équilibre dans l'âpre morale des soldats. Il avait rejoint Joseph Fouché, son mentor, au ministère de la Police puis, à travers lui, Bonaparte parvenu au pouvoir suprême, parce que ces deux hommes terribles promettaient de ramener, serait-ce par des moyens expéditifs, cette concorde civile qui lui semblait le seul rempart contre les crimes de la Terreur ou les assassinats de la contre-révolution. Il voyait son métier de policier comme l'auxiliaire nécessaire d'un gouvernement juste et stable. Il se passionnait pour cette plongée au tréfonds de l'humanité, pour ces énigmes de chair qu'il savait résoudre en appliquant, pour la première fois, l'esprit scientifique aux investigations criminelles.

Mais l'exécution du duc d'Enghien – ou plutôt l'assassinat de cet innocent – le renvoyait dix ans auparavant, à ces temps de fer et de sang, quand on l'appelait, en raison de son visage séraphique et de sa cruauté indifférente, l'Ange du Diable.

Il se leva, se changea dans sa chambre et alluma le feu qu'Honorine avait préparé dans la cheminée avant de partir. La chaleur des flammes lui fit du bien. Puis il pensa à Olympe. Les pièces vides lui rappelaient la douleur de leur séparation et, surtout, la culpabilité qui le rongeait, comme une blessure mal fermée que le moindre mouvement réveille. La droiture exaltée de sa femme faisait ressortir encore plus cruellement les troubles arrangements dans lesquels il se complaisait, sa liaison duplice avec Aurore, les fausses excuses qu'il se trouvait en se persuadant que sa trahison n'était perpétrée que pour des raisons d'État. Il était attiré vers Aurore comme vers un fruit défendu. Mais il aimait Olympe. Comment recoller les morceaux de cette vie brisée ? Comment retrouver Olympe quand elle avait eu sous les yeux la preuve de sa duplicité ? En quelques jours il avait tout perdu, sa maîtresse, sa femme, l'amour de son métier et l'estime de lui-même. Il contemplait le feu qui mourait doucement, à l'image de ses espérances. Puis il s'endormit, vaincu par les épreuves.

À midi il se réveilla dans l'appartement de nouveau froid. Il ralluma le feu, fit du café, coupa plusieurs tranches dans une miche de pain et sortit du garde-manger les pâtés et les terrines qu'Olympe y avait laissés. Requinqué par sa collation, il se dit qu'il fallait bien vivre. Il avait encore à faire. Le complot devait être définitivement éradiqué. La police avait encore une lourde tâche devant elle.

Après avoir frotté de savon sa peau rougie, rasé ses joues avec une grande lame repliable, passé ses dents à la réglisse, et revêtu des vêtements propres, il alla au ministère sur son cheval, qu'il confia à un planton avec pour mission de le rendre dès que possible à Murat. Il lut les rapports du jour. La nouvelle de la mort du duc n'avait pas encore atteint Paris. On s'occupait surtout du procès de Georges et de Moreau, qui aurait lieu dans quelques jours. Cette fois, l'opinion soutenait Bonaparte, sans enthousiasme, mais dans l'idée réaliste que la réussite du complot aurait rouvert les plaies de la guerre civile. Le gouvernement semblait dans son droit en pourchassant les conspirateurs.

Donatien revint à ses devoirs. Il fallait préparer le dossier à charge pour le procureur Thuriot, un ancien conventionnel entièrement dévoué au régime, que Bonaparte venait de désigner pour mener le procès et faire condamner les comploteurs à coup sûr. Confronté la première fois au magistrat qu'il connaissait des guerres de la Vendée, Cadoudal l'avait rebaptisé « Tue-roi ». Il refusa d'aller un pas de plus dans la voie des aveux, prenant sur lui toute les responsabilités du complot. Quant à Moreau, il avait conservé sa morgue de victime glorieuse et réitéré ses hautaines dénégations. Donatien commença à ordonner les pièces et à résumer les principaux éléments à charge.

Rangeant les papiers, il tomba sur une lettre fermée qui était là depuis la veille, sans doute apportée par un huissier. C'était un mot bref, à la fois amical et impérieux. « Passeriez-vous me voir à Ferrières si cela vous agrée ? Je voudrais vous féliciter et vous instruire d'une situation nouvelle. » Signé « Fouché ».

Étonné, intrigué, Donatien trouva du réconfort dans ces quelques mots. Il ne pouvait refuser l'invitation de son ancien mentor. Au contraire, il se dit que le ministre disgracié pourrait l'aider. Quoique invisible, il n'avait jamais lâché les fils de ses manœuvres. Il avait averti Bonaparte, qui l'avait réintroduit au Conseil à la faveur du drame. L'ex-ministre de la Police en savait encore beaucoup. Il serait de bon conseil. Après tout, il avait été son patron et son soutien. Aussi fourbe et cruel qu'il ait pu être dans sa carrière, il avait été avec Donatien d'une sollicitude et d'une loyauté constantes. Il l'avait formé, guidé, épaulé et promu. Au-delà de ses incessantes virevoltes, il gardait une fidélité à ses amis du temps de Robespierre. Il intriguait sans cesse, mais avec le recul, c'était, pour l'essentiel, en ligne droite. Fouché défendait la Révolution à travers tous les régimes. Il trahissait tout le monde en faveur d'une idée fixe, qui était l'héritage jacobin. Il avait montré de la chaleur à son ancien élève des oratoriens de Nantes et dans l'ornière où Donatien se trouvait, il pourrait être d'un grand secours.

Le lendemain, le commissaire prit un fiacre sur le Pont-Neuf et se dirigea vers Ferrières par la Bastille et la barrière de Charenton. Avec un sentiment d'effroi, il revit le donjon du château de Vincennes, cette fois dans le soleil, aussi serein qu'il l'avait vu sinistre lors de la nuit fatale. Au deuxième jour, le bruit de l'exécution du duc retentissait dans tout Paris, avant de résonner dans l'Europe entière. Comme le fiacre passait la barrière, un crieur de journaux vint à sa portière : « Jugement de la commission militaire spéciale convoquée à Vincennes qui condamne à mort le nommé Louis Antoine Henri de Bourbon ». *Le Moniteur* avait ôté au duc son titre d'Enghien, usant de son seul patronyme pour le rattacher plus nettement à la famille royale. Donatien acheta le journal et dit au fiacre de continuer. Il lut le bref compte rendu de la condamnation qui ne mentionnait pas la mise à mort. On ménageait l'opinion en l'informant par étapes. Donatien connaissait l'adage de Bonaparte : « Il faut retenir les nouvelles autant que possible, jusqu'à ce qu'elles n'aient plus d'importance. »

Reproduit dans le journal gouvernemental, le texte du jugement avait été complété. Les blancs ridicules laissés par Hulin avaient été comblés et les articles de loi rajoutés avec force précisions. L'accusation avait été étoffée. On reprochait au duc d'avoir pris les armes et de s'être lié aux Anglais, ce qui était vrai, mais aussi d'avoir pris la tête d'un rassemblement d'émigrés en vue de renverser le Premier consul, ce qui était faux. Un mensonge d'État lui servait d'épitaphe.

Selon les rapports reçus par Donatien ce matin-là, qu'il avait lus avant de partir, l'exécution avait plongé dans l'effroi la noblesse ralliée au régime. Des protestations arrivaient aux Tuileries, on prenait le deuil dans les salons et les dames de l'aristocratie priaient ostensiblement pour l'âme du jeune prince.

Chateaubriand, disait-on dans un autre rapport, s'apprêtait à rompre avec Bonaparte. Nommé ministre de la République dans le Valais suisse, un poste que le Consul lui avait attribué pour le remercier de la parution du *Génie du christianisme*, si utile à sa politique concordataire, il clamait à tous vents qu'il était résolu à démissionner. On rapportait aussi le mot de Talleyrand, qui acheva d'établir dans l'esprit de Donatien son statut de coquin en dentelles. « Plus qu'un crime, c'est une faute », avait dit le ministre dans le salon de Juliette Récamier. Une faute dont Donatien savait que le ministre l'avait lui-même conçue, favorisée et à certains égards organisée.

Deux heures plus tard, Donatien passait la grille d'un château de pierre grise construit au milieu d'un parc ombragé d'arbres centenaires. Ferrières avait été donné par Bonaparte à Fouché en compensation de sa disgrâce. S'ajoutant à sa terre d'Aix-en-Provence et aux sommes colossales déjà amassées au ministère grâce à la police des jeux, cette propriété faisait de Fouché l'un des hommes les plus riches de France. Sa lutte farouche pour l'égalité avait mené l'ancien représentant en mission de la Convention au sommet de la richesse. Donatien se souvint des premières années du Directoire, quand les hommes de la Terreur avaient été mis au ban de la République par la réaction thermidorienne. Exclu de tous les emplois, le mitrailleur de Lyon s'était lancé avec une réussite inégale dans le commerce des porcs. Il habitait alors avec sa femme et deux enfants dans une soupente parisienne où Donatien était venu lui rendre visite, apportant sur la demande de son hôte une partie du repas que le couple désargenté était bien en peine de se procurer. Fouché revenu au ministère après Fructidor n'avait pas dit, comme Talleyrand : « Maintenant il faut faire une fortune immense, une immense fortune. » Il s'était contenté de la faire.

Il accueillit Donatien en haut d'un double escalier monumental qui donnait accès aux salons d'apparat. Quittant pour une fois la manière glaciale qui était dans sa nature, il donna l'accolade à Donatien et esquissa même un sourire qui réchauffa un instant son regard transparent. Sa femme attendait derrière lui, tenant par la main deux petits enfants remuants affublés de rubans et de dentelles. La citoyenne Fouché s'était distinguée depuis toujours par une laideur remarquable. Avec son nez interminable, ses yeux chassieux, son menton fuyant, ses joues flasques et son corps en forme de carafe, elle atteignait même dans ce domaine une sorte de perfection. Elle salua aussi gracieusement que possible Donatien et exigea des deux enfants une révérence qu'ils firent maladroitement.

— Je suis bien aise de vous voir, Lachance, dit Fouché en le prenant par l'épaule. Vous êtes décidément mon meilleur élève. Le travail que vous venez d'accomplir est en tout point remarquable.

— Je suis heureux de ce compliment qui vient d'un orfèvre, dit Donatien, un peu gêné par la familiarité de son hôte.

Puis il jeta un regard autour de lui et dit aimablement :

— Je vois que la retraite, somme toute, vous va mieux que le commerce porcin.

Fouché sourit encore, signe d'un contentement extrême.

— Le Premier consul me devait beaucoup. Il m'a remercié à la mesure de sa gratitude.

— Allez dans le salon rose, dit Mme Fouché, vous avez à parler. Nous déjeunerons dans une heure.

Elle se retira avec ses enfants pendant qu'un laquais en livrée ouvrait devant eux une porte ouvragée sur laquelle on voyait un tableau champêtre. Ils s'assirent autour de la cheminée dans de grands fauteuils en bois sculpté recouverts de soie verte. Un autre laquais apporta deux flûtes de champagne frappé sur un plateau doré.

— Lachance, j'ai beaucoup à vous dire mais je ne saurais vous précéder. C'est vous le héros du jour. Je suis sûr que quelque chose vous chagrine dans l'épilogue de cette enquête. Vous réprouvez fort l'exécution du duc, ce que je comprends. Parlez sans crainte, nous sommes entre amis, vous pouvez m'ouvrir votre cœur. Je vous instruirai ensuite de faits que vous ignorez.

— Citoyen sénateur, dit Donatien, je songe à quitter la police.

— Quitter la police ? Et pourquoi grands dieux ? Au moment de votre triomphe ! Voilà une étrange réaction chez celui qui vient de faire preuve de la plus grande habileté et de la plus grande énergie dans l'exercice de son métier.

— On m'a fait jouer un rôle que je n'aime pas, dit Donatien. Je croyais dénouer une intrigue, j'en ai servi une autre. J'ai prêté la main à un assassinat. Au passage j'ai provoqué le départ de ma femme...

— Olympe Le Hérel vous a quitté ? C'était pourtant un amour sans mélange.

— Ma femme me reproche une intrigue avec cette duchesse d'Enghien qui aidait Cadoudal.

— C'est une séductrice diabolique, si j'en crois les rapports que j'ai lus.

— C'est justement ce qui a déplu à Olympe.

— Ne peut-elle comprendre que vous avez joué une comédie ?

— Comment le saurait-elle ? Toute l'apparence est contre moi. Elle m'a surpris en flagrant délit. Je croyais jouer les intrigants. J'ai été joué moi-même par une intrigue supérieure, qui me coûte ma conscience et mon seul amour véritable.

— Ces mésaventures ne sont pas rares dans les affaires de haute police. Nous sommes mêlés à la politique, que nous le voulions ou non.

— Je le sais, citoyen sénateur, mais cette politique n'est pas la mienne.

— Et pourquoi ?

— Je pensais seconder le Premier consul dans son œuvre de redressement et d'apaisement. Je découvre que nous revenons au temps de l'arbitraire et de la violence, celui que vous et moi avons connu et que nous réprouvons désormais. En un mot, je sers moins la République que le pouvoir solitaire d'un homme.

— Lachance, dit Fouché du ton d'un père qui parle à son

fils, il vous faut comprendre que ce pouvoir est nécessaire à la République. C'est tout le sens de l'enquête que vous avez menée.

— Cette enquête avait pour but de déjouer une conspiration.

— C'était son but apparent.

— Mais quel était son but réel ?

— Mon cher, avant de vous répondre, laissez-moi vous annoncer une nouvelle qui plantera le décor et qui devrait vous plaire. J'ai vu Bonaparte hier, je reviens au ministère.

Donatien regarda Fouché en silence. Il mesurait soudain sa propre naïveté. Il commençait à comprendre, l'intrigue de Cadoudal avait un soubassement politique caché que Fouché dévoilait maintenant devant lui. Soudain, il réunissait les pièces d'une machine jusque-là éparses, qu'il avait remarquées l'une après l'autre mais dont il percevait maintenant l'architecture générale.

Il laissa le ministre s'expliquer.

— Mon cher, dit Fouché, vous devez d'abord prendre en compte le tableau général. L'Angleterre est dans une alarme sans bornes. Elle est prête à user de tous les moyens pour conjurer le danger qui la menace.

— Je le sais. Le camp de Boulogne et la descente la plongent dans la panique.

— Tout juste. Et, plus largement, la marche en avant du Premier consul. Or tout dans la République nouvelle repose sur un seul homme. Qu'il disparaisse et tout ce que nous avons conquis au prix du sang est remis en cause. Il fallait donc agir en mettant à profit les circonstances.

— C'est-à-dire ? Voulez-vous dire que le complot a été provoqué ?

— Il était dans la tête des ministres anglais et dans celle des royalistes. Encore fallait-il qu'ils passent aux actes.

— Ainsi, dit Donatien, vous avez suggéré aux Anglais le moyen de parvenir à leurs fins ?

— Ils l'eussent trouvé tout seuls. Les émigrés sont prêts à tout pour retrouver leurs privilèges. Mais il fallait les accompagner dans leurs intrigues pour mieux les surveiller.

— Vous avez actionné Fauche-Borel et Lajolais ?

— Lajolais n'est pas un agent. Mais c'est un nigaud. Frémière, son secrétaire qui est aussi mon agent l'a persuadé que Moreau était ouvert à une collusion avec les Bourbons. Il en a persuadé à son tour les chouans de Cadoudal et le gouvernement anglais. Ils ont monté leur complot sur une base politique que je contrôlais et que je pouvais annuler le moment venu. Ils pensaient rallier les mécontents de l'armée. Ils sont arrivés en France avec cette espérance, dont je pouvais régler la satisfaction. Ils ont eux-mêmes envoyé Georges dans un piège.

Donc, pensa Donatien, quand Fouché a dit au Consul, « l'air est rempli de poignards », c'étaient les poignards qu'il avait lui-même fournis aux comploteurs. L'ancien ministre avait allumé un incendie pour se donner la gloire de sonner l'alarme et d'éteindre les flammes. Donatien resta en silence, mesurant la profondeur de l'intrigue.

— Mais vous couriez un risque considérable : avec Cadoudal et ses fanatiques armés dans Paris, le complot pouvait réussir.

— C'était un risque en tout état de cause, avec ou sans moi. Albion veut la mort de Bonaparte. Ce n'est pas moi qui ai créé cette réalité. Je me suis seulement mis en mesure de la maîtriser.

— Cette maîtrise reposait sur l'échec de Cadoudal. Il pouvait réussir.

— Avec vous en face de lui, non. C'est moi qui ai apporté à Bonaparte les dossiers des chouans arrêtés, que cette buse de Régnier avait négligés. C'est moi qui lui ai suggéré de faire appel à vous.

— J'étais un pion dans votre jeu...

— Non. Un atout maître. Vous avez dépassé mes espoirs les plus lointains. Votre enquête est un modèle qui sera enseigné dans les écoles de police.

Donatien pensa à Aurore, dupée par un procédé d'alcôve et à Germaine, la patronne de la Cloche d'Or si précieuse dans sa sensuelle candeur. Il se dit que des actions policières de ce genre ne seraient pas accessibles à tous les agents. Tout en souriant en lui-même, il était pris d'un vertige devant la profondeur de la ruse de Fouché. Ainsi Georges, Pichegru, Enghien, jusqu'à Bonaparte en passant par Donatien lui-même, avaient été des marionnettes dont les ficelles étaient tirées par un seul homme. Fouché l'observait avec un œil curieux. Il semblait suivre sur son visage le cheminement de son esprit.

— J'ai déclenché le complot comme les accoucheurs déclenchent un enfantement. Il serait venu au monde de toute manière. Il valait mieux que ce fût sous mon regard. Bonaparte avait besoin d'un événement dramatique pour faire évoluer sa situation. Nous autres révolutionnaires avons aujourd'hui intérêt à son élévation.

— N'est-il pas déjà au plus haut ?

— Si, mais il est vulnérable. Les conspirateurs veulent le tuer. Il faut le rendre immortel.

— Comment cela ?

— Il est consul à vie. Cela ne suffit pas. Il faut organiser, quoi qu'il arrive, une succession dans sa famille. Ainsi les conspirateurs ne pourront plus agir : s'ils tuent Bonaparte, un autre Bonaparte prendra sa suite et leur coup sera inutile. Ils le comprendront et abandonneront cette idée d'assassinat.

— Une monarchie héréditaire ?

— Si fait. C'est la garantie de la Révolution.

— Ainsi il sera roi.

— Il sera empereur par la volonté du peuple qui sera consulté par plébiscite et le pouvoir nous sera conservé. Nos conquêtes ont besoin d'un régime héréditaire qui les préserve au-delà de la mort d'un homme. Pour sauver la Révolution, il faut la changer en monarchie.

— C'est un reniement !

— Non, c'est une précaution. L'empereur Napoléon nous préservera du roi Louis XVIII. La République a besoin d'un tuteur. Bonaparte sera celui-là.

— Croyez-vous Bonaparte si naïf qu'il servira toujours vos desseins ?

— Non. Mais nos intérêts s'accordent aujourd'hui. Il faut en profiter. Nous verrons par la suite comment défendre nos principes.

Le mot « principe » dans la bouche de Fouché était une étrangeté. Pourtant Donatien connaissait bien le ministre. Sa sagacité politique était hors du commun. Pendant l'affaire de la machine infernale, il avait merveilleusement manœuvré, contre Bonaparte d'abord, avec lui ensuite.

— Je vous vois maintenant un grand avenir, reprit Fouché. Au ministère il me faut un homme de confiance qui sera mon délégué dans toutes les affaires. Vous serez ministre sans le titre et nous conduirons ensemble le char de cet empire.

Fouché se pencha en avant et prit le bras de Donatien.

— C'est mon souhait le plus cher, dit-il en le fixant au fond des yeux.

— Ma situation de métier n'est pas aujourd'hui mon souci principal, dit tristement Donatien.

— Olympe ? Ne vous inquiétez pas. J'ai mon idée.

— Laquelle ?

— Nous verrons, dit mystérieusement Fouché. Mais réfléchissez à ma proposition. Elle est d'un ami.

Donatien allait éluder quand Mme Fouché entra.

— Il est temps de déjeuner. La politique a déjà pris trop de temps.

Ils se levèrent et suivirent leur hôtesse, si aimable et si disgracieuse. Avant de passer à table, Fouché glissa seulement à Donatien :

— Déjeunez l'âme en paix. Ce que la politique a désuni, elle peut le réunir.

17.

Trois mois plus tard, Donatien assistait sous un soleil joyeux à la macabre cérémonie qu'il avait provoquée. Posté à onze heures et demie devant la Conciergerie, il vit sortir de la prison, comme naguère les victimes de la Terreur, douze hommes à peine vêtus et ligotés qui furent hissés l'un après l'autre dans trois charrettes attelées où ils s'assirent sur des chaises qu'on avait fixées par des cordes. Avec répugnance, il entendit la foule amassée crier insultes et menaces contre les condamnés. À la différence du public parisien, Donatien, qui en avait trop vu, ne goûtait pas ces spectacles sanglants. Mais il était le principal responsable de l'enquête qui avait abouti à cet épilogue. Ses adjoints, ses services, la famille du policier Buffet tué par Cadoudal, aussi bien que son ministre Joseph Fouché rétabli dans sa fonction ancienne, n'auraient pas compris qu'il s'abstînt. Aussi remplissait-il avec froideur et distance l'un des moins plaisants devoirs de sa charge, marchant avec d'autres dignitaires de la police en bicorne noir à quelques mètres du convoi.

Georges avait pris place dans la première charrette, suivi de Picot son domestique, lui aussi promis à la guillotine, et de trois chouans pris peu après lui. Indifférent à la foule hostile, il récitait l'*Ave Maria* sous la conduite d'un prêtre qui lui tendait une image du Christ. Il arrivait à la fin de la prière – « ... priez pour nous pauvres pécheurs, maintenant et à l'heure... ». Mais en voyant la guillotine dressée de l'autre côté du pont Saint-Michel, devant l'Hôtel de Ville, il se tut. Son confesseur le regarda avec surprise.

— Pourquoi continuer, mon père ? dit-il tranquillement. L'*Ave Maria* dit « maintenant et à l'heure de notre mort ». Eh bien ! C'est inutile puisque nous y voici.

Puis, comme il s'était tourné vers la place de Grève, il découvrit dans son champ de vision Donatien qui l'observait en silence.

— Ah, te voilà, l'Ange du Diable ! Ainsi tu triomphes et je meurs. Mais je suis tranquille. L'Antéchrist sera vaincu un jour. Déjà ta République agonise. Nous sommes tous deux les dindons de cette farce. Tu défendais la République. Elle devient monarchie. J'ai voulu faire un roi et j'ai fait un empereur !

La profondeur du mot de Cadoudal renforça l'admiration trouble qu'éprouvait Donatien envers son ennemi mortel. Depuis son entrevue avec Fouché, où les ressorts de l'affaire étaient apparus dans une lumière crue, l'Histoire avait galopé. Dans les jours qui avaient suivi l'exécution du duc d'Enghien, pendant que l'Europe monarchique jetait des cris d'horreur, la machine mise en branle par Fouché avait fait merveille. De tous côtés en France, on se mit à réclamer ce que la Révolution avait combattu depuis le 10 août au prix de tant de sang : la restauration d'une monarchie héréditaire. Les municipalités votaient des adresses pompeuses en faveur de Bonaparte ; les camps militaires étaient le théâtre d'assemblées ferventes qui demandaient que le général en chef soit également monarque ; les corps constitués, le Conseil d'État, le Tribunat, le Corps législatif formaient eux aussi des vœux pour une réforme constitutionnelle. Ces institutions qui incarnaient la séparation des pouvoirs exigeaient maintenant leur réunion entre les mains d'un seul homme. Sous l'impulsion de Fouché qui partageait son temps entre la Malmaison et le palais du Luxembourg où siégeait le Sénat, plaidant sans relâche auprès des sénateurs pour qu'ils élèvent le Premier consul au titre impérial et auprès du Premier consul pour qu'il accepte au plus vite cette élévation, une commission saisit l'occasion d'une réponse au gouvernement pour s'avancer à découvert. Le gouvernement de la France repose sur une seule tête, dirent en substance les sénateurs guidés par Fouché, c'est une tentation perpétuelle pour les conspirateurs qui croient, en frappant cette tête, tout détruire avec elle. C'est là une lacune qu'il faut dénoncer à la sagesse du Premier consul pour provoquer sa sollicitude et, au besoin, son initiative.

Cette initiative publique débonda le réservoir des peurs et des ambitions. Tous ceux qui avaient un intérêt dans le régime se mirent à l'unisson, clamant d'une seule voix que l'établissement d'une hérédité monarchique rendrait tous les attentats inutiles puisque leur réussite déboucherait seulement sur une succession calme et réglée d'avance, dans le même cadre politique. Bonaparte était mortel, disait-on, Napoléon serait éternel. Seul Cambacérès résista, armé de son habituelle sagesse. Il redoutait non la trahison d'idéaux qui s'étaient depuis longtemps émoussés au contact des réalités mais la réaction de l'Europe déjà prévenue contre la France et outrée de l'exécution de Vincennes. « Nous avons fait la guerre pour donner des républiques filles de la République française, dit-il à Lebrun le troisième consul, nous la ferons pour lui donner des monarques fils ou frères du nôtre et la France épuisée finira par succomber à ces folles entreprises. »

Donatien apprenant cette réplique se demanda s'il y avait là pessimisme exagéré ou lucide prophétie. Mais les dés étaient jetés. Il lui fallait descendre du char ou bien accepter d'y prendre place avec Fouché, sur le banc des conducteurs. Les raisons d'airain du ministre de la Police, exposées avec franchise et brio lors de l'entrevue de Ferrières, avaient conquis, après réflexion, sinon le cœur de Donatien du moins son esprit. Une démission ne ressusciterait pas le duc d'Enghien. Elle aurait encore moins d'influence sur le cours de la politique. Quitter la police, c'était abdiquer tout rôle dans l'Histoire en marche, qui était, quoi qu'on puisse en penser, la continuation de la Révolution sous d'autres formes.

Sauf à se dérober devant son devoir, Donatien devait, de toute manière, achever ce qui avait été entrepris depuis le jour où il s'était rendu à la Malmaison appelé par Bonaparte. Par son silence, par la continuation de sa tâche de policier, il avait lui aussi approuvé tacitement le cours des choses, non par enthousiasme, mais par réalisme, tant il redoutait le retour des troubles anciens où il avait joué un si mauvais rôle. Le pouvoir de Bonaparte avait sa part d'arbitraire. Mais le retour des Bourbons, ou celui de la Terreur, ne serait qu'arbitraire et violence. Entre ces deux maux pour la France et pour lui-même, il fallait choisir le moindre.

Donatien vit, aux premières loges, le processus lancé par Fouché suivre son développement inexorable. Les adresses se multipliant, les manifestations de servilité parées de phrases grandiloquentes éclatant chaque jour dans les journaux, le Premier consul qui feignait de tout découvrir, fut pour ainsi dire projeté sur le trône par ses partisans.

Le 8 floréal, soit un mois presque jour pour jour après l'exécution du duc d'Enghien, un obscur membre du Tribunat nommé Curée, qui avait toutefois l'avantage d'avoir auparavant professé des opinions étroitement républicaines, et qui était ami de Fouché, proposa dans une motion le rétablissement de l'hérédité au profit de la famille Bonaparte. Dans le débat qui suivit, seul le grand Carnot, l'organisateur de la victoire des armées républicaines, s'éleva contre l'initiative, faisant de son opposition un magnifique morceau d'éloquence en faveur de la liberté. Mais le mouvement était trop puissant. Les autres orateurs rivalisèrent de complaisance avec le régime. La motion fut votée à une écrasante majorité et portée aussitôt à la Malmaison.

Bonaparte fit encore mine de balancer. Sa fibre républicaine, disait-il, répugnait à cette transformation dramatique. Puis il finit par répondre que devant l'insistance des républicains, faisant violence à son goût pour un pouvoir modeste et sans apparat, il acceptait finalement l'élévation qu'on exigeait de lui.

Ainsi vingt petits jours plus tard, le 28 floréal, le Sénat en grand appareil, présidé par Cambacérès, adopta par acclamation le sénatus-consulte préparé par Lacepède. Ainsi Napoléon Bonaparte, nobliau corse impécunieux, mal noté dans son école militaire, officier d'aventure dans les armées de Robespierre, jeté dans la misère par la réaction de Thermidor, jeune ambitieux aux joues maigres et au teint bilieux qui battait le pavé dix ans plus tôt, vivant sous les toits, mangeant à peine à sa faim et devant emprunter à ses amis pour payer le blanchissement de son linge dont l'usure exigeait un permanent raccommodage, devenait-il empereur des Français.

Prié par Fouché, Donatien avait assisté du dernier rang à la réception des sénateurs par le nouvel empereur. Dès le sénatus-consulte proclamé, les sénateurs s'étaient rués sur les voitures qui les attendaient dans la cour du Luxembourg pour les conduire à Saint-Cloud où le maître de la France républicaine changée en Empire héréditaire passait quelques jours en famille. Bonaparte, à leur arrivée, était apparu dans son uniforme de chasseur de la garde, vert à parements rouges, avec ses bottes à revers et sa culotte blanche, tête nue, calme et affable, une main passée dans son gilet, l'autre tenant nonchalamment son célèbre chapeau noir. Il était resté debout devant un fauteuil étroit pendant que Joséphine s'asseyait sur une chaise à ses côtés, son demi-sourire gracieusement décoché à tous les dignitaires.

L'élévation de Napoléon avait fait monter d'un cran tout son entourage. Ainsi les plus proches conseillers devenaient-ils archichanceliers d'État, archichanceliers d'Empire, architrésoriers, bref archi- quelque chose, ce qui leur procurait traitement décuplé et dotations en terres et en hôtels particuliers. Les généraux les plus glorieux – et les plus fidèles – devenaient maréchaux et emménageaient dans le faubourg Saint-Germain, à l'image de Murat, nouveau propriétaire du palais de la Pompadour qu'on appelait l'Élysée. Les ministres guignaient déjà des titres de noblesse d'Empire. Les frères et les sœurs de Napoléon, qui avaient dormi dans le même lit dans des auberges mal famées ou des greniers mal chauffés pendant les temps difficiles, étaient gratifiés des titres de prince et de princesse, qui n'avaient rien à envier aux dénominations à rallonge qu'on trouvait dans les cours de l'ancien temps. Déjà on parlait d'un couronnement solennel qui aurait lieu à Notre-Dame, où le pape serait convié, lui qui n'avait jamais quitté Rome, pour adouber le nouvel empereur d'Occident.

Cette débauche d'honneurs était accompagnée de discours où la servilité le disputait à l'emphase. Hostile à toute l'affaire, mais rallié par intérêt et raison, Cambacérès donna le signal de la louange de commande.

— Sire, dit-il en s'adressant au nouvel empereur devant un parterre de dignitaires empanachés, l'amour et la reconnaissance français ont depuis quatre années confié à Votre Majesté les rênes du gouvernement. La dénomination plus imposante qui vous est décernée aujourd'hui n'est donc qu'un tribut que la nation paye à sa propre dignité et au besoin qu'elle sent de vous donner chaque jour des témoignages d'un respect et d'un attachement que chaque jour voit augmenter. Comment, en effet, le peuple français pourrait-il penser sans enthousiasme au bonheur qu'il éprouve depuis que la Providence lui a inspiré la pensée de se jeter dans vos bras ?

Le reste était à l'avenant, tout de flagornerie.

Donatien, quoique impressionné par cette assistance de révolutionnaires en costume d'apparat et de généraux qui avaient vaincu l'Europe et se conduisaient maintenant comme des moutons de concours, ne pouvait s'empêcher d'exercer in petto son ironie. Ces soldats et ces représentants élus qui se dressaient fièrement dans leur grand uniforme, engoncés dans les plumes et les dorures, étaient pour la plupart des fils de brasseurs ou de laboureurs aux manières rudes et au verbe fruste qui devaient à leur bravoure au feu ou à leur savoir-faire d'émeutiers l'insigne carrière qui les conduisait à parader maintenant dans le palais des rois. Sous les coutures du velours et de la soie, on voyait la roture, on sentait l'artisan et le paysan au milieu des lustres en cristal et des tapis d'Orient. Le tiers état prenait la place de la noblesse et le bourgeois de Molière l'habit de l'homme de qualité. Ils en épousaient les ridicules sans en posséder le style. Tout cela faisait l'effet d'une vaste comédie, écrite par un dramaturge du grotesque.

Et en même temps, se disait Donatien, l'incroyable ascension de Bonaparte était comme le symbole des temps nouveaux. Si un officier sans relations ni fortune devenait empereur, c'est bien que le talent pouvait ouvrir toutes les portes, le travail et l'énergie accéder à toutes les places. Cette cérémonie de parvenus singeant la noblesse avait de quoi faire rire. Elle était aussi la messe de l'égalité. Non l'égalité des conditions, qui était une chimère à la Saint-Just, mais l'égalité des chances, qui serait le credo de la nouvelle société impériale. Toujours les fondateurs font sourire en inaugurant de nouveaux rituels. Ils essuient les plâtres de la solennité. Ils n'en marquent pas moins l'Histoire. Donatien se souvint du mot de Lefebvre, le général à qui un marquis lançait avec mépris qu'il n'avait pas d'ancêtres : « Les ancêtres, c'est nous ! »

Assistant à l'intronisation de son maître, avec qui il discutait familièrement quelques semaines plus tôt, comme un lieutenant avec son capitaine, Donatien peu à peu revenu de ses écœurements se sentait partie prenante de cette prodigieuse aventure qui voyait ceux d'en bas remplacer ceux d'en haut dans le fracas d'un monde qui s'écroule. Lui, le bâtard frustré de ses droits légitimes par l'injustice de la société à ordres, était devenu l'un des chefs de cette société nouvelle sans devoir rien à personne, sinon à sa propre intelligence et à son courage. Chaque citoyen, même au sein de cet empire fabriqué qui imitait mal les vieilles cours, avait dans sa poche son portefeuille de ministre ou ses lettres de créance d'ambassadeur, comme le soldat son bâton de maréchal. La Révolution, concluait Donatien, malgré ses excès, ses crimes et ses ridicules, et même annexée par Bonaparte, était toujours une aube pour le genre humain. Au-delà de toutes les déceptions, en dépit des vicissitudes de sa vie privée, il devait en être.

Les charrettes des condamnés arrivaient maintenant sur la place de Grève où les attendait une foule qui grondait, attirée autour de l'échafaud par ce sémaphore sinistre qu'était la guillotine. Le gouvernement avait choisi cet emplacement pour l'exécution par souci du symbole. On était sur la place où le roi avait fait mettre à mort les meneurs de l'émeute des farines un peu avant la réunion des états généraux, au milieu du Paris populaire et frondeur, non loin des faubourgs qui avaient fourni ses troupes à la Révolution. Ce qui signifiait que le peuple lui-même rejetait les soldats perdus de l'Ancien Régime coupables de menacer les acquis de l'égalité. Donatien marchait toujours aux côtés de ces hommes qu'il avait pourchassés sans relâche et jetés aux pieds du bourreau mais qu'il n'arrivait pas à détester.

Un triple rang de gendarmes de dragons et de gendarmes avait pris place autour de la guillotine pour contenir l'assistance. Les charrettes s'arrêtèrent. Les premiers condamnés descendirent sur le pavé pendant que les prêtres se retiraient. Un grand silence se fit. Cadoudal s'avança vers celui qu'il tenait pour le premier bourreau.

— Monsieur, dit-il, on a dû vous apprendre que j'ai demandé à mourir le premier, c'est à moi de montrer l'exemple. Quand vous aurez fait votre office, n'oubliez pas de montrer ma tête à mes compagnons, afin dc leur ôter l'idée que j'aie pu leur survivre.

Bonaparte, pour ménager quelque peu l'aristocratie, et pour céder aux instances de dames éplorées, avait gracié après le procès une partie des accusés, notamment les deux frères Polignac, fils de grande famille dont la mise à mort aurait redoublé fâcheusement aux yeux du faubourg Saint-Germain l'exécution du duc d'Enghien. En l'apprenant, Cadoudal avait craint un instant d'être lui aussi gracié alors que ses compagnons, dont il se sentait comptable, auraient été guillotinés. Pour écarter le moindre doute, il avait réclamé d'être exécuté le premier, de sorte que les autres chouans soient certains que leur chef partageait leur sort.

Tout en muscles et en souplesse, Georges monta d'un pas ferme les marches de l'échafaud. Il allait mettre ses mains derrière le dos pour que le bourreau puisse les lier avant de procéder, quand Donatien le vit s'arrêter, la tête tournée légèrement sur la droite, le regard soudain fixé sur un point dans la foule. Pendant une seconde, le chef chouan resta immobile, avec une expression de surprise sur le visage, puis il leva sa main droite et fit un discret signe d'adieu. Donatien se tourna à son tour dans la direction indiquée par Georges. Au milieu de la foule, il vit un jeune homme, en veste noire et chapeau à rebord, qui saluait Cadoudal. Il reconnut sa figure féminine et sa svelte élégance. C'était Aurore, toujours déguisée, qui agitait lentement la main pour répondre au salut de celui qui allait mourir.

Fasciné, il la regarda. La cérémonie funèbre suivait son cours. Une fois les mains liées, Cadoudal se coucha lui-même sur la planche tenue par le bourreau, qui bascula vers l'avant pour que sa tête se place dans le cercle de bois, sous la lame suspendue au sommet de la machine. Le regard fixé sur son ancienne maîtresse, Donatien entendit le bruit sec du couperet qui tombait. Les larmes coulèrent sur les joues d'Aurore, pendant que le bourreau saisissait la tête de Georges par les cheveux et la brandissait devant la foule mugissante.

Comme un deuxième condamné montait l'escalier de bois, Aurore aperçut Donatien qui l'observait. Elle tressaillit et se tourna de tous côtés pour chercher une issue. Il secoua la tête en la regardant, afin qu'elle comprenne qu'il n'avait pas l'intention de la faire arrêter. Elle garda ses yeux sur lui, encore incertaine de ses intentions. Comme il ne bougeait pas, elle se rassura et resta immobile, mince silhouette perdue dans la foule. Il ne pouvait détacher son regard de cette apparition qui surgissait comme le fantôme d'une histoire révolue. Le souvenir de ses étreintes, l'écho des paroles prononcées de sa voix rauque se bousculaient dans son esprit déconcerté.

Le bourreau continuait son œuvre. Les deux premières charrettes se vidèrent de leurs prisonniers. Les acclamations se succédaient à un rythme régulier, comme des vagues haineuses se brisant sur les corps pantelants des suppliciés, pendant que les éclaboussures de sang se répandaient en flaques sur le sol. Il restait trois condamnés à exécuter. Le plus jeune, Coster de Saint-Victor, un chouan de la première heure au visage de saint des églises, mis à la tête de l'insurrection à vingt et un ans par les paysans de son domaine, fit un pas en avant.

— Messieurs, dit-il, le soleil commence à m'incommoder. Finissons-en, je vous prie.

Il monta les degrés deux à deux, leva la tête et se tourna du côté des Tuileries.

On entendit une femme s'exclamer : « Quel dommage, un si beau jeune homme ! »

Voyant le bourreau approcher, Coster de Saint-Victor se raidit. Puis il cria « Vive le roi ! » pendant qu'il était poussé sous la guillotine. Sa tête tomba dans le panier avec les autres.

L'exécution était finie. Donatien n'avait pas quitté Aurore des yeux. Comme la foule commençait à se disperser, elle fit quelques pas pour s'éloigner. Il courut derrière elle. Se faufilant parmi les badauds, il l'atteignit à la sortie de la place. Elle sentit sa présence et se retourna d'un coup. Malgré le déguisement, il fut frappé par sa beauté. Ils restèrent face à face.

— Mon ami, dit-elle de sa voix grave et chaude, je m'en vais. La représentation est finie. Je voulais aider Louis XVIII, j'ai servi Napoléon. C'est un sarcasme de l'Histoire. Mais je t'ai connu, c'est l'essentiel. Je t'ai trahi et je t'aime. Les histoires d'amour sont toujours tragiques.

Il allait répondre quand elle lui mit son index sur la bouche.

— Non. Il n'y a plus rien à dire. Ne cherche pas à me suivre. Nous nous reverrons un jour. C'est une pièce à plusieurs actes. En attendant, pense à moi. Je ne t'oublierai pas.

Elle se détourna, et courut pour disparaître au coin de la rue.

Quand il rentra au ministère pour rédiger son rapport, après un long détour amer et nostalgique, le visage, les mots et les larmes d'Aurore dans la tête, Donatien trouva sur son bureau une lettre au cachet des Tuileries. Il était convoqué le lendemain par Bonaparte.

À onze heures, il franchissait une nouvelle fois les grilles des Tuileries. Le palais de l'Empereur était le même que celui du Premier consul. Un détail montrait que les temps avaient changé depuis la proclamation de Floréal. Quand il déclina son identité, Donatien se vit répondre d'un ton solennel : « L'Empereur vous attend. » Il suivit le valet en livrée dans les hauts couloirs et entra dans le bureau qu'il connaissait bien.

Bonaparte – ou plutôt Napoléon – l'accueillit avec un ton goguenard.

— Voici mon policier le plus vertueux. Entrez Lachance, nous avons à parler.

Face au bureau en forme de violon derrière lequel Bonaparte le considérait d'un air amusé, les deux fauteuils étaient occupés. Dans le premier était assis Fouché qui jeta à Donatien un regard complice. Dans le second, une jeune femme blonde et altière se retourna. Donatien la fixa, ahuri. C'était Olympe, raide comme la justice, qui lui adressa un salut distant.

— Lachance, j'ai jugé bon de convoquer votre ministre, qui se loue tous les jours de vos triomphes, mais aussi votre femme, avec qui nous devons dissiper un malentendu.

— Je suis là parce que le citoyen Bonaparte me l'a demandé, dit Olympe avec un air de défi.

— Ce citoyen, ma chère Olympe, dit doucement Fouché, est aujourd'hui empereur. Il faut l'appeler « Sire ».

— Citoyen Sire, dit Olympe d'une voix coupante, je vous écoute.

Napoléon éclata de rire, en homme qui avait décidé une fois pour toutes de garder sa bonne humeur.

— Citoyenne Lachance, j'aime votre caractère. C'est avec des hommes comme vous que la République a été sauvée. Pour un peu, je vous confierais un régiment de ma garde.

Devant cet hommage viril, l'expression d'Olympe s'adoucit quelque peu. Donatien les observait, ne sachant sur quel pied danser.

— Parlons un peu politique, dit Napoléon, nous arriverons ensuite aux affaires matrimoniales, qui m'intéressent aussi. Ceux qui me servent doivent mener une vie exemplaire. C'est le sens de cette audience.

— Il faut dire cela au citoyen Lachance, dit Olympe avec humeur.

— J'y viendrai, citoyenne Lachance, répondit Napoléon, un peu plus sèchement.

L'Empereur voulait qu'on l'écoute. Il reprit.

— Ces imbéciles de juges de la Seine ont condamné Cadoudal, ce qui était la moindre des choses. Ils ont en revanche infligé au général Moreau une peine ridiculement légère, qui est une insulte à mon gouvernement.

— Sire, dit Olympe avec un ton plus respectueux, la peine est légère parce que les preuves étaient minces.

— Citoyenne, cessez de m'interrompre. Il me semble que j'ai le droit de parler à mon aise dans ce bureau !

Olympe se renfrogna et garda le silence. Napoléon suivit le fil de son discours.

— J'ai été furieux de ce jugement, je le confesse. Non que je sois acharné à la sévérité, comme vous le supposez peut-être. J'eusse été content si Cadoudal avait changé son attitude. Mais il était trop bien trempé. Entre mes mains, un pareil homme aurait fait de grandes choses. Je lui ai fait dire que s'il voulait s'attacher à moi, il aurait une armée. Il a tout refusé. C'est une lame de fer. Quant à votre Moreau, continua-t-il en fixant Olympe, il a de bonnes qualités et sa bravoure est à toute épreuve. Mais il manque d'énergie. Il est mou, indolent. À l'armée, il vivait comme un pacha. Il fumait du matin au soir et restait au lit les trois quarts de la journée. Ensuite il aimait trop la bonne chère. Il était trop paresseux pour être instruit, je ne l'ai jamais vu dans un livre. Depuis son mariage, ce n'était plus le même homme. Je l'avais engagé à se marier. Je suis soucieux du bonheur intime de mes généraux et de mes ministres. On m'avait dit que Mlle Hulot était une créole, je crus qu'il trouverait en elle une Joséphine. Quelle erreur ! C'était une Lady Macbeth de salon. Ils se sont lancés dans l'intrigue. Avec quel résultat ! Aujourd'hui, je suis sur le trône et Moreau est en prison. J'ai hésité à le faire arrêter. Je l'aime bien, au fond. Il est un brave général égaré par une famille trop avide. Je ne sais que trop ce que c'est que ces épouses, ces frères, ces sœurs qui ont leur fortune à faire. Il a eu aussi le tort d'écouter ce Lajolais qui lui contait des sornettes. Citoyenne Lachance, je sais que vous avez pris fait et cause pour lui. Vous l'avez assisté dans son procès, vous avez rejoint sa loge chez les maçons. Ce ne sont pas des crimes. C'est l'action d'une femme de principes. J'y suis sensible. Aujourd'hui on me suggère sa grâce. À vrai dire, je ne saurais que faire de votre Moreau au Temple. Il y serait toujours un point de ralliement. Par ailleurs j'ai décidé de vous agréer. Fouché m'y a encouragé, je me suis rendu à ses raisons. Aussi votre général républicain sera-t-il gracié s'il le demande. Il pourra y gagner un séjour bienfaisant aux Amériques, loin de cette scène française où il a joué un si mauvais rôle.

Donatien admira l'habileté de Napoléon, qui mélangeait parfaitement les considérations personnelles avec les calculs de la raison d'État, donnant à sa décision les couleurs de la sollicitude en même temps que celles du réalisme politique le plus aigu. Olympe le regardait, déconcertée, le visage moins fermé. Donatien crut même saisir un éclair de gratitude dans cet adoucissement.

— Sire, dit-elle, les amis du général Moreau en seront contents. Il n'a touché à ce funeste complot que de loin. J'ajoute que nous défendons Moreau mais que nous réprouvons en bloc la conspiration de Georges et des émigrés, qui sont nos ennemis comme à vous. Moreau est libre, nous nous réjouissons. L'exil fera saigner son cœur de Français. Mais il vaut mieux que la prison, même pour deux ans.

— La sagesse vous gagne, citoyenne Lachance. Voilà qui me sied. Vous avez gagné la liberté de Moreau. C'est un beau résultat.

— Mais que me vaut cette magnanimité, Sire ? demanda Olympe, qui ne comprenait pas cette soudaine sollicitude.

— C'est l'autre face de mon explication, citoyenne. Restez attentive. Votre mari le commissaire Lachance a rendu des services signalés à la République et à ma personne. Auprès de Fouché que j'ai rétabli dans sa charge, j'attends de lui de grandes choses. Il est aussi énergique qu'habile. L'Empire français a besoin de serviteurs comme lui. Seulement il souffre dans le silence et la solitude et risque de mettre moins d'entrain à sa tâche. Un mal le ronge. Ce mal, citoyenne, c'est votre absence.

Donatien était stupéfait. Comment cet empereur qui avait une guerre sur les bras en même temps que la vie tumultueuse d'une grande nation à organiser, prenait-il le temps de se soucier de la vie conjugale de ses fonctionnaires ? Il se souvint des paroles apaisantes de Fouché, lors de sa rencontre à Ferrières. « J'ai mon idée », avait dit le ministre de la Police. Cette idée prenait forme. Chacun savait aussi que Napoléon avait la manie de marier ses proches selon ses conceptions. Il avait accueilli la requête de Fouché avec faveur, y trouvant une nouvelle occasion de satisfaire sa marotte.

— Mon absence a une cause, Sire, l'inconduite de mon mari, dit froidement Olympe.

— Citoyenne, je dois encore vous instruire. Écoutez-moi. Votre mari est entré dans l'intimité d'une jeune royaliste qui s'était insérée dans mon entourage par le truchement de Juliette Récamier, dont je dois décidément me méfier. Il l'a fait sur ordre. Je lui ai demandé d'user de tous les moyens possibles pour débrouiller cette affaire. Il a cru bon d'employer celui-là. Il a bien fait.

Olympe le regardait sans y croire.

— Mais il m'a trompée, Sire. N'est-ce pas attenter à l'honneur d'une épouse ?

— Gardez-vous des grands mots, dit Napoléon d'un air bonhomme. Le mariage, citoyenne, est une marche de longue haleine. Il y a des étapes, des pièges et des détours. Ce qui compte, c'est d'arriver au bout du voyage.

— Sire, voilà bien une philosophie masculine ! dit Olympe. Pour nous, femmes, le mariage est une promesse. Il faut la tenir.

— Cette conception vous honore, dit Napoléon, Mais je l'aurais adoptée avec l'Impératrice que je ne serais plus marié depuis longtemps !

La confession de l'homme le plus puissant de France, si attaché à son honneur et à sa réputation, suscita un silence intimidé. Napoléon leur confiait ses infortunes conjugales, par ailleurs bien connues, tant Joséphine pendant les campagnes de Bonaparte avait laissé son cœur baguenauder. Il fallait qu'il tienne à la réussite de sa démarche, se dit Donatien, qui prit comme un hommage la déconcertante franchise de l'Empereur.

— C'est une grande affaire nationale, continua Napoléon. Les époux doivent d'abord assurer la pérennité de la famille, qui passe avant les égarements du cœur, les fâcheries et les coucheries. La famille sera la cellule première de notre empire français. Tout cela est consigné en articles dans mon code civil. Or la femme en est la garante. Elle doit y consentir quelques sacrifices. Son mari, en retour, lui doit le soutien et l'affection. Je suis sûr que le commissaire Lachance, s'il voit revenir sa femme, aura à cœur de l'accueillir avec tous les égards et toutes les tendresses nécessaires. Cette duchesse d'Enghien, qui est la cause de vos tourments, est une ennemie de notre République. Elle est aujourd'hui pourchassée par ma police et ne devra son salut qu'à l'exil, si elle y parvient. Citoyenne Lachance, vous devez considérer qu'elle a maintenant disparu et qu'avec elle disparaît la cause de votre courroux.

Il laissa quelques secondes s'écouler.

— Cela me serait, en tout cas, agréable.

Olympe l'observait ébahie, mais les regards qu'elle jetait à Donatien corrigeaient par leur douceur la dureté persistante de son expression.

— Sire, dit-elle, je suis sensible à la sollicitude de Votre Majesté. Je promets de réfléchir.

— Réfléchissez, citoyenne, dit Napoléon en se levant, mais dans le bon sens. J'ai maintenant à conférer avec le ministre de la Police. Faites preuve de clémence, comme je l'ai fait moi-même envers l'Impératrice, ce dont je me loue tous les jours. Revenez vers votre mari, qui souffre comme un damné de votre éloignement. Cela consolera un bon serviteur de l'État, autant que cela agréera votre empereur. Nous avons de grandes choses à faire ensemble, citoyenne. Notre grand empire commence son existence. La France nous observe. L'Europe nous attend. Nous avons rendez-vous avec la gloire. Souvenez-vous-en !

Donatien et Olympe se levèrent et s'inclinèrent avec respect. Ils quittèrent d'un seul pas le bureau de l'Empereur. Avant que l'huissier ne referme la porte, Napoléon, avec satisfaction, vit qu'Olympe prenait la main de son mari.

Ce volume a été composé et mis en pages
par Étianne Composition
à Montrouge.

Impression réalisée par

CPI
BRODARD & TAUPIN

La Flèche

pour le compte des Éditions Robert Laffont
24, avenue Marceau, 75008 Paris
en décembre 2012

Dépôt légal : janvier 2013
N° d'édition : 52833/01 – N° d'impression : 70739
Imprimé en France